高等院校艺术设计专业精品系列教材
"互联网+"新形态立体化教学资源特色教材

三维动画基础
——maya

邵照坡　王俊力　位汝瑞　编著

中国轻工业出版社

前言

技术是通过改造环境以实现特定目标的特定方法，是知识进化的主体。动画艺术的发展也一样，动画是技术发展的产物，可以说没有技术进步，就不会有动画艺术的发展。在动画出现早期，如何让画"动起来"的技术是困扰动画艺术家的主要难题，一直到1915年，动画制作工艺的诞生都是在解决让静止的画面"动起来"的技术问题。随着计算机信息技术的不断进步，数字技术与动画艺术不期而遇。1995年，PIXAR计算机艺术工作室完成了世界动画史上首部三维动画电影——《玩具总动员》，《玩具总动员》的诞生是动画制作史上的重要转折点。此后，三维动画用了不到十年的时间就占据了动画创作领域的主导地位。近年来，无论是中国的动画影片《大圣归来》《小门神》，还是欧美的《头脑特工队》《疯狂动物城》，都不断刷新了电影的票房纪录，斩获了世界动画影片的重要奖项，这一切足以说明三维动画正在书写着世界动画发展史。

本教材以"课题制"实验教学为编写模式，教材内容分为：场景建模、角色建模、UV LAOUT、材质节点四个模块。编写人员主要由黄冈师范学院动画专业骨干教师组成，依托独立创作的三维动画短片《偷马记》《豆豆侠》中的经典案例，进行了详尽的讲解。这些短片曾获得长春国际动漫节最佳故事奖、全国高校数字短片大赛最佳技术提名奖、入选中韩日数字艺术双年展、北京卡酷卫视展播等荣誉。

本教材存在的不足之处敬请广大读者和专家批评指正。书稿得以完成，离不开各位编写成员的努力，在此表示感谢！

邵照坡

目 录　CONTENTS

第一章　室外场景的制作 1

第一节　主体物建模 1
　　一、课程要求 1
　　二、房子基本型制作 2
　　三、横梁的制作 5
　　四、屋顶的制作 7
　　五、门的制作 10
　　六、窗户的制作 12

第二节　辅助物体建模 14
　　一、课程要求 14
　　二、植物花瓣的制作 14
　　三、植物花茎的制作 15
　　四、植物叶子的制作 16
　　五、树干的制作 16
　　六、树叶的制作 18
　　七、罐子的制作 19

第二章　卡通角色的制作 22

第一节　头部的制作 22
　　一、课程要求 22
　　二、头部外形的制作 22
　　三、五官基本形态制作 25
　　四、头部的细节制作 27
　　五、头发的制作 35
　　六、发饰的制作 41

第二节　身体的制作 43
　　一、课程要求 43
　　二、身体基本型制作 43
　　三、衣物的制作 45

第三节　四肢的制作 49
　　一、课程要求 49
　　二、腿部的制作 49
　　三、手的制作 52

第三章　UV Layout运用 58

第一节　UV Layout基础应用 58
　　一、UV Layout的安装 58
　　二、UV Layout的基本功能菜单及操作方法 61
第二节　角色模型UV的划分 64
　　一、角色模型UV的划分（基础部分） 64
　　二、角色模型UV的划分（实战部分） 66
　　三、导入Maya 78
　　四、本章小结 78

第四章　材质节点制作 80

第一节　玻璃材质的制作方法 80
　　一、课程要求 80
　　二、一组玻璃静物的制作 80
第二节　双面材质节点制作 86
　　一、课程要求 86
　　二、青花瓷器皿的制作 86

后　记 91

第一章　室外场景的制作

模型是三维影视动画中非常重要的一个部分，它将二维的前期设定和三维的动画制作有效地连接起来，它是动画中期制作部分的起始点，好的模型能为整个影片打下良好的基础，方便之后后期部分的制作。

Maya里面运用最多的建模方式是Polygon建模，它有着不可替代的优势，它通过控制视图里面的点、线、面来塑造物体的外形。

Polygon建模的基本元素由点、线、面组成。

（1）Vertex（点）

作为Polygon构成元素的基础，每个点都有X，Y，Z轴三个坐标数值，这三个数值就确定了这个点在三维空间的位置。

（2）Edge（边）

两个点连成一条线，也就是点与点之间相互连接形成了多边形的边。

（3）Face（面）

三个或三个以上的点组成的闭合形体就是面，面的组成可以是多边的，三条边称为三边面，四条边称为四边面。

Polygon建模方式是由多个面组成，面与面之间的连接很容易建立，遵循简单的规律就可以塑造复杂的形体，相对于NUBRS建模的方式，要更加直观，容易掌握一些。

在做Polygon建模时需遵循一定的建模规律，好的模型可以让之后的贴图和动画部分进行得更加顺利。因此创建多边形物体时，尽量保持面由四条边以下组成。同时，创建的多边形物体，要保持法线的一致性。

（注）Maya软件的基本操作方式及常用快捷键

旋转视图：Alt+鼠标左键

移动视图：Alt+鼠标中键

缩放视图：鼠标中间滚轮或者Alt+拖动鼠标右键不放

切换视图：鼠标放到所需要的视图中，按空格键就可以切换到此视图。

常用快捷键：

"W"：移动工具　　"E"：旋转工具

"R"：缩放工具　　"G"：执行上一次命令

"Q"：选择工具　　"B"：软选择工具

第一节　主体物建模

生活中的各种事物、场所、空间形成了不同的场景，它们组成了我们现实的世界。场景能体现出影片所处的时代背景，人文地貌等信息，其中主体物建筑的造型特征，更能将影片的总体风格体现出来。

一、课程要求

1. 训练目的

（1）掌握Maya建模的常用命令。

（2）通过练习室外房子模型的制作，熟悉掌握Maya中Polygon建模的制作方法。

2．训练重点

（1）场景中物体与物体之间的比例关系。
（2）主体物房子的空间透视关系。
（3）主体物房子的布线技巧。
（4）主体物房子的造型特征。

3．学习难点

（1）确定房子基本的造型特征，符合所要营造的氛围。
（2）主物体与附加物之间的比例、结构关系准确，空间透视合理，细节表现充分完整。
（3）主体物房子模型的布线均匀，符合模型规律。

4．作业内容

（1）制作主体物房子的基本型。
（2）制作屋顶的横梁以及瓦片的模型。
（3）制作房屋的门窗模型。

5．相关作业

搜集多种房子的图片，分析不同的时代，不同的地域，不同表现风格的主体建筑的特征，运用所学的建模知识，总结出自己的一套建模方法。

二、房子基本型制作

首先，来分析一下图1-1所示场景模型的基本结构，主体物房子是由多边形长方体变形而成，屋顶的瓦片也是由数个多边形模型组合而成，房子的窗户和门都需单独创建。

其次，在状态栏里将模块选择器切换到Polygons（多边形）中，切换多边形模块的快捷键是F3，一共有7个模块。切换到多边形模块下之后，菜单栏里会出现Polygon的模块菜单，工具架选择显示多边形物体的创建图标，从左到右分别是Sphere（球体）、Cube(立方体)、Cylinder（圆柱体）、Cone（圆锥体）、Plane（平面）、Torus（圆环）、Pyramid（棱锥）、Pipe(管状体)，需要创建什么样的多边形，直接点对应的图标就可以了，如图1-2所示。

在透视图里创建一个多边形平面，在网格上画出一个长方形如图1-3所示，用来模拟地平面，接着使用快捷键"R"，缩放工具，用鼠标拖动中间的黄色操纵杆可以调整模型（平面）的大小，如图1-4所示。

最后，创建一个多边形长方体（作为房子的主体），鼠标在网格上画出长方体的底面，再点击鼠标向上拖动，制作出长方体，如图1-5所示，按快捷键"W"，使用移动工具，鼠标拖动操纵杆，可以移动物体的位置，按快捷键"R"，使用缩放工具将长方体调整到合适的大小，效果如图1-6所示，在通道盒中的INPUTS面板中展开polyCube1设置其属性参数，将宽度方向的细分调到2，如图1-7所示。

在视窗中选中物体，鼠标右键点模型，弹出菜单如图1-8所示，按住鼠标拖到Edge（边），进入物体边级别，将这条边选中并向上移动，形成房子加屋顶的形状，如图1-9所示。

执行菜单栏Edit Mesh—Interactive Split Tool插入边工具，在房子的左右两边都添加一条线，分别点击需要连接起来的两个点，按回车键确认，这样方便编辑房子的形状，如图1-10所示。

按空格键，将视图切换到Front视图，在物体上单击鼠标右键，从弹出的菜单中选择Vertex（点）如图1-11所示，物体的模式切换到点级别，来调整房子的形状，在调整对称的两点时，可以同时框选住两个点，

图1-1

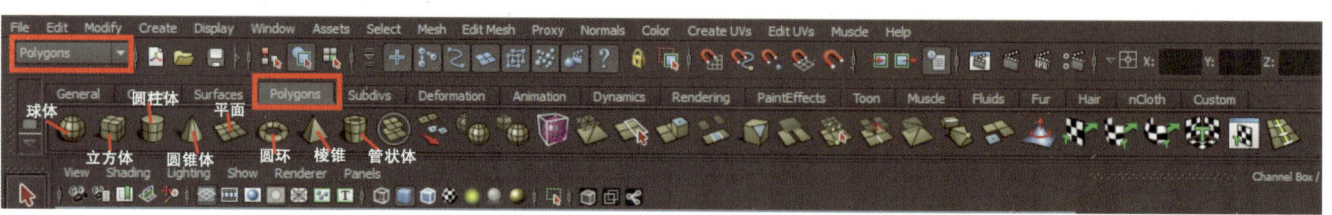

图1-2

第一章 室外场景的制作

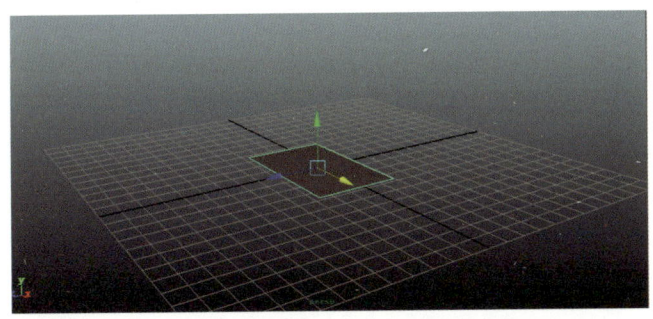
图1-3

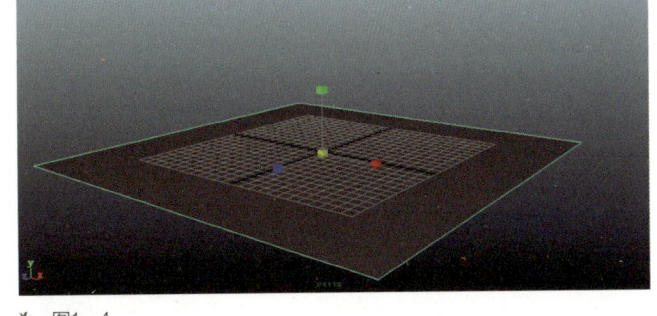
图1-4

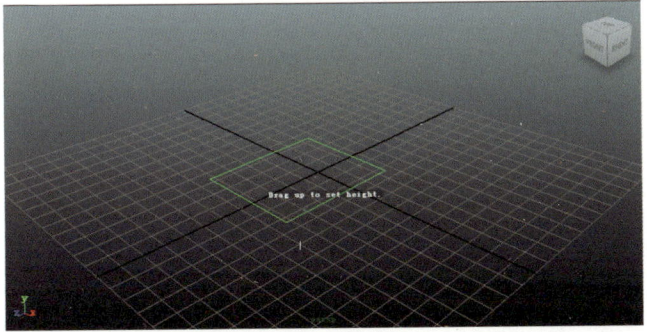
图1-5

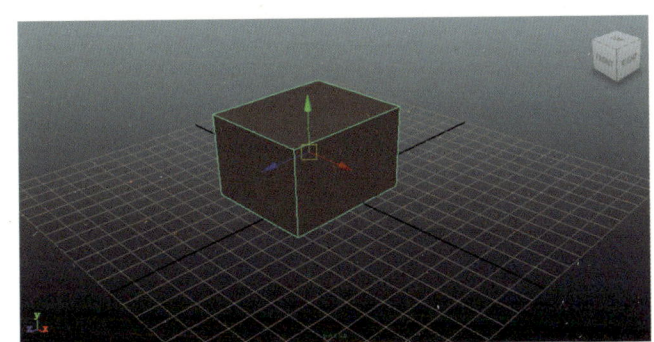
图1-6

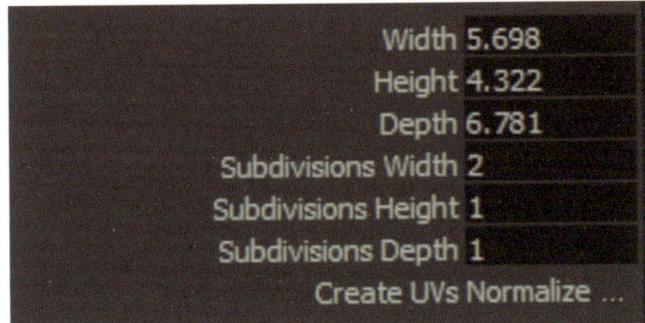
图1-7

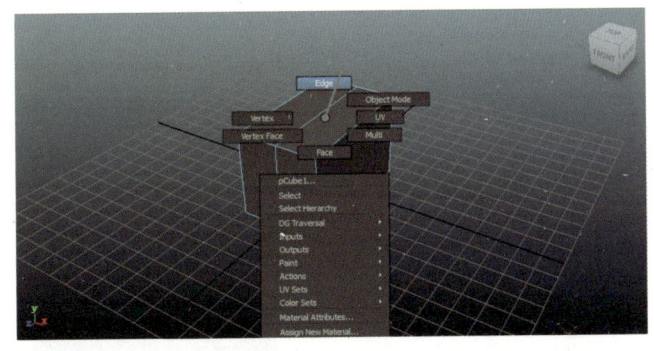
图1-8

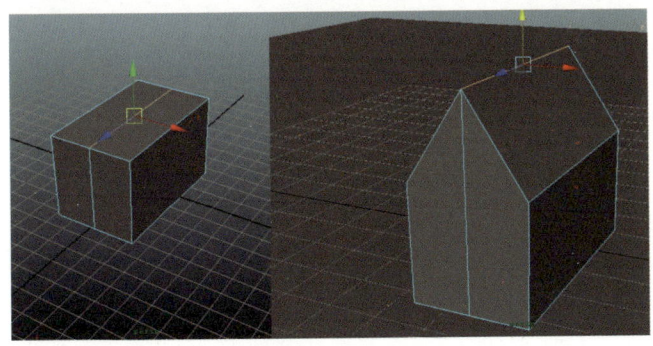
图1-9

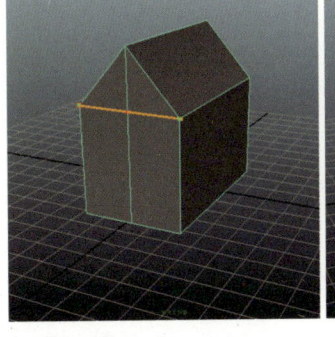 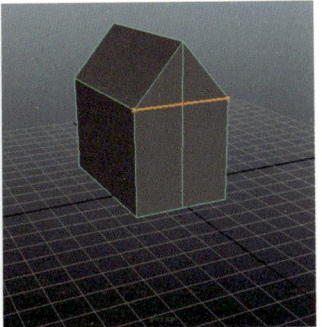
图1-10

然后按快捷键"R"，缩放工具，拖动X轴的操纵杆来等距离的调整两点的位置，如图1-12所示。

切换到Right视图，同样使用缩放工具来调整点的位置，做出房子正面的形状，如图1-13所示。

房子的外形调整好了之后，切换到透视图中，并且进入Face（面）级别对物体进行编辑，按住Shift键，鼠标左键点选屋顶的两个面，如图1-14所示，再执行菜单栏中Edit Mesh—Duplicate Face复制面命令，如图1-15所示，这样屋顶的两个面就成为单独的一个模型了，拖动移动坐标轴和缩放坐标轴，调整屋顶的形状，如图1-16所示，切换坐标轴方向，继续在Right视图和Front视图中调整屋顶和房子的位置关系，如图1-17所示。

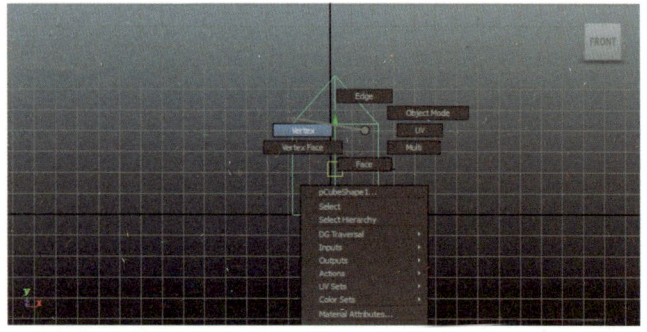
图1-11

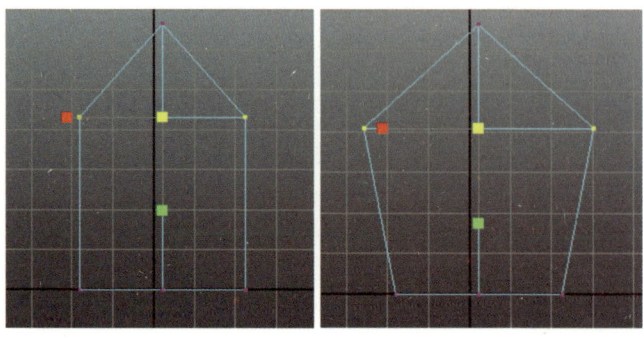
图1-12

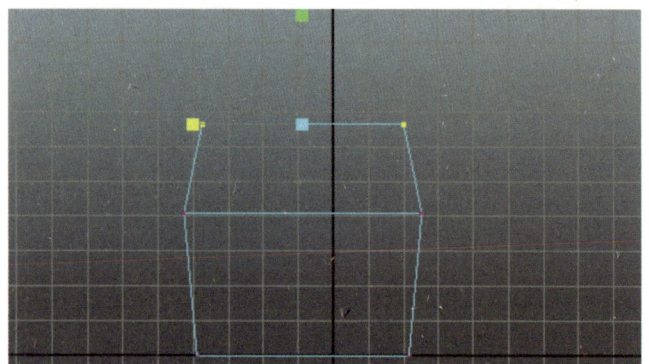
图1-13

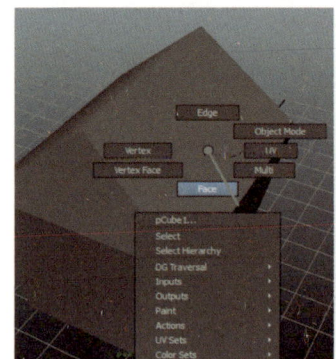 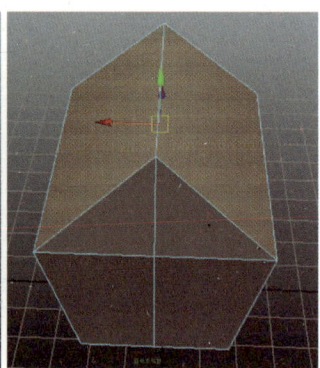
图1-14

接着来添加模型的细节，可以给房子正面中心位置加一条环形边。右键点物体，选择进入边级别，点击需要加环形线的边，如图1-18所示，按住ctrl键不放，鼠标点右键拖拽鼠标选择到Edge Ring Utilities，再接着将鼠标拖到To Edge Ring and Split命令，如图1-19所示，就在这一排环形边的中间出现了一条新的环形边将它们切开，松开鼠标，得到环形边，如图1-20所示。

继续添加环形边，执行菜单栏Edit Mesh—Offset Edge Loop Tool偏移环形边工具命令，点击刚刚在房子中间添加的环形边，拖拽鼠标如图1-21所示，在这条环形边的两边等距离的位置上各插入一条新的环形边。

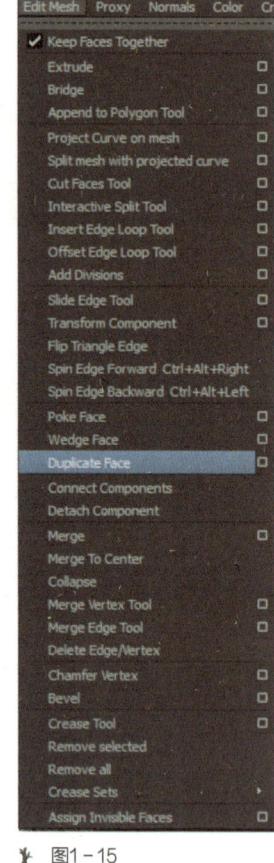
图1-15

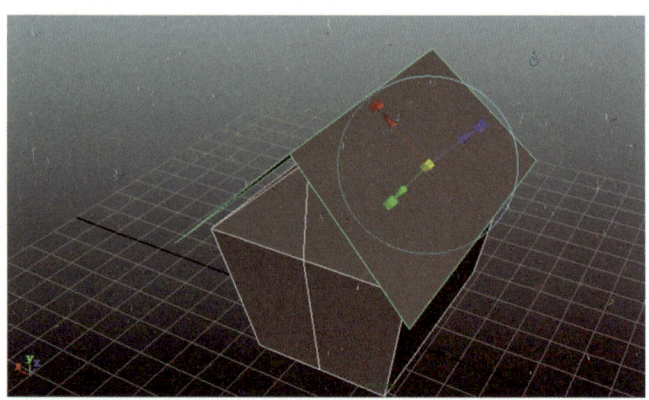
图1-16

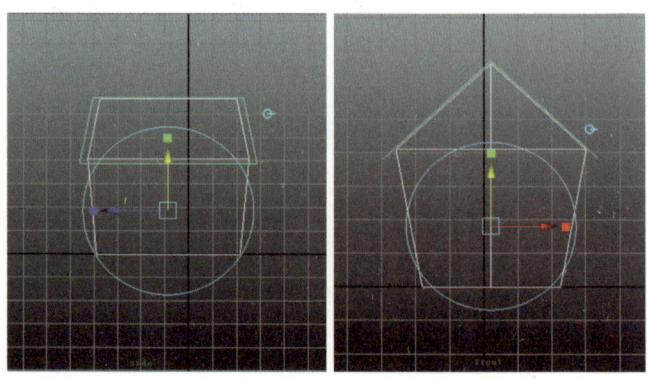
图1-17

在模型被选中的状态下，执行菜单栏Edit Mesh—Insert Edge Loop Tool添加环形边工具命令，这个命令可以将环形边加在任意的位置，按住鼠标左键在物体的一条边上拖动，如图1-22所示，产生一条新的环形边，确定环形线的位置后松开鼠标，按步骤在房子窗户的位置依次添加两条环形边，如图1-23所示。

选择模型进入点级别，移动点的位置，将房子门的位置做出来，如图1-24所示。选择模式进入面级别，点击选择门的两块面，按Delete键删除，门洞就被做出来了，如图1-25所示。

三、横梁的制作

新建一个Cylinder（圆柱体）多边形。在通道盒

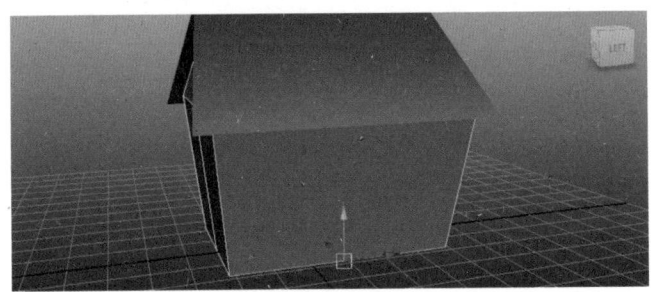
图1-18

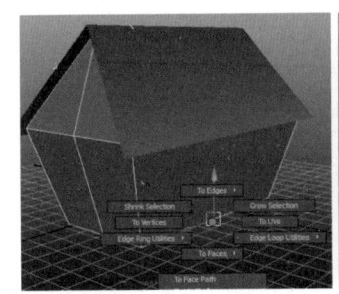 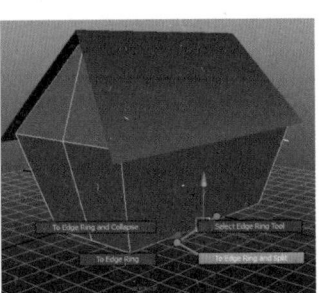
图1-19

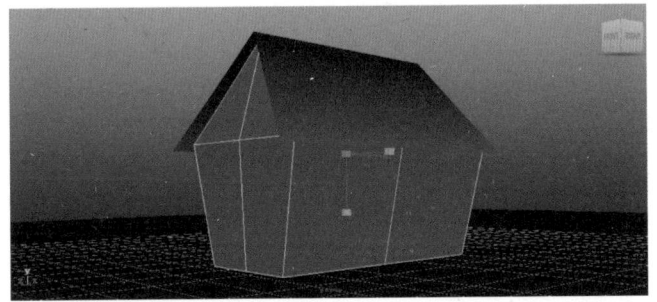
图1-20

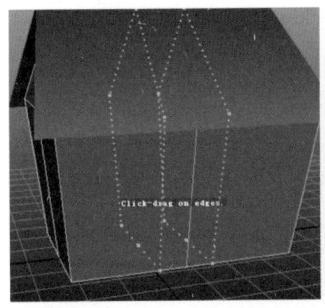 
图1-21

图1-22

图1-23

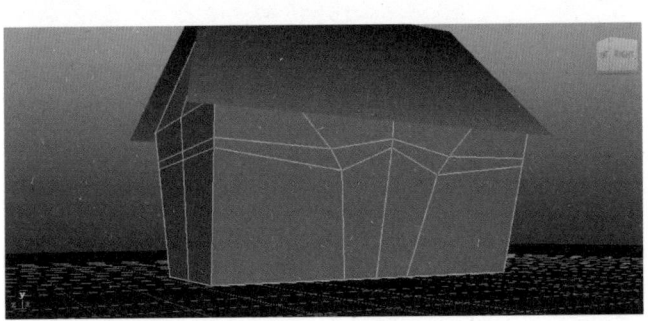
图1-24

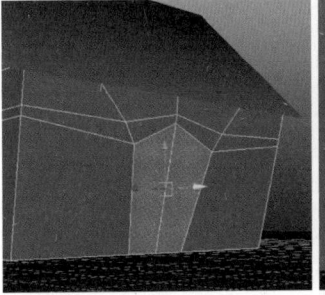 
图1-25

中的INPUTS面板中展开polyCylinder1设置其属性参数，将Subdivisions Axis，Subdivisions Height细分数字分别改为14、6，如图1-26所示。

空格键切换到Right视图，按快捷键"E"，使用旋转工具，将圆柱体在X轴上旋转90°，如图1-27所示。按快捷键"W"，使用移动工具，将圆柱体移动到屋顶的上方。按快捷键"R"，使用缩放工具，将圆柱体调整到与房子比例合适的大小，如图1-28所示。

接着制作横梁的形状，考虑到横梁是一个左右对称的模型，可以将模型删减一半，然后再进行关联复制。进入Right视图，切换到面级别，鼠标框选模型中心轴右半边的面，按"Delete"键，删除选中的面如图1-29所示。

选择模型，执行Edit—Duplicate Special关联复制命令，单击命令后面选项盒按钮进行属性设置，参数按照图1-30所示进行修改，选择关联复制选项，然后单击Apply完成操作，得到对称的另一半。点击模型，切换到点级别，使用移动、旋转、缩放工具完成横梁模型细节的调整，如图1-31所示。

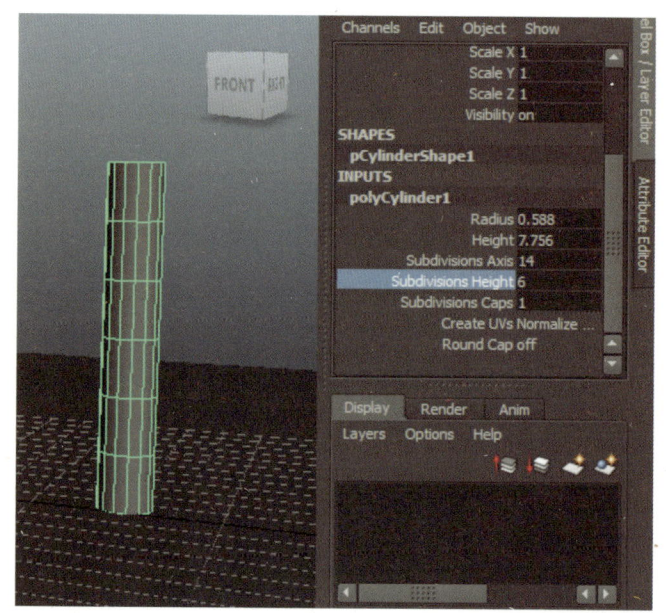

图1-26

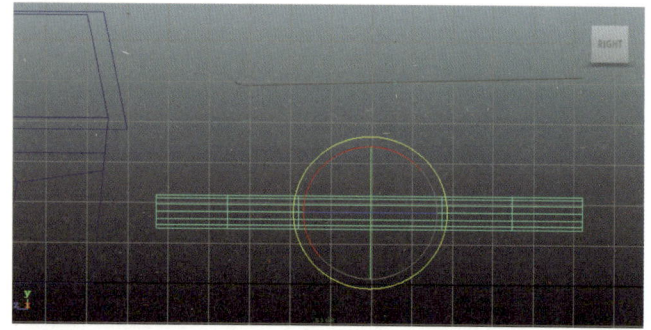

图1-27

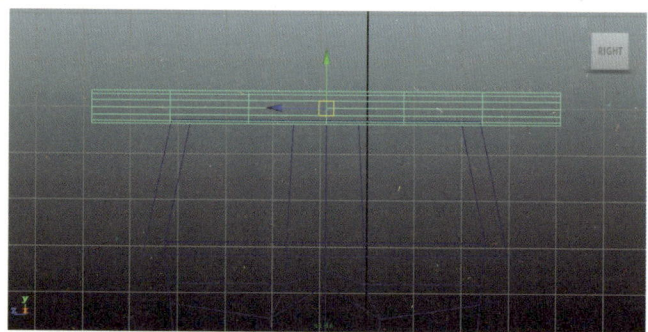

图1-28

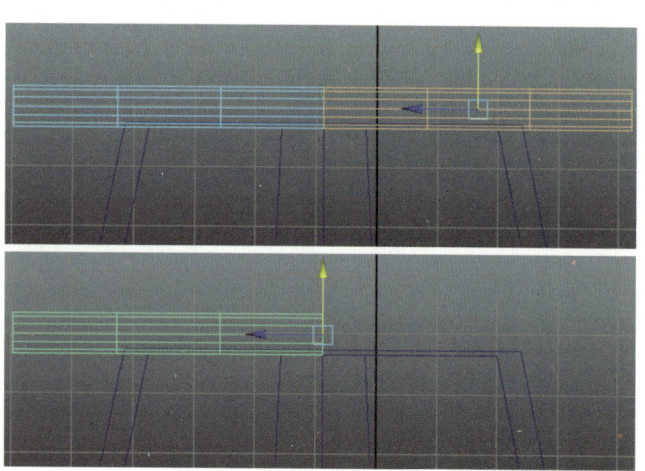

图1-29

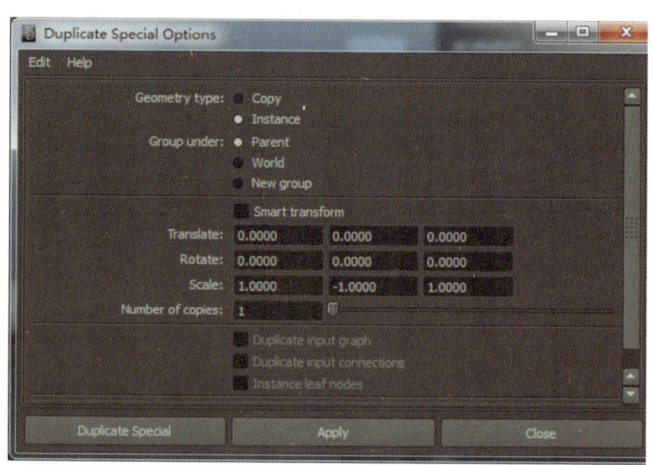

图1-30

选择左右的模型，执行Mesh—combine结合命令，使它们变成一个物体，如图1-32所示。再选择模型，执行Edit mesh—Merge合并点工具，将模型中间重合的点都粘起来，如图1-33所示。

用相同的方法将三根横梁做好，需要注意的是，每根横梁的形状、大小是不一样的，有细小的差别，可以通过切换多种视图来观察三根横梁的位置、大小关系，直到调整到最佳状态，如图1-34所示。

四、屋顶的制作

先制作一个小瓦片，再对其进行复制来完成屋顶的制作。首先，新建一个长方体，在通道盒中将PolyCube1的属性参数设置为图1-35中所示，分别在Top和Right视图中，点击模型，切换到点级别，按快捷"R"使用缩放工具，调整立方体的形状、大小，如图1-36所示。

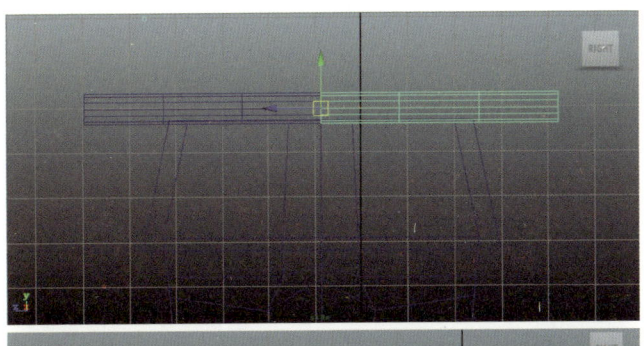
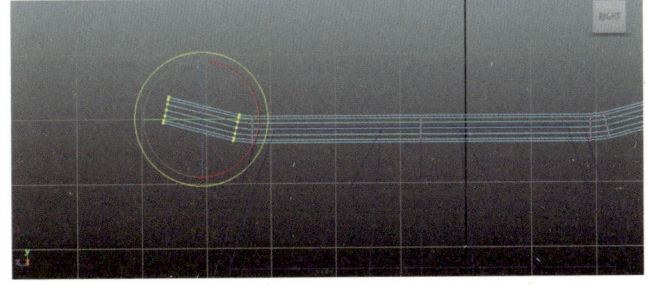

图1-31

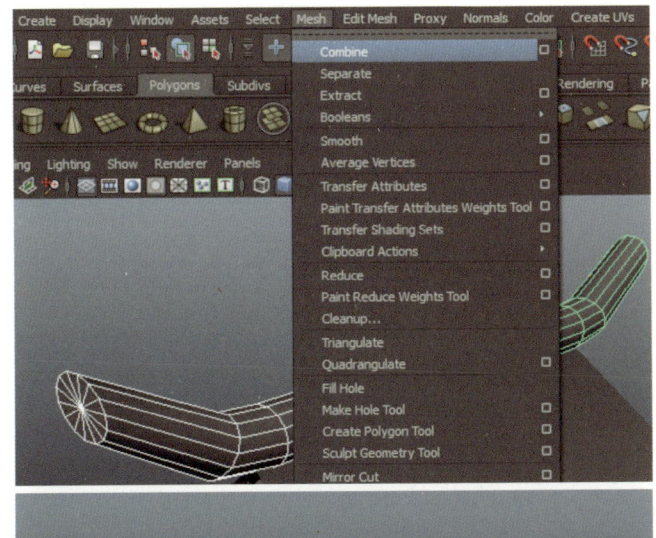
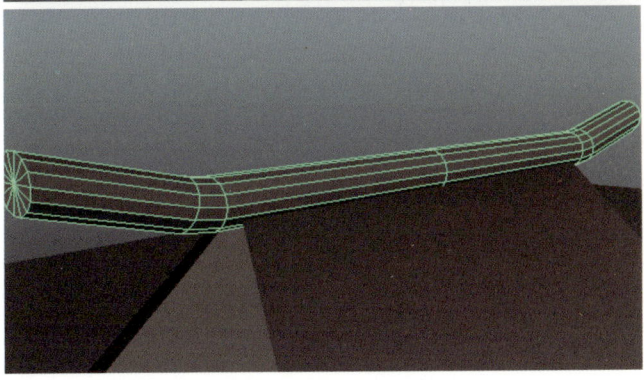

图1-32

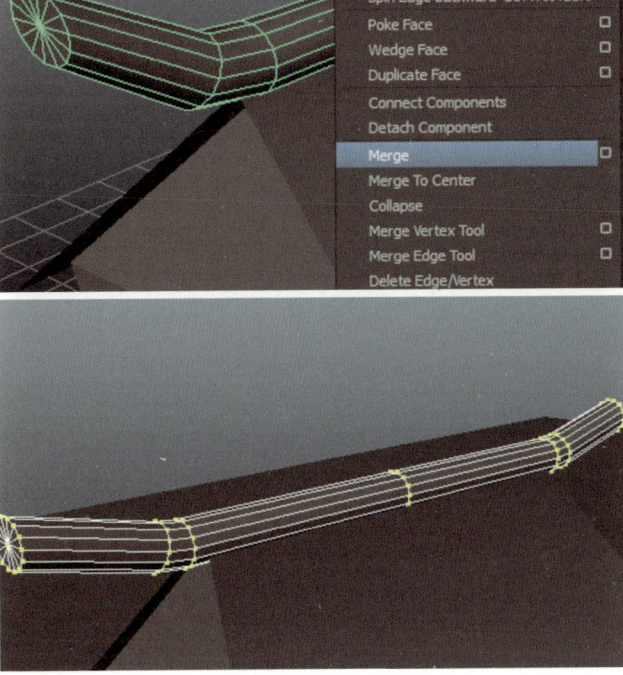

图1-33

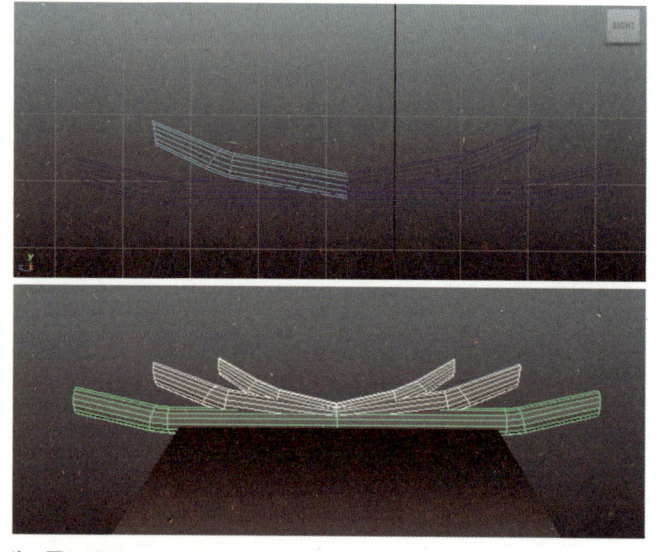

图1-34

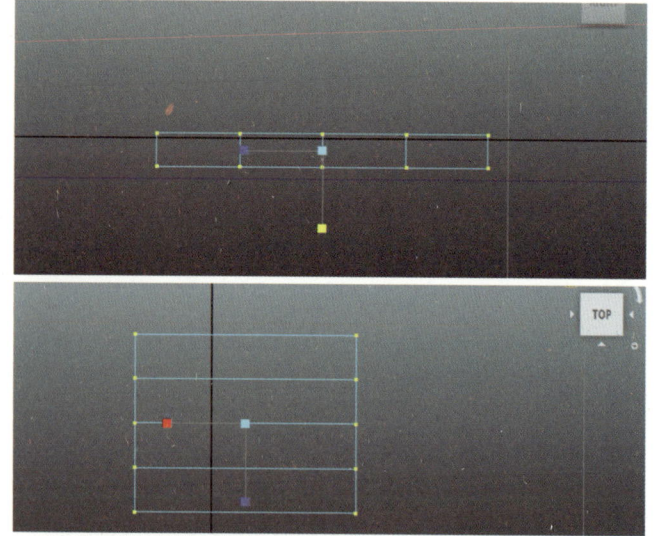

图1-36

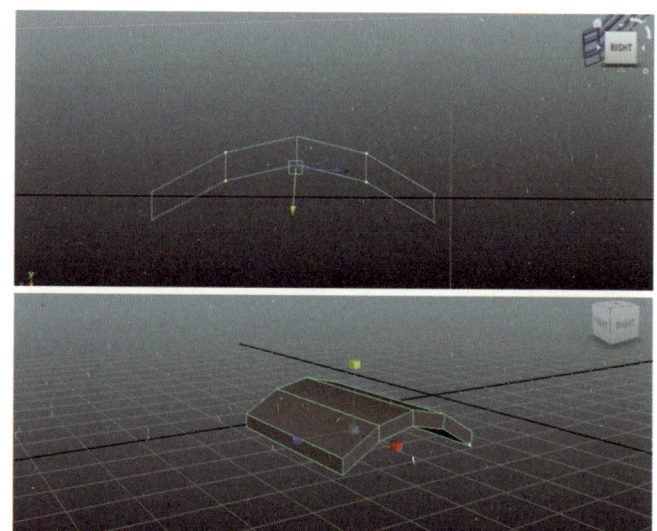

图1-35

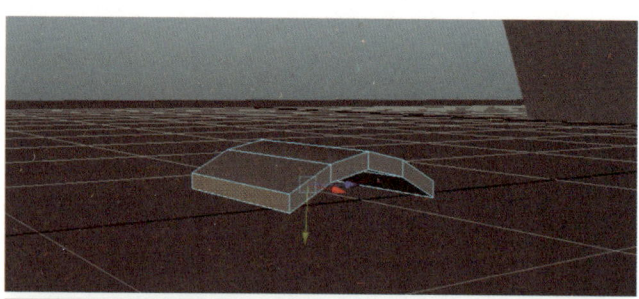

图1-37

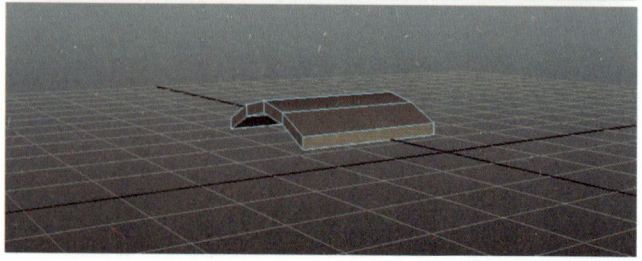

图1-38

按空格键切换到Right视图，长方体两头的点不框选，只框选中间部分的点，按住shift键可加选，用移动工具向上移动点，调整出一个弧形，瓦片的基本形状就出来了，如图1-37所示。

在透视图中，选择模型，切换到面级别，鼠标点选长方体侧面的一个面，之后按住shift键加选另一边的一个侧面，如图1-38所示，选择Edit Mesh—Keep Face Together命令，保持Keep Face Together命令为勾选状态，执行Edit Mesh—Extrude挤出命令，拖动Z轴的操纵杆，使用移动工具，将挤出的面调整到合适的位置，如图1-39所示。

执行菜单栏Edit Mesh—Insert Edge Loop Tool添加环形边工具，在模型的两边插入两条环形线，如图

1-40所示，点选两边的面，执行Edit Mesh—Extrude挤出命令，使用移动工具，向上拖动Y轴的操纵杆，挤出厚度，将瓦片的细节做出来，如图1-41所示。

在透视图中，将一片做好的瓦片，使用移动和旋转工具调整到合适的位置，如图1-42所示，选择模型，执行Edit—Duplicate复制命令，使用移动工具将新的瓦片在Y轴方向摆放到上面的位置，然后执行Edit—Duplicate with Transform变换复制命令，复制对象的同时也复制了对象的变换信息，使用这个命令的快捷键"shift+D"复制出一列瓦片，如图1-43所示。

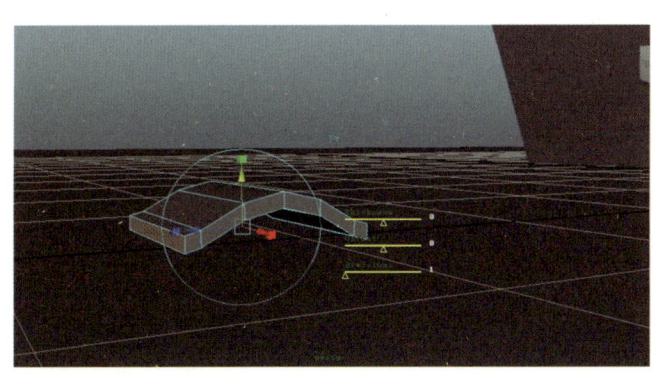

图1-39

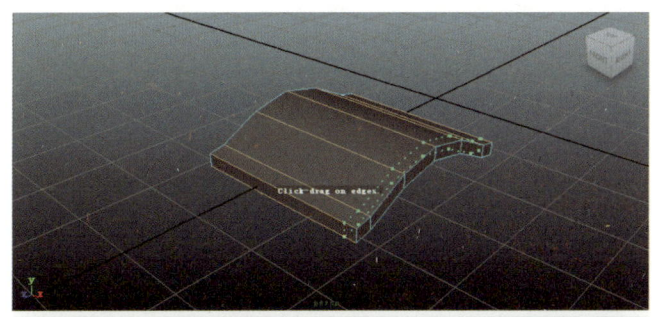

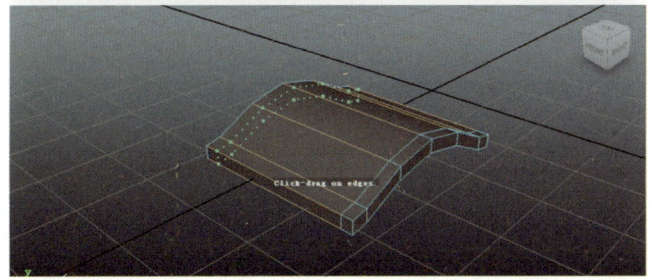

图1-40

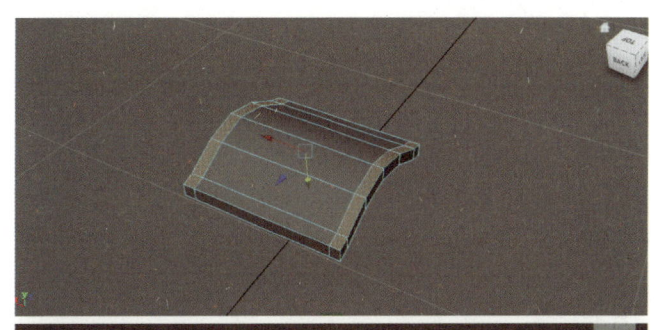

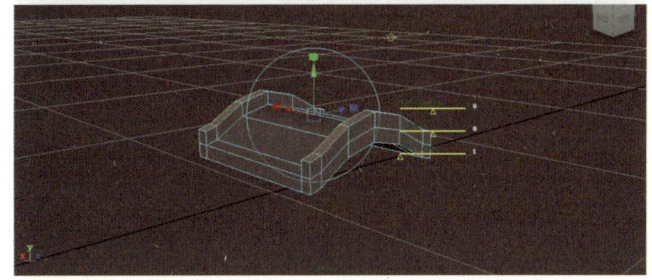

图1-41

图1-42

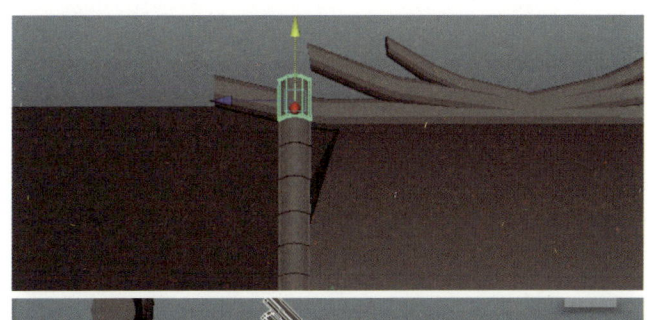

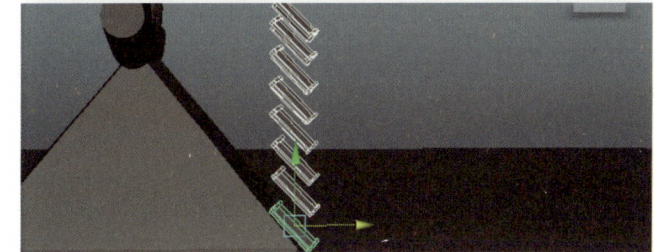

图1-43

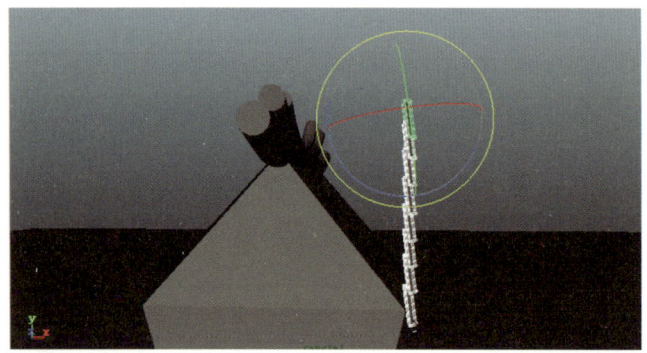
▼ 图1-44

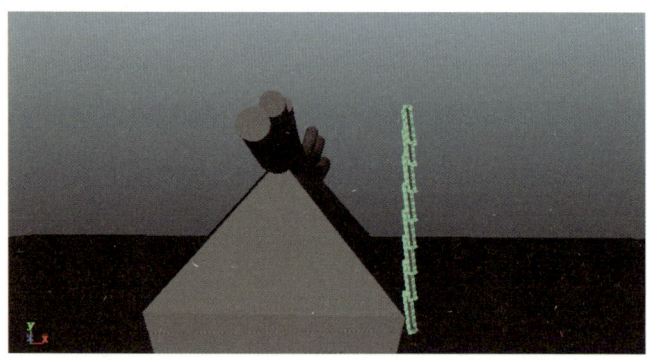
▼ 图1-45

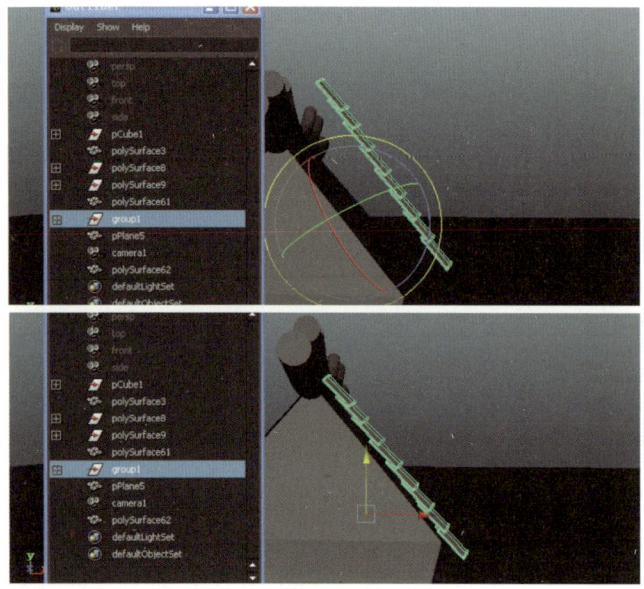
▼ 图1-46

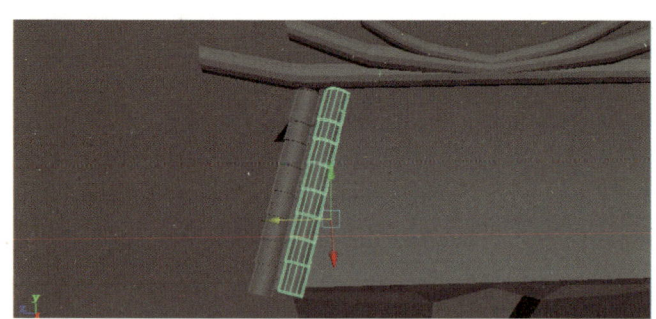

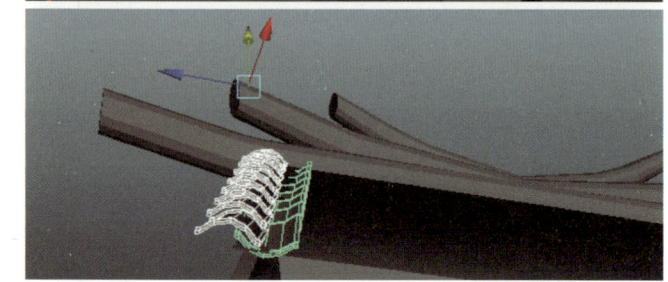
▼ 图1-47

鼠标框选所有瓦片，使用旋转工具，将每块瓦片同时分别绕Z轴旋转到合适的角度位置，如图1-44所示。按快捷键"Ctrl+G"将选中的模型打组，此时所选择模型都会变成绿色，成为一个整体，如图1-45所示。打组后的模型，当编辑它时，它会整体发生变换，因此，将这一组瓦片整体绕Z轴旋转，并与屋顶平行放置，如图1-46所示（当我们需要选择一组模型时，需要在window—outliner大纲视图中点击刚刚创建的组）。

由于屋顶是由上下两层瓦片相互错位构成，因此将之前做好的一组瓦片执行Duplicate复制命令，旋转到相反方向，制作出下层的瓦片，与上层瓦片交错放置，如图1-47所示，继续复制一组下层瓦片，沿Z轴向右平行移动到相邻的位置，并稍微旋转一点。用相同的方法将所有的下层瓦片按屋顶的形状复制出来，如图1-48所示。依照相同步骤，再将屋顶上层的瓦片都复制出来，如图1-49所示。

一整面的瓦片做好之后，全部选中后按快捷键"Ctrl+G"打组，切换到Front视图，按住键盘"D"键将模型的中心点移到屋顶的中心轴处，如图1-50所示，执行Edit—Duplicate Special关联复制命令，单击命令后面选项盒按钮进行属性设置，参数按照图1-51所示修改，选择关联复制选项，然后单击Apply完成操作，接着使用旋转工具绕Z轴旋转到与另外一面屋顶对称放置，至此，屋顶的瓦片就制作完成，最终效果如图1-52所示。

五、门的制作

进入模型边级别，选中门洞的边，执行Edit Mesh—Extrude挤出命令，使用移动工具挤出门洞的面，切换到Front视图，拖动X轴的操纵杆，调整出门洞的宽度，如图1-53所示。

再来制作房子的门板，新建一个长方体，在通道

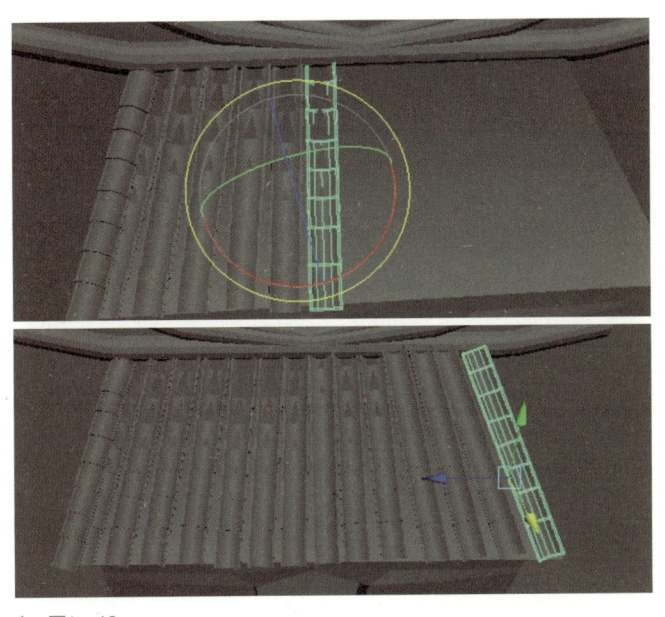
图1-48

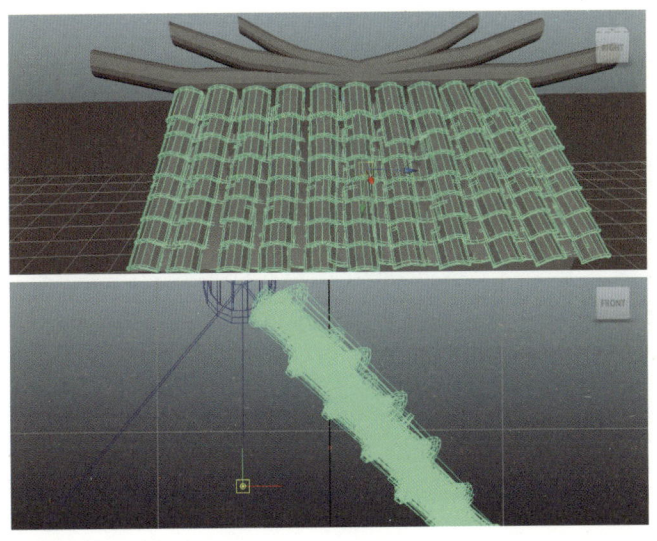
图1-50

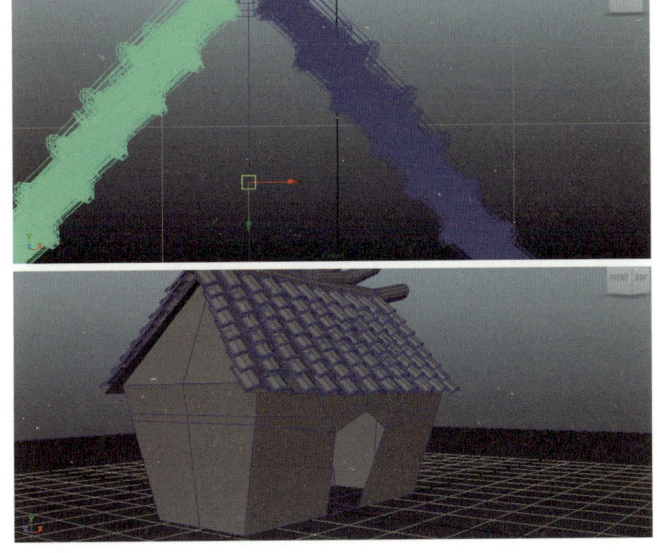
图1-52

图1-49

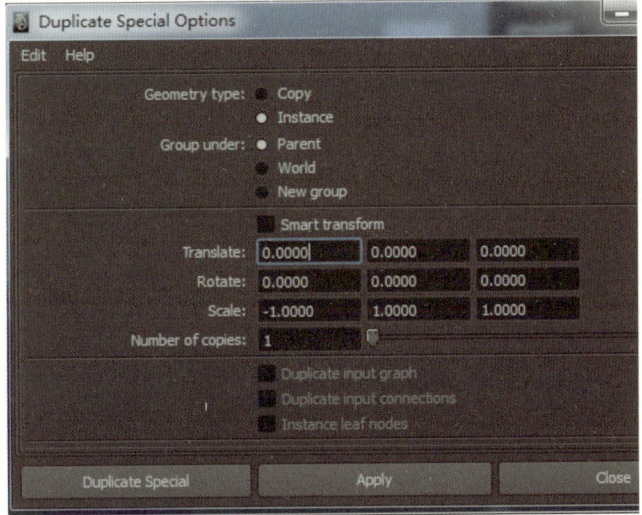
图1-51

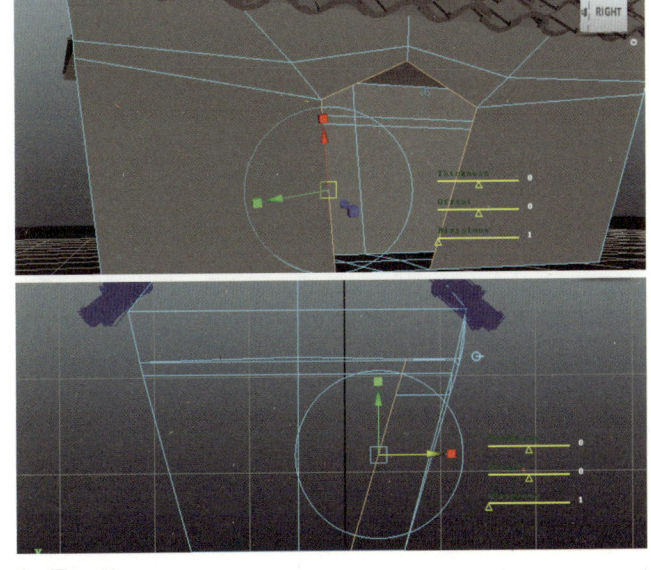
图1-53

盒中将polyCube1的属性参数设置为图1-54中所示，将长方体使用旋转和移动工具放置到门洞处，并进入点级别，调整门板的形状和细节，效果如图1-55所示。按照相同的步骤，制作出其他的几块门板，并且添加新的长方体作为门板的细节，最终效果如图1-56所示。

接着制作门柱和门梁。新建一个长方体，在通道盒中将polyCube1的属性参数设置为图1-57中所示，切换到Top视图，进入点级别，使用移动工具调整点的位置，制作出门柱的横截面，如图1-58所示，切换到Right视图，调整门柱正面的形状，如图1-59所示，再切换到Front视图，继续调整门柱侧面的形状，最后将它放置到房子的门框旁。接着复制出另外一个门柱，并调整其位置和形状，如图1-60所示，同样的方法，制作出门上的门梁，注意三个柱子的形状要有细微的差别，最终效果如图1-61所示。

六、窗户的制作

新建一个长方体，在通道盒中将polyCube1的属性参数设置为图1-62所示中那样，调整其形状，并且参照房子，将窗户移到合适的位置，再复制出另一扇窗户，放到房子的另一侧，如图1-63所示。

至此，主体物房子的制作完成，最终效果如图1-64所示。

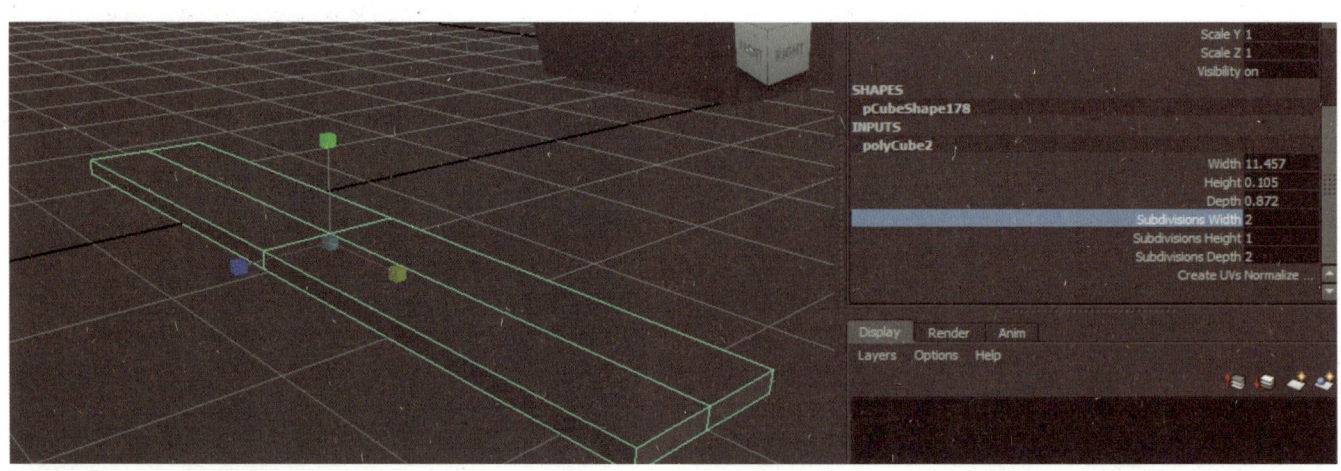

图1-54

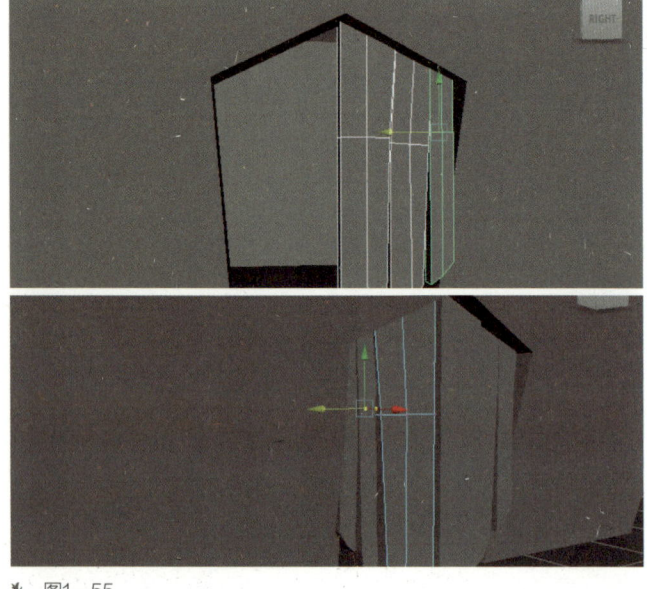

图1-55

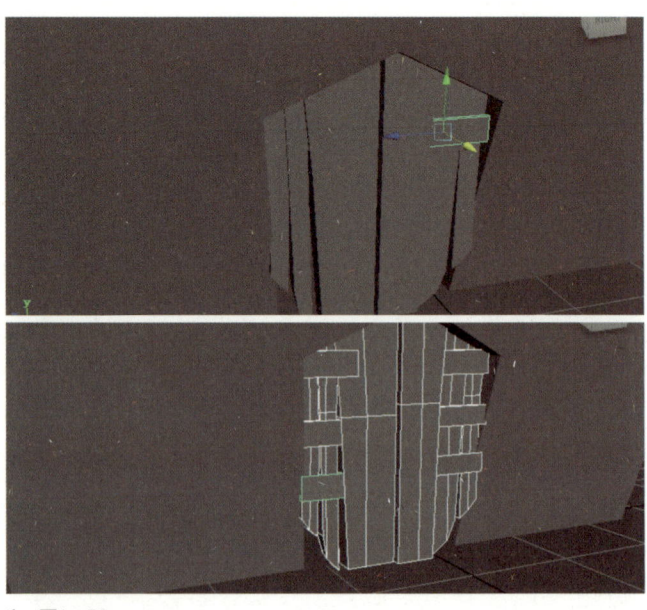

图1-56

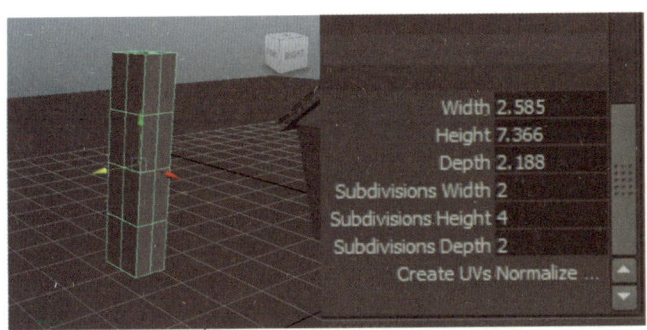

图1-57

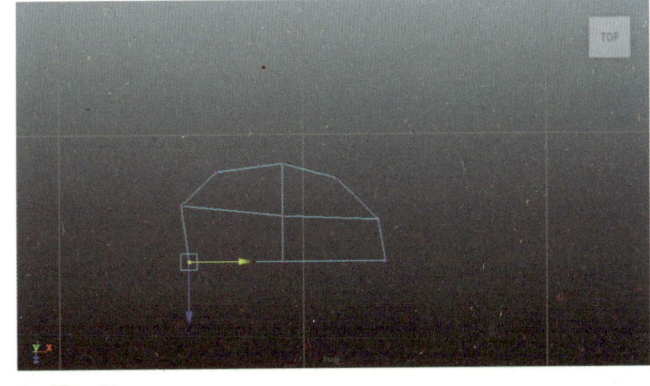

图1-58

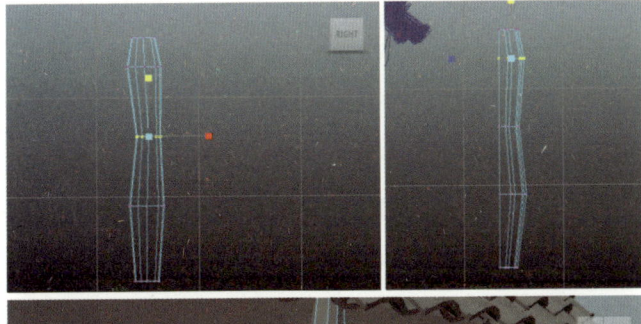

图1-59

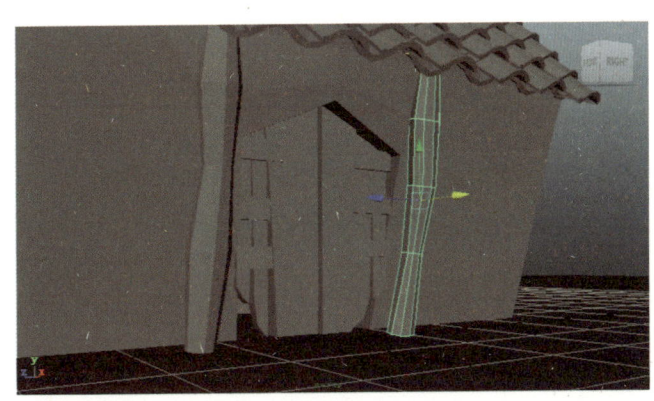

图1-60

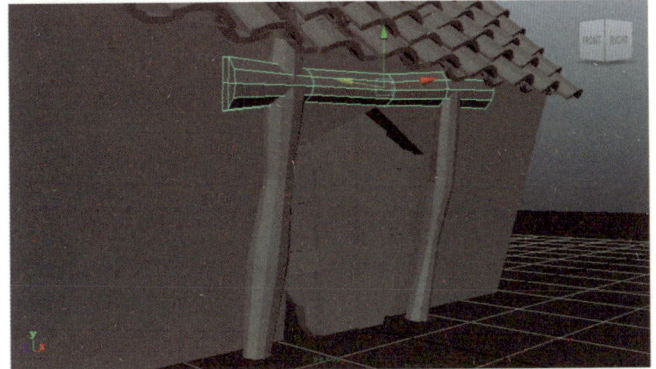

图1-61

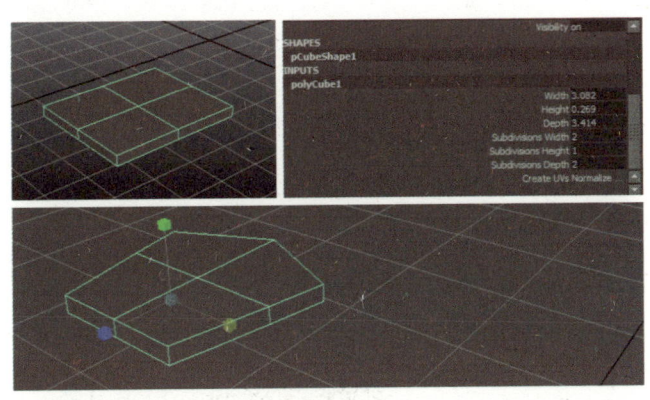

图1-62

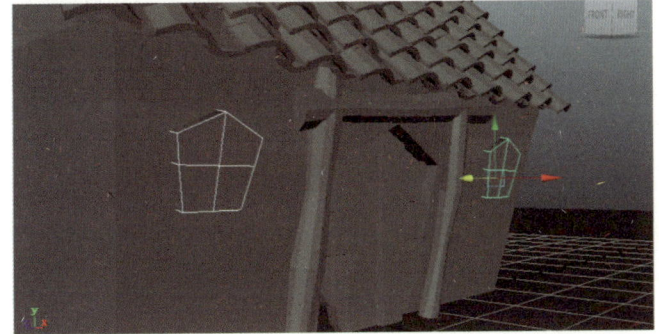

图1-63

图1-64

第二节　辅助物体建模

场景中除了主体建筑外,还有许多自然景观,仔细观察会发现,不同种类的植物都有着自己特有的造型特征,不同种类的植物在场景中起到的作用也不同。

一、课程要求

1. 训练目的

通过制作场景中大树、花草的模型,掌握植物类模型建模的方法及思路。

2. 训练重点

(1)分析花花草草的造型特征,确定出它们的建模思路和方法。

(2)制作出与主体建筑房子的大小比例、空间关系相符合的树干;并注意树干与树叶的大小及位置关系。

3. 学习难点

(1)不同种类的植物有着不同的建模思路,找到最合适的建模方法。

(2)植物的造型特征要符合场景中主体物的造型风格。

4. 作业内容

(1)制作墙边的花朵的模型。
(2)制作墙边的草丛的模型。
(3)制作大树的树干及树叶的模型。
(4)添加其他附属的物体模型,丰富场景细节。

5. 相关作业

学会举一反三,整合一下所学习的建模方法,搜集图片资料,用Maya制作出其他造型风格场景的模型。

二、植物花瓣的制作

新建一个长方体,在通道盒中将polyCube1的属性参数设置为图1-65所示,切换到顶视图,进入点级别,调整花瓣的形状,如图1-66所示,切换到透视图,双击选中花瓣的边,使用缩放工具,拖动中间的黄色操纵杆进行整体放大到如图1-67所示,再切换到front视图,进入物体点级别,使用旋转和移动工具,将花瓣的形状调整到如图1-68所示。

切换到透视图,微调花瓣的细节如图1-69所示,按

图1-65

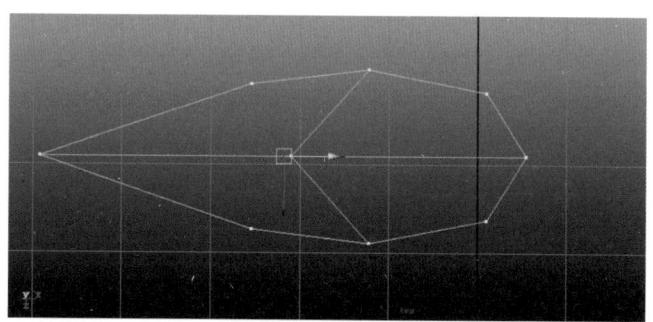

图1-66

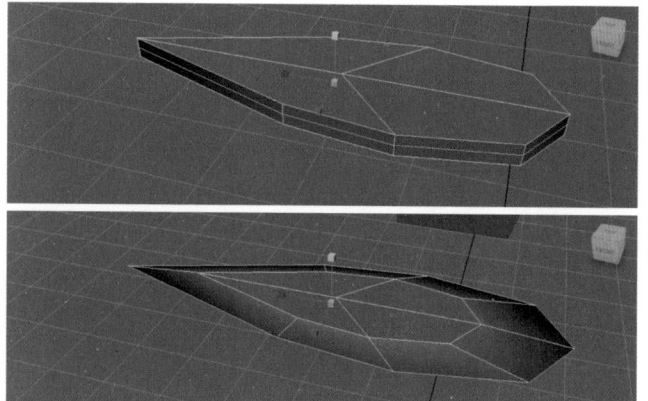

图1-67

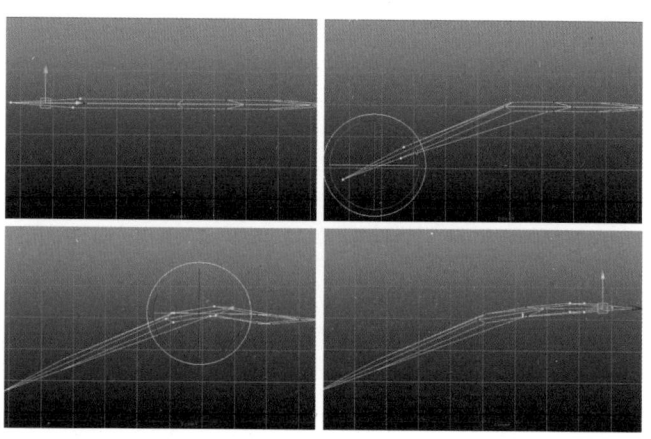

图1-68

第一章 室外场景的制作

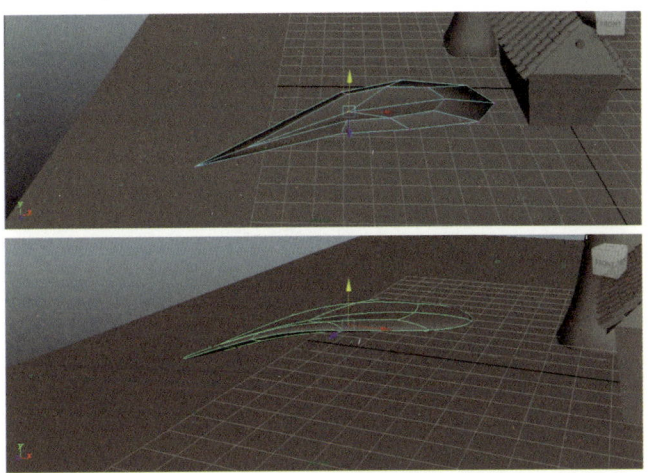

▼ 图1-69

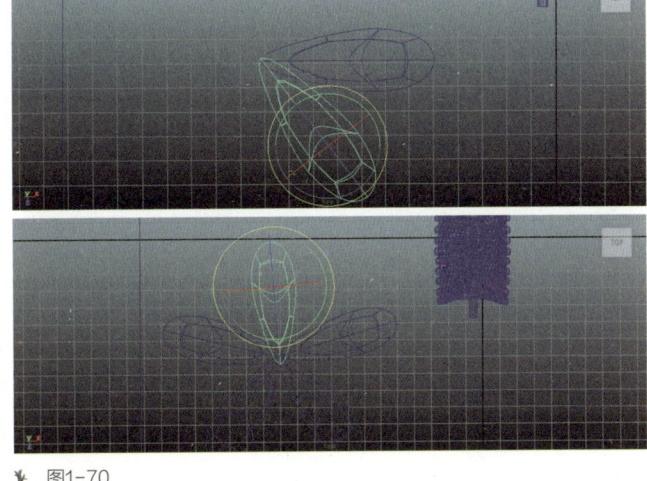

▼ 图1-70

▼ 图1-71

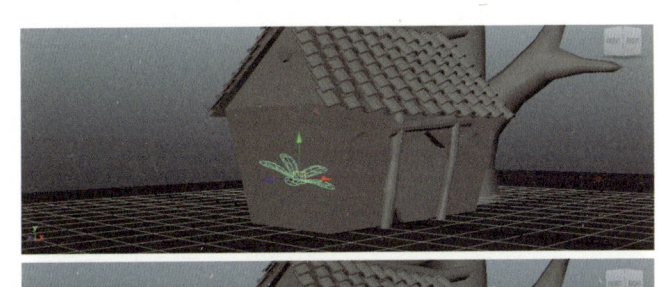

▼ 图1-72

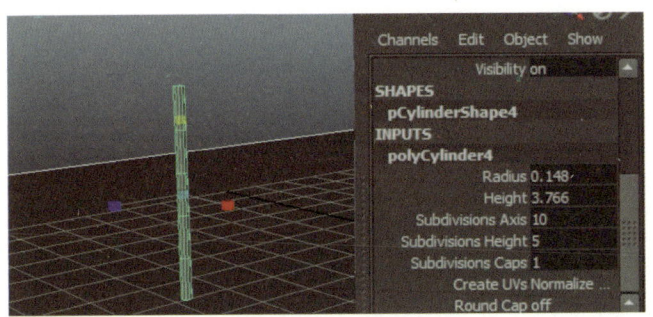

▼ 图1-73

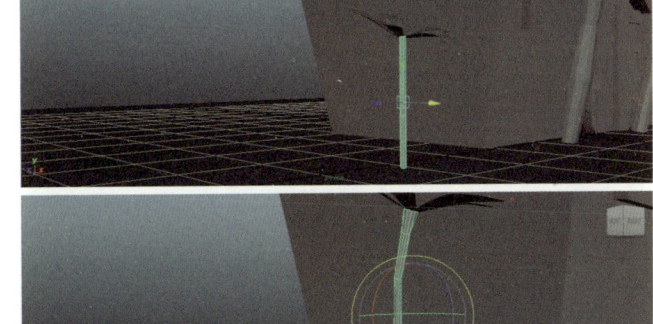

▼ 图1-74

快捷键"3"，将花瓣平滑显示。一个花瓣制作好了之后，在Top视图中，依次复制新的花瓣并将其旋转，如图1-70所示。框选五朵花瓣的模型，执行打组命令，将它组合成一个花朵的模型，如图1-71所示。接着将花朵模型再复制一个，并调整其形状，大小，位置如图1-72所示。

三、植物花茎的制作

新建一个Cylinder（圆柱体）多边形，在通道盒中的INPUTS面板中展开polyCylinder1，参考图1-73所示设置其属性参数，在透视图中，将圆柱体移动到花瓣的下端，并进入模型的点级别，使用缩放和移动工具把圆柱体的形状调整到如图1-74所示，接着复制出另外一根花茎，接着调整形状如图1-75所示。

15

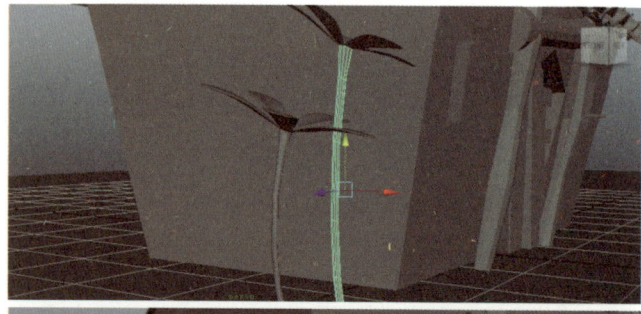

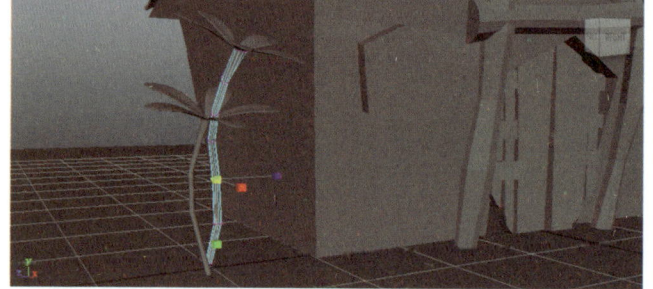

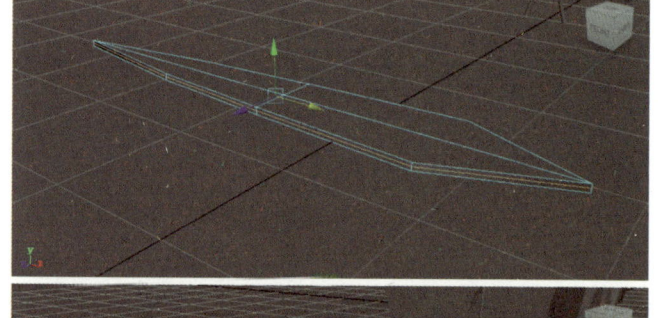

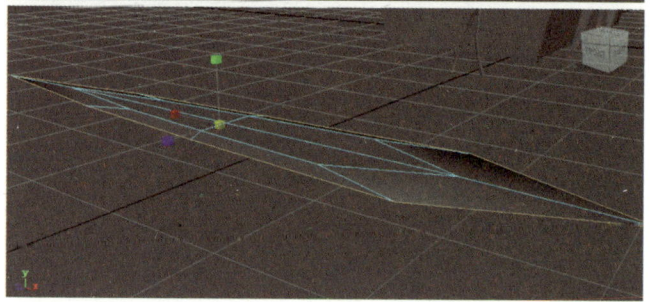

图1-75

图1-76

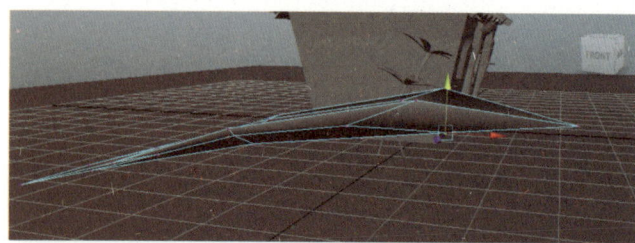

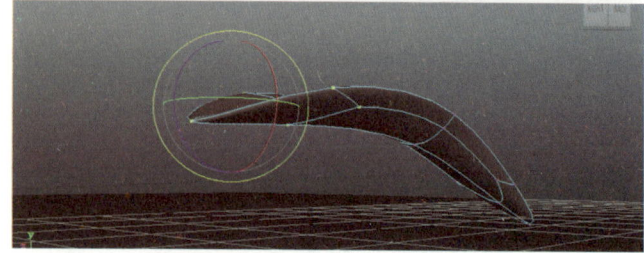

四、植物叶子的制作

叶子的制作和花瓣的制作步骤类似。进入点级别调整长方体的形状，如图1-76所示，根据叶子的形状特征，从多个视图中，具体调整点的位置，如图1-77所示。依次复制新的叶子，调整每个叶子的形状，并注意它们之间的细微差别，将它们摆放到合适的位置，如图1-78所示。

五、树干的制作

新建一个长方体，在通道盒中将polyCube1的属

图1-77

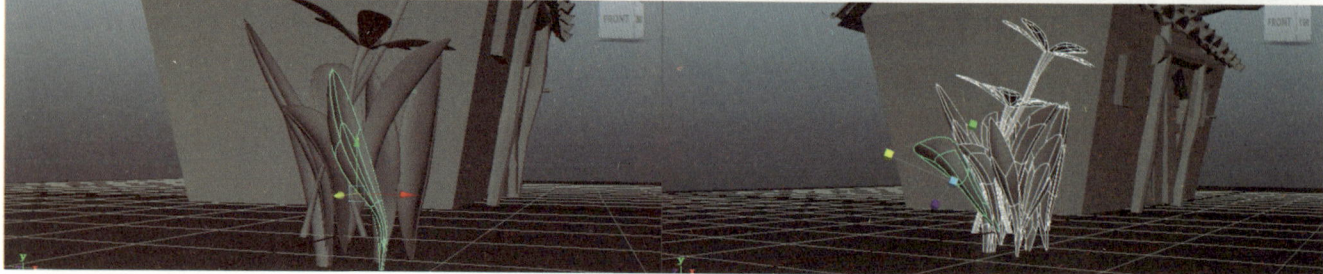

图1-78

性参数设置为图1-79中所示,将长方体调整为树干的形状,进入物体面级别,选择如图1-80所示的面,执行Edit Mesh—Extrude挤出命令,将挤出的面使用移动和缩放工具做出树枝的形状,用同样的方法,制作出另外一个树枝,如图1-81所示。接下来做树枝上的分支,执行菜单栏Edit Mesh—Insert Edge Loop Tool添加环形边工具,在图1-82所示的地方添加一条循环边,树枝的截面上就形成了两个面,选择其中一个面,执行Edit Mesh—Extrude挤出命令,将挤出的面移动、缩放成一个树枝分支的形状,用同样的方法,做出另一个分支,如图1-83所示。

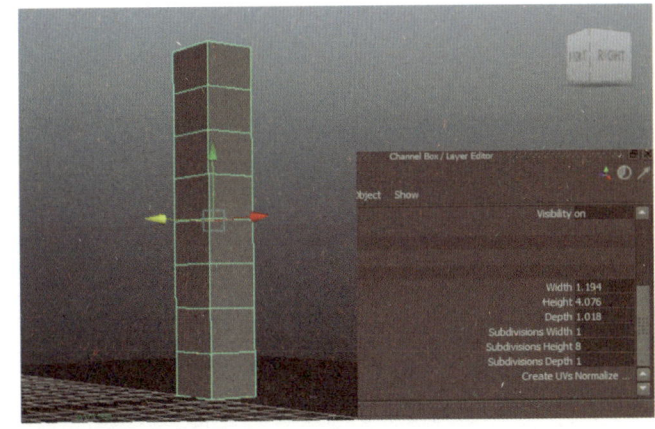
图1-79

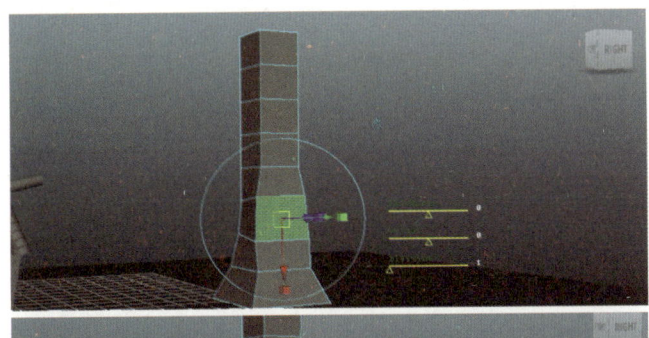
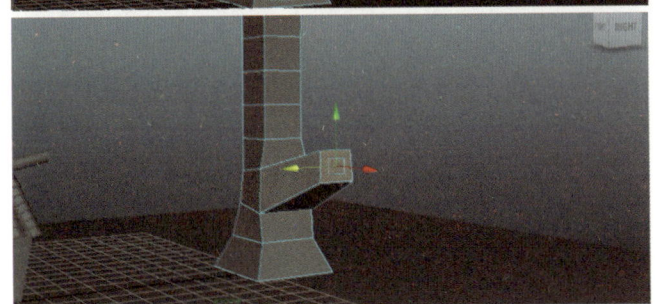
图1-80

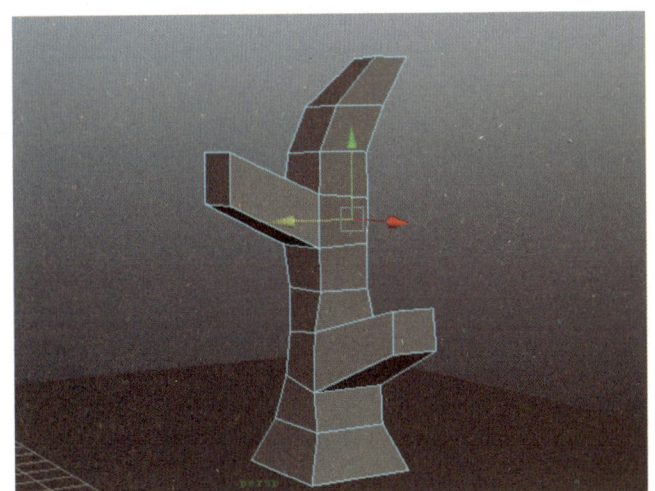
图1-81

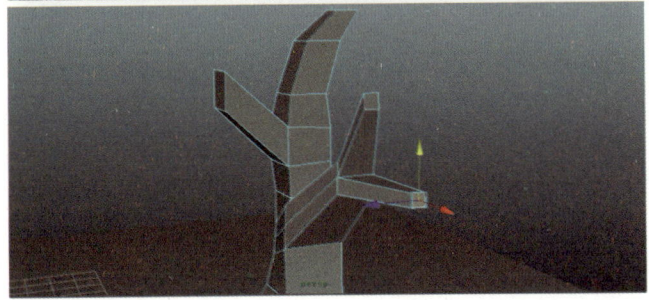
图1-82

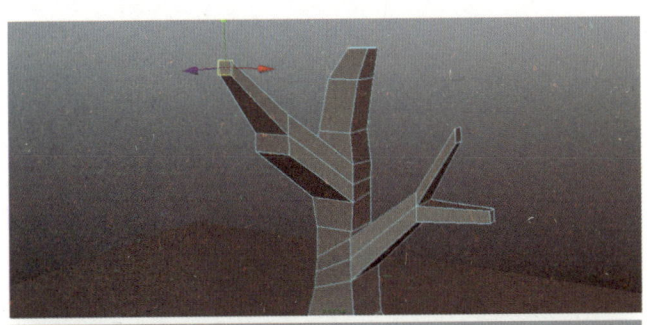
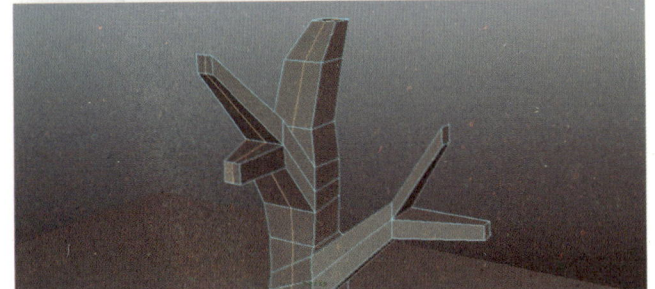
图1-83

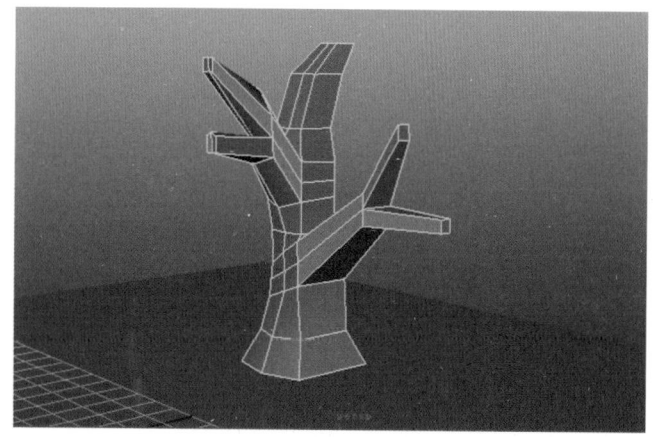
图1-84

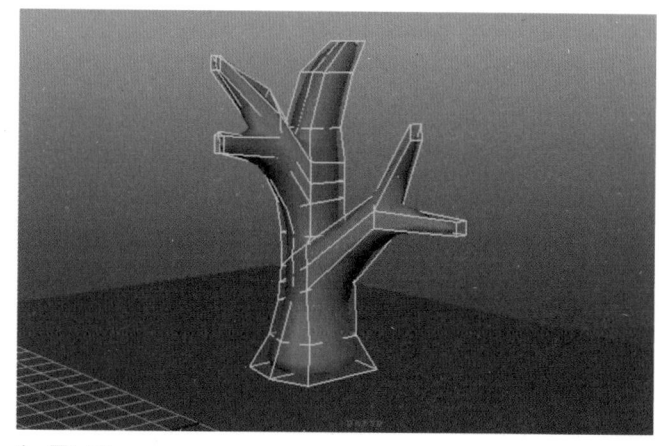
图1-85

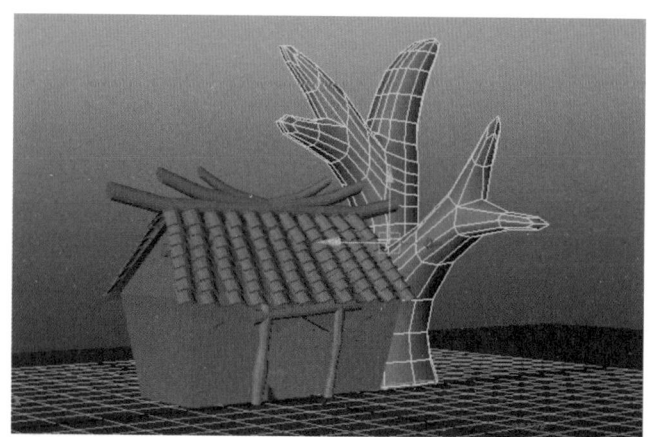
图1-86

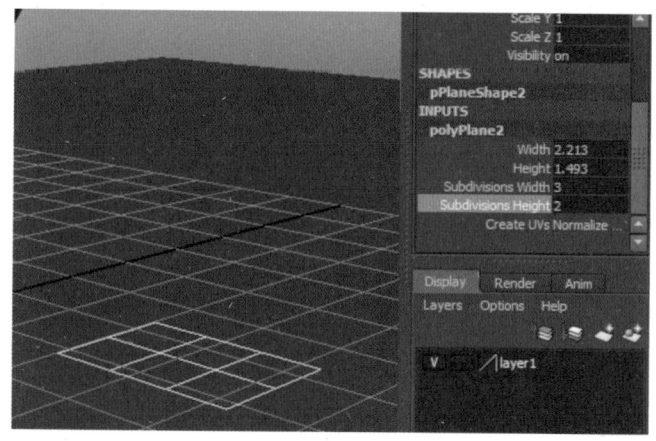
图1-87

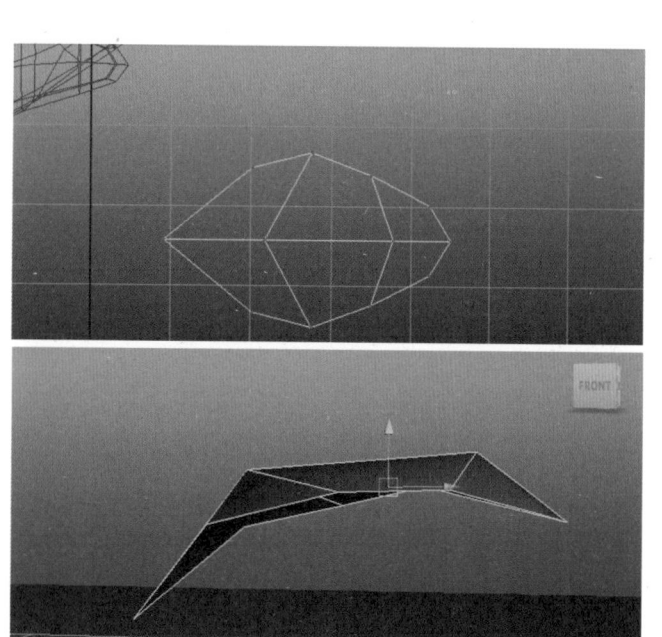
图1-88

重复上述步骤，将树干的形状调整为如图1-84所示。选择物体，执行Proxy代理下的Subdiv proxy细分代理命令，这个命令可以将物体进行细分，然后将细分后的对象与原始对象同时显示在窗口，能够观察到平滑后的效果，并且保留关联关系，如图1-85所示。选择外轮廓，按"delete"键删除，保留里面平滑之后的树干，并将制作好的树干移动到场景中合适的位置，如图1-86所示。

六、树叶的制作

叶子可以用多边形里的平面来制作。新建一个多边形Plane（平面），在通道盒中将poly plane的属性参数设置为如图1-87所示。进入点级别，在Top视图中和透视图中，调整平面的形状，将叶片的形状调整如图1-88所示。选择做好的叶片，执行复制命令，复制出旁边的两个小叶片，如图1-89所示。选择三个做

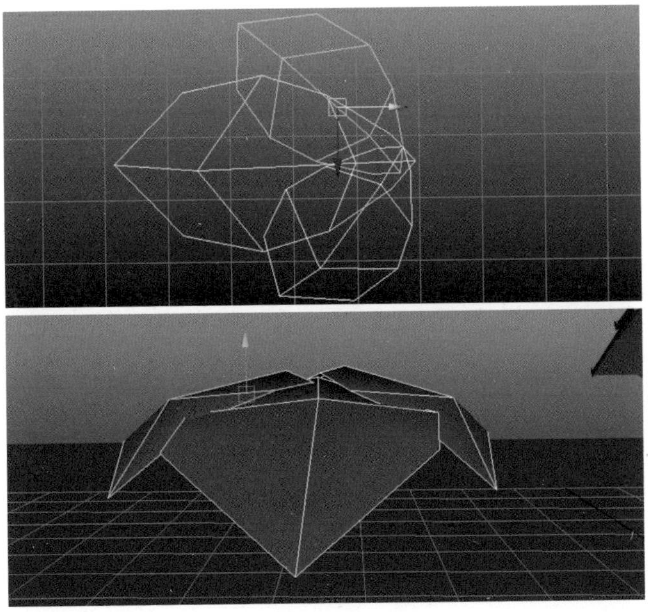

第一章 室外场景的制作

▼ 图1-89

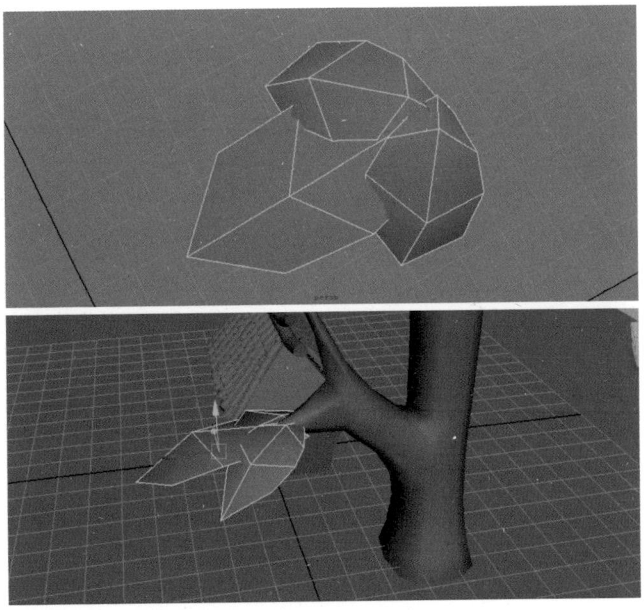

▼ 图1-90

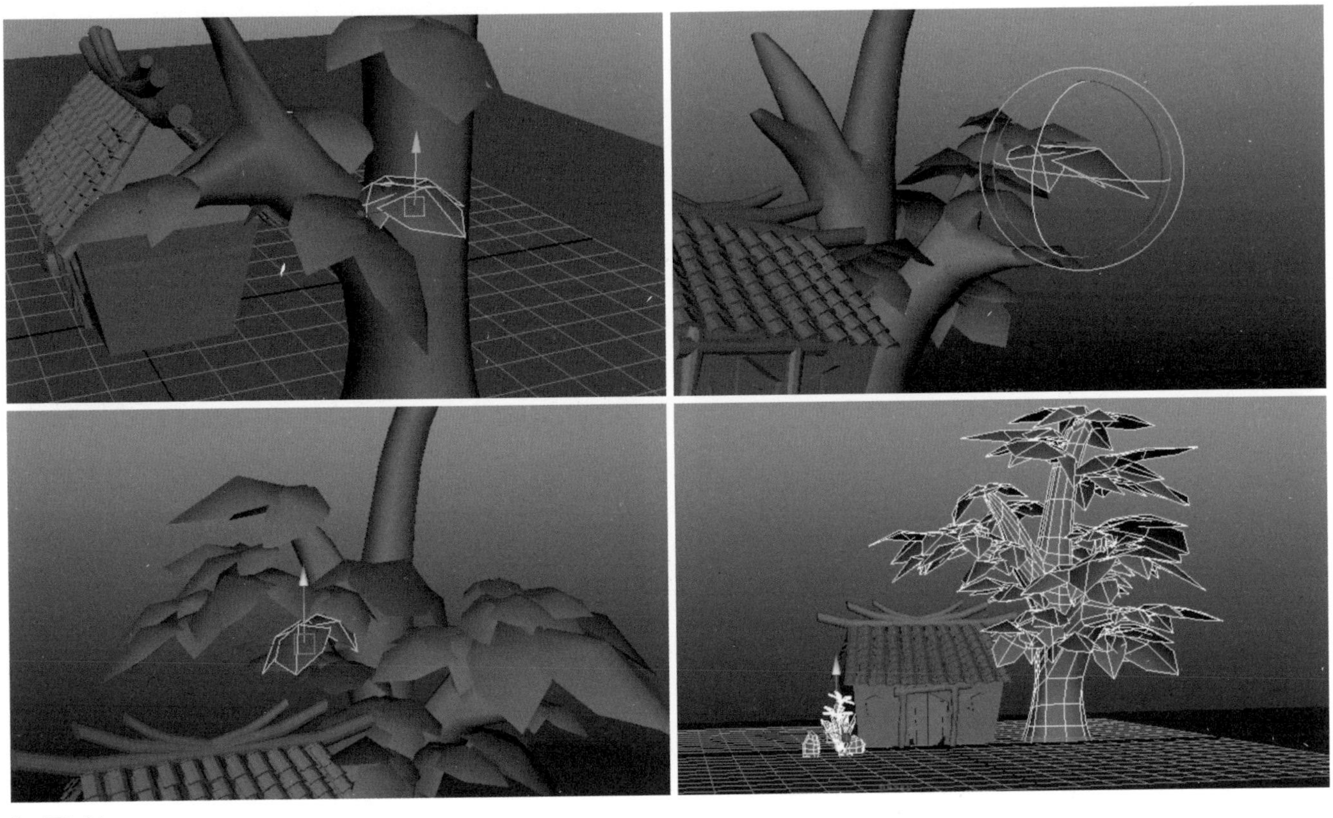

▼ 图1-91

好的叶片，执行执行Mesh—combine结合命令，一个完整的树叶就完成了。将做好的树叶调整好角度和位置，放置在树干上，如图1-90所示。接着复制出其他的树叶，通过使用旋转、移动、缩放命令，制作出大小不同，形状不同的树叶，并将它们放置到树干上合适的位置。如图1-91所示。

七、罐子的制作

罐子可以在球体的基础上来制作，新建多边形Sphere（球体），在通道盒中将poly Sphere的属性参数设置为图1-92中所示。进入物体点级别，切换到Front视图，框选如图1-93所示的点，使用缩放工具，

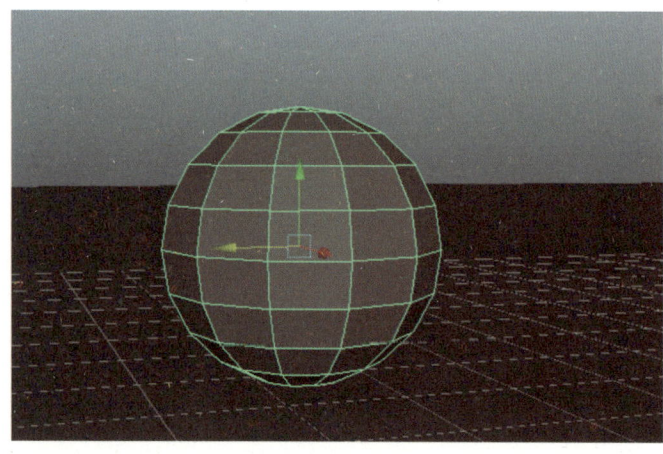
图1-92

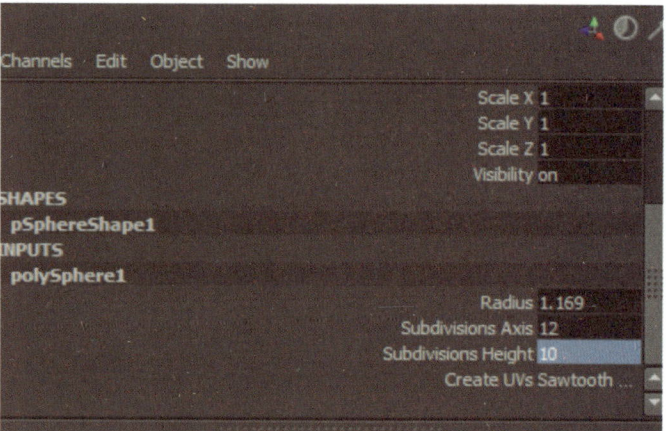
图1-93

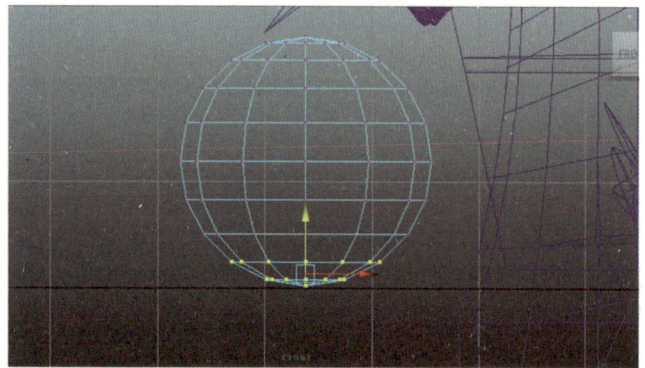
图1-94

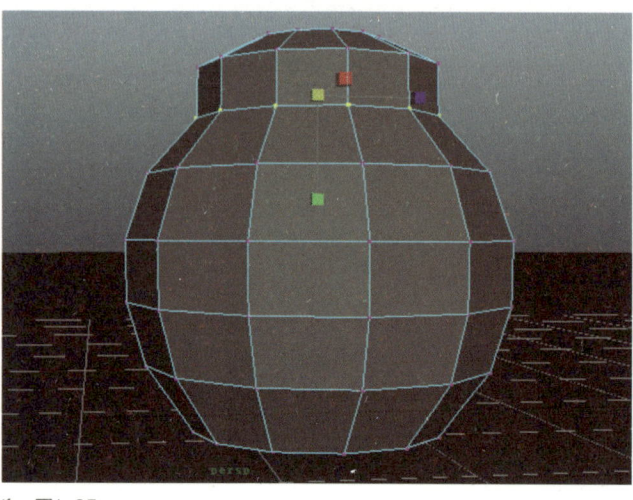
图1-95

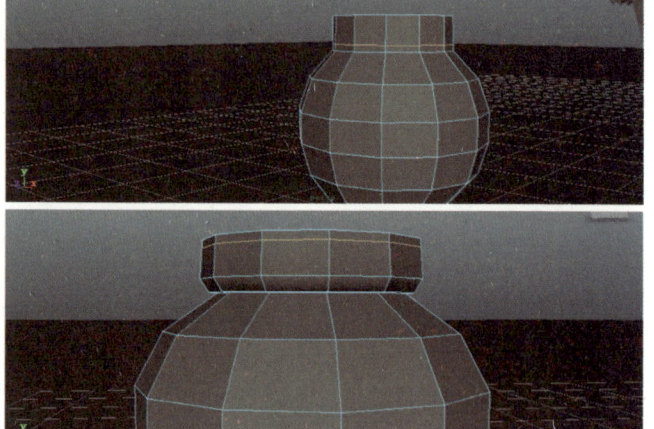
图1-96

将所选的点进行压缩，如图1-94所示，罐子底部就做好了。切换到透视图，将罐子的罐口和罐身都调整出来，如图1-95所示。执行菜单栏Edit Mesh—Insert Edge Loop Tool添加环形边工具，在图1-96所示的地方添加两条环形边，进入物体边级别，鼠标双击一条边，就能选中一整条环形边，使用缩放工具，将罐口的厚度做出来，罐子最终的效果如图1-97所示。一个罐子做好之后，复制出其他的罐子，并继续调整物体形状做出不同的罐子。

最后，将做好的模型放到场景中合适的位置上，最终效果如图1-98所示。

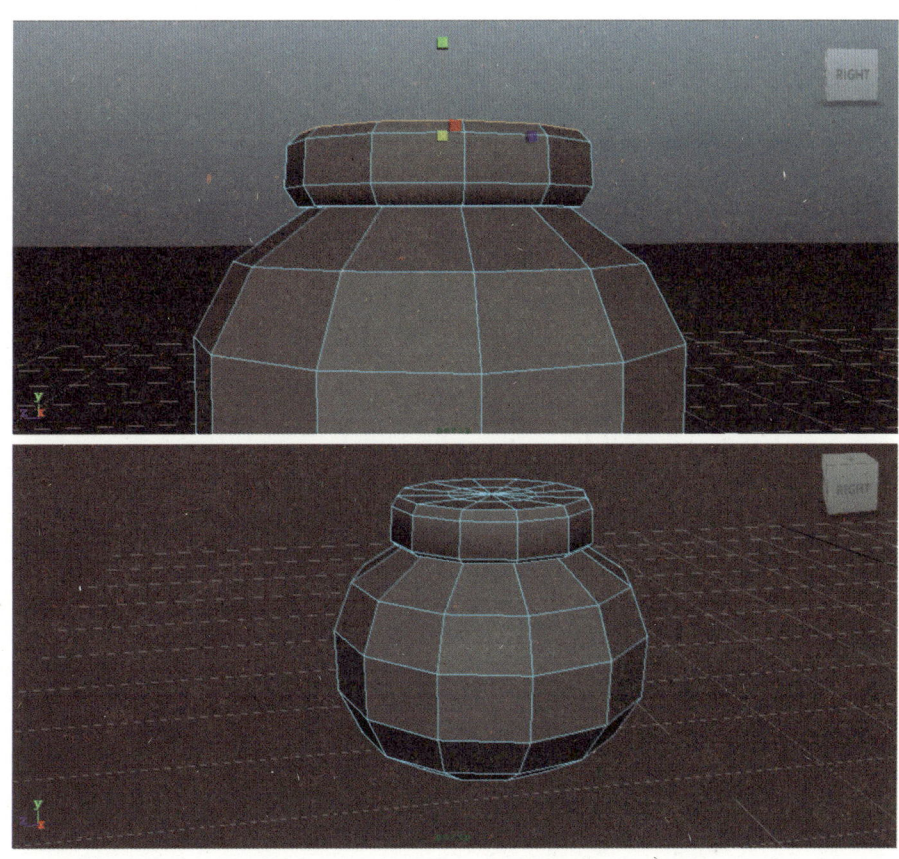

图1-97

图1-98

第二章　卡通角色的制作

本章来学习如何进行卡通角色建模，卡通角色的建模方法多种多样，不管使用哪种方法，只要是能够制作出正确的骨骼结构以及合适的形体比例就可以，同时还要注意布线的均匀。

下面我们通过图2-1所示这个女性卡通实例来分析卡通角色建模的方法和步骤，大体的思路是：制作头部——搭建身体的基础外形——继续添加模型的细节——单独做出角色的四肢模型——将四肢模型与身体缝合起来，这是一种比较常见的建模方式。

我们在制作卡通角色的模型时，需要做到：布线均匀；眼部周围的布线要围绕着眼睛走成环形线，用以表现眼轮匝肌，嘴部的布线要绕着嘴巴走成环线，用以表现口轮匝肌；在关节转折部位应有足够的环形线，最少需要三条或以上的环行线；关键部位无三角面，整个模型不可以有五边面，六边点。

第一节　头部的制作

卡通形象虽是来源于现实，但它在造型特征和细节方面又不同于现实人物，卡通角色在造型特征上应该表现得更夸张更简明，对于不能体现角色特征的细节，应当省略；对于能够表现角色特征的脸部，五官造型应该适当夸张。

一、课程要求

1. 训练目的

（1）掌握卡通角色头部的建模方法及思路。

（2）通过头部的实例练习，让学生掌握用Maya的多边形建模制作出结构准确、布线合理的头部模型。

2. 训练重点

（1）分析卡通角色的形象特征。
（2）正确调整卡通角色头部模型的结构比例。
（3）掌握卡通角色脸部模型的布线规律。

3. 学习难点

（1）把握角色脸部五官的造型特征。
（2）骨骼比例结构准确。
（3）根据眼睛和嘴巴周围的肌肉走势，按结构规律布线。
（4）充分表现脸部五官细节。

4. 作业内容

（1）制作头部基本结构的模型。
（2）制作出脸部的五官。
（3）制作头发的模型。
（4）制作其他饰品的模型。

5. 相关作业

掌握卡通角色头部模型的制作方法及布线的原理，制作出卡通动物角色的模型。

二、头部外形的制作

建立一个立方体多边形，初步调整头部的比例大小，选择模型，执行Mesh—Smooth光滑命令，如图2-2所示，考虑到人物头部是对称的，将模型中轴线的左半部分删除，然后执行Edit—Duplicate special关联复制命令，按图2-3中所示的参数来设置，得到对称且相关联的模型。接着在侧视图和正视图中使用移动工具调整出一个头部的大型，如图2-4所示。

进入侧视图，选择模型，执行Edit Mesh—Insert Edge Loop Tool插入环形边命令，定出鼻子的位置，如图2-5所示，重复上一次命令，按键盘的"G"键，添加一条环线线定出嘴巴的位置，如图2-6所示，再添加二条环形边，确定出眼睛的位置，如图2-7所示，针对之前所加的环形边，增加了模型的分段数，需要在各种视图中调整一下头部的大型，如图2-8所示，调整好后，选择模型，执行Normal—soften Edge软

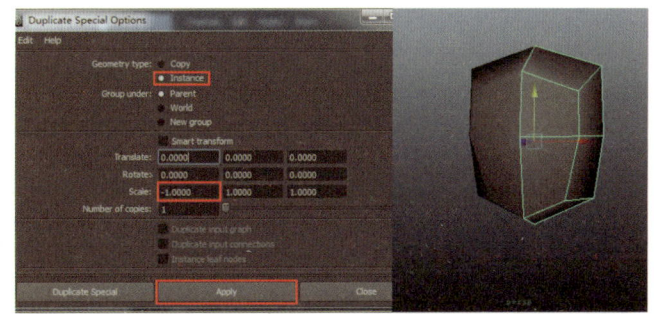

图2-3

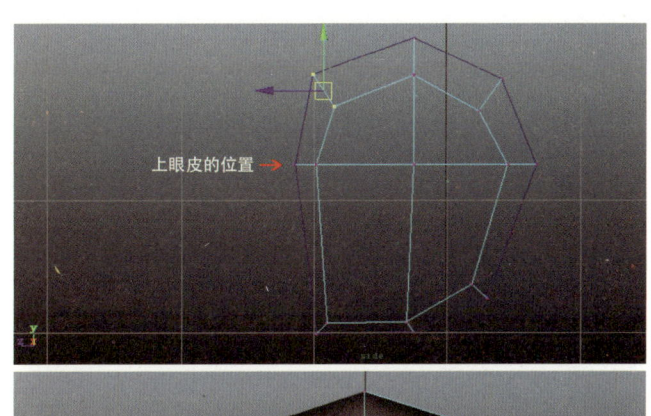

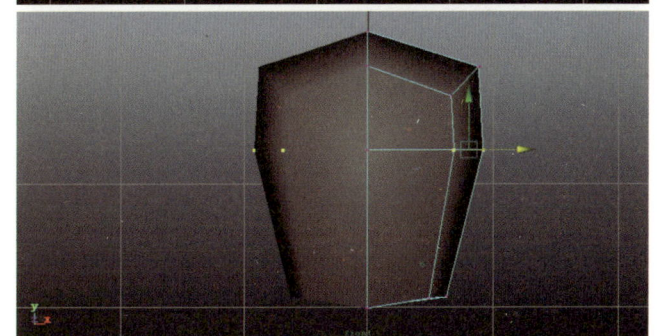

图2-4

图2-1

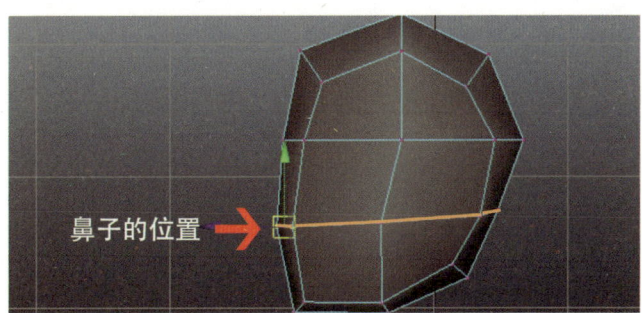

图2-5

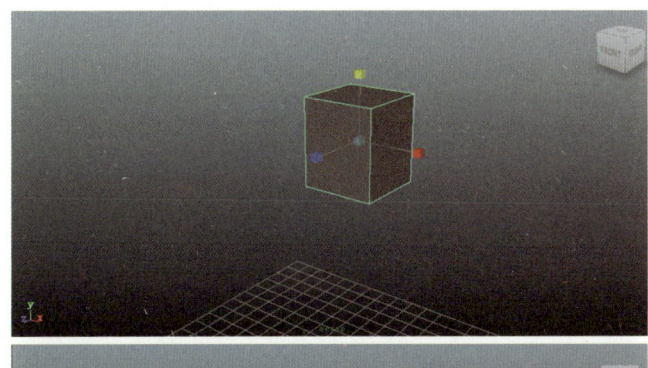

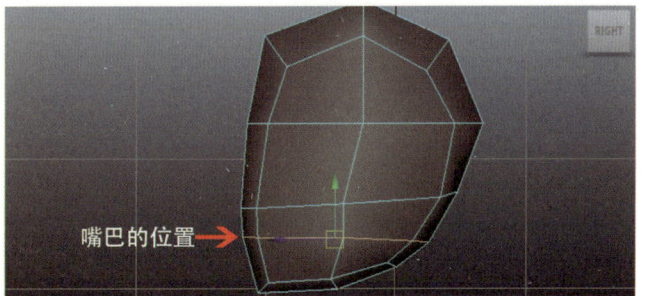

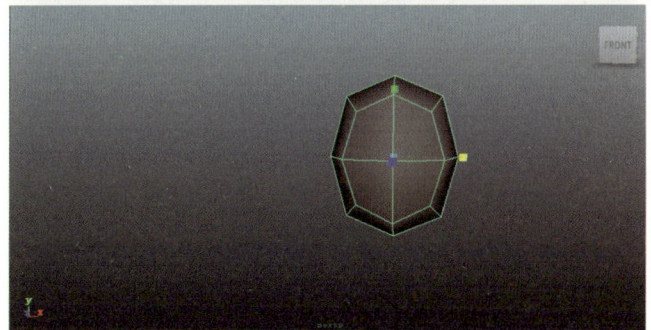

图2-2

图2-6

边命令，使模型的线条柔和一点。

选择模型进入Face面级别，选择如图2-9所示的面，执行Mesh—Extrude命令，挤出脖子的形状，如图2-10所示，删除挤出模型中的夹面，调整脖子的形状，如图2-11所示，接着给脖子加一条环形边，增加脖子的细节，如图2-12所示。

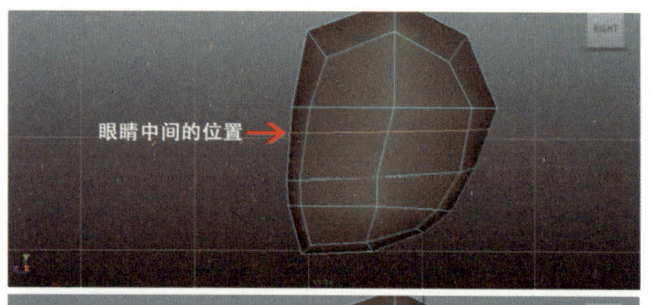
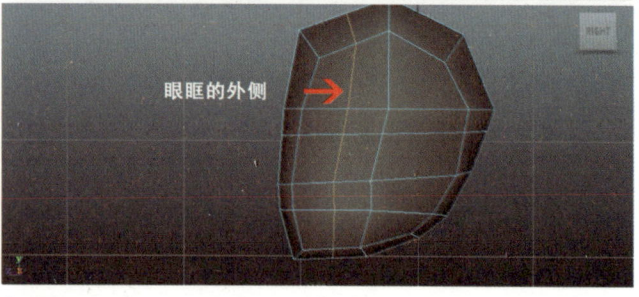

图2-7

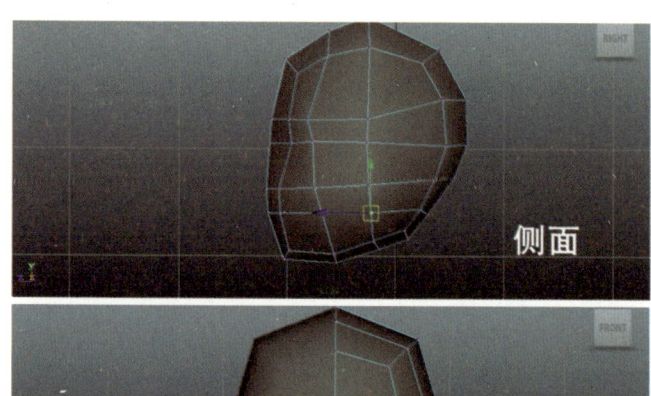
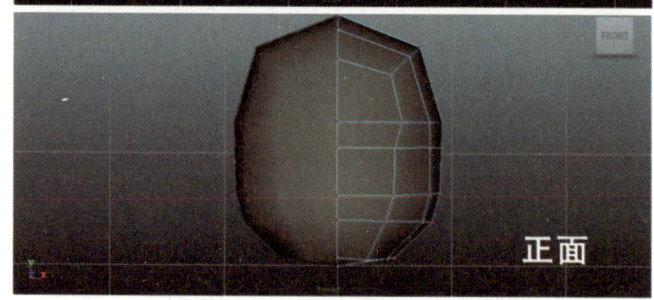

图2-8

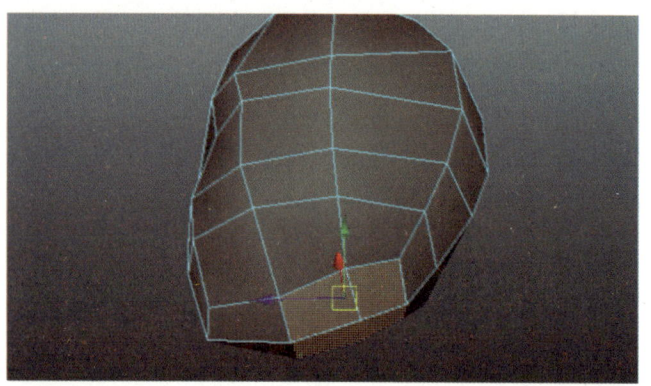

图2-9

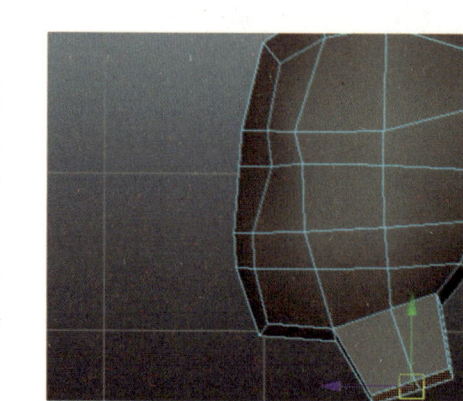

图2-10

图2-11

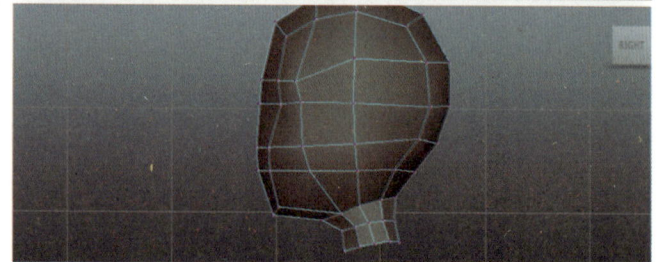

图2-12

给头部添加一个下颚结构的布线。选择模型，执行两次Edit Mesh—Split Polygon Tool分离多边形工具，也就是达到给模型添加线的效果，线的位置形状如图2-13所示。进入模型边级别，选择如图2-14所示的边，执行Edit Mesh—Collapse命令，处理掉三角面，重复上一次命令，将另一个三角面也处理掉，如图2-14所示。

头部的大型已经完成，接着在多个视图中对头部的形状再进行调整，为了方便我们调整模型，不被模型背面的点和面所干扰，可以不显示模型的背面，选择模型，执行Display—Polygons—Backface Culling命令，如果想取消这种显示，再执行一次这个命令就可以了。

三、五官基本形态制作

首先，执行Edit Mesh—Split Polygon Tool命令，画出鼻子的轮廓线，如图2-15所示。选择模型，调整出鼻子的高度和鼻翼、鼻梁的宽度，如图2-16所示。选择模型，给模型加线，如图2-17所示，定出鼻梁的位置。

选择模型，重复执行Edit Mesh—Split Polygon Tool命令，画出眉弓和鼻梁的位置，并且通过移动点的位置，来调整眉弓、眼睛和鼻子之间的形状，如图2-18所示。

选择进入模型面级别，选择如图2-19所示的面，执行Edit Mesh—Extrue挤出命令，制作眼睛，挤出眼

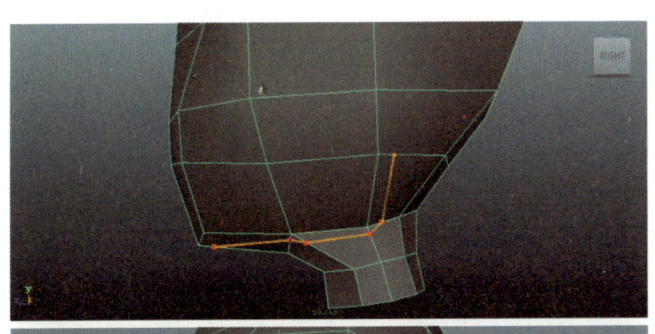

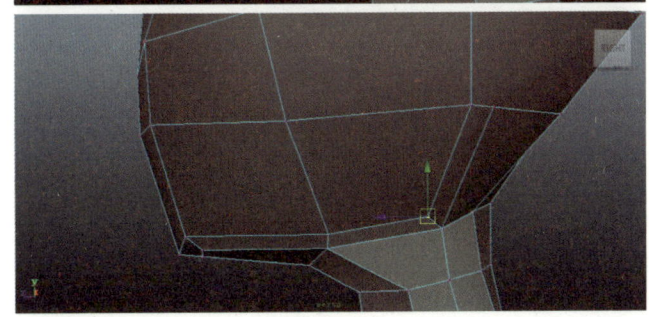

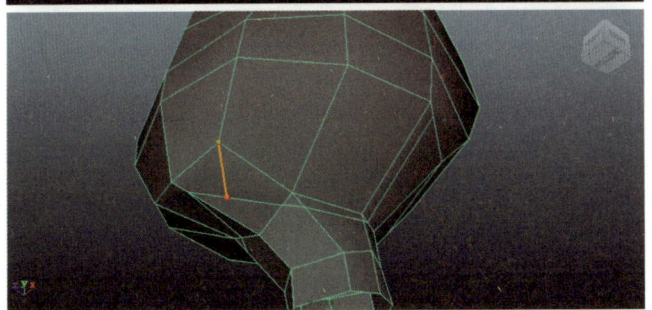
图2-13

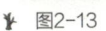
图2-14

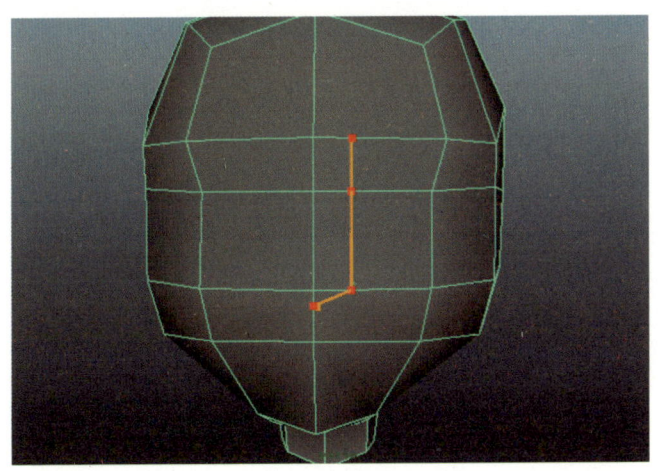
图2-15

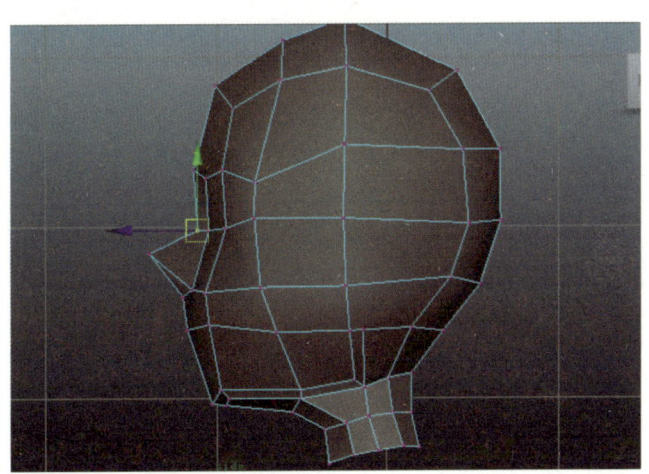
图2-16

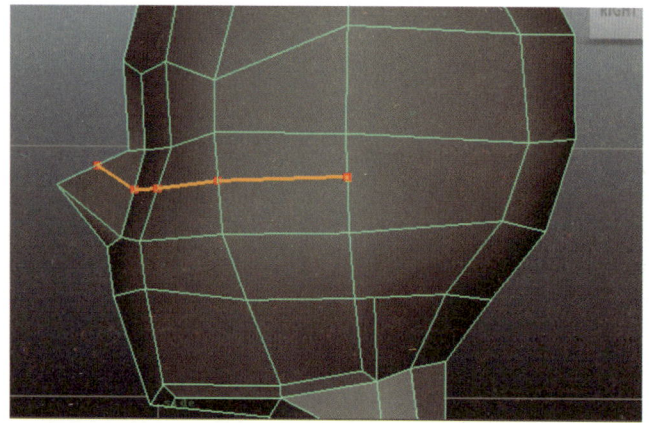
▼ 图2-17

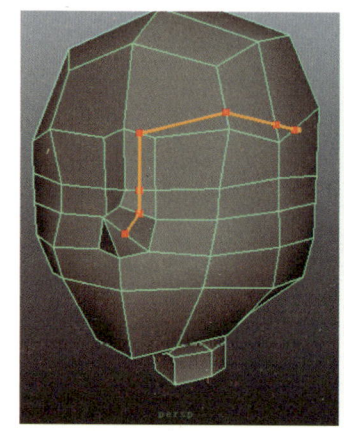
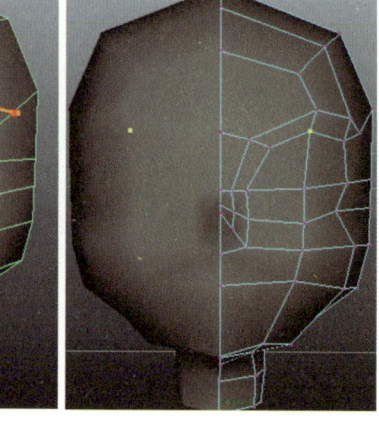
▼ 图2-18

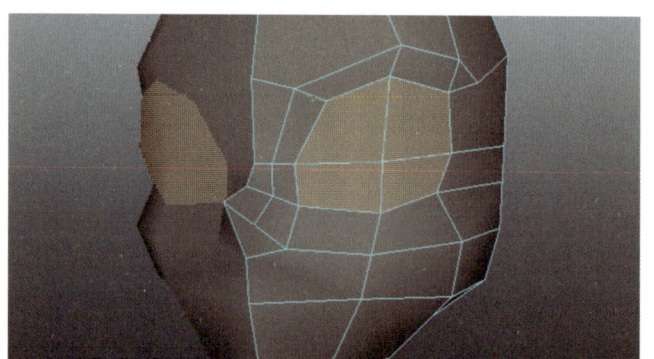
▼ 图2-19

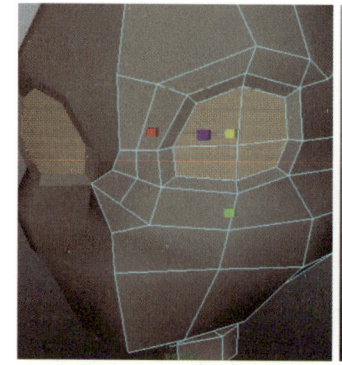

▼ 图2-20

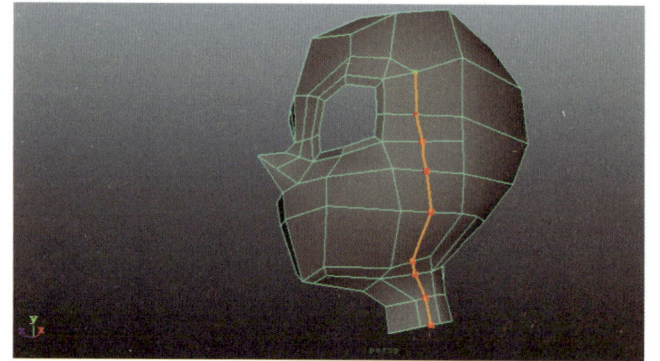
▼ 图2-21

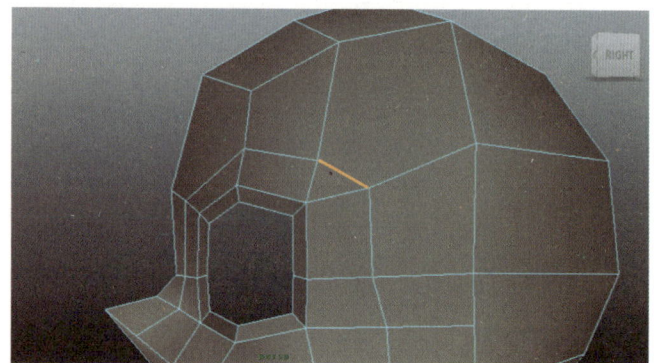
▼ 图2-22

皮的大轮廓，并且删掉眼球部分多余的面，如图2-20所示。

选择模型，执行Edit Mesh—Split Polygon Tool命令，在模型上加如图2-21所示的线。进入边级别，选择如图2-22所示的边，执行Edit Mesh—Collapse命令，消除三角面，如图2-23所示。

多次使用Edit Mesh—Split Polygon Tool命令，先在如图2-24所示的地方添加线，再在正视图和侧视图中调整好嘴巴的形状，如图2-25所示，并且在嘴角添加两条线，如图2-26所示。

调整脸部的基本形状，最终效果如图2-27所示。

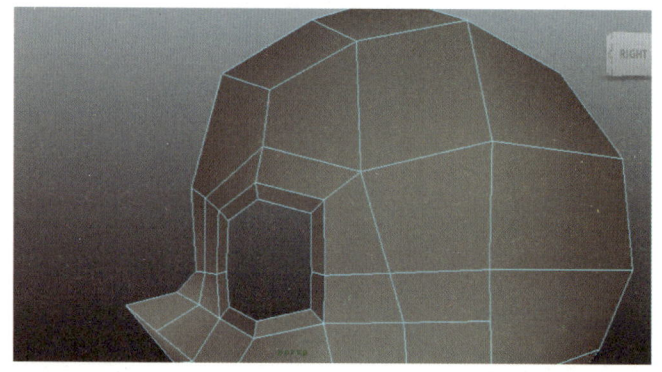
▼ 图2-23

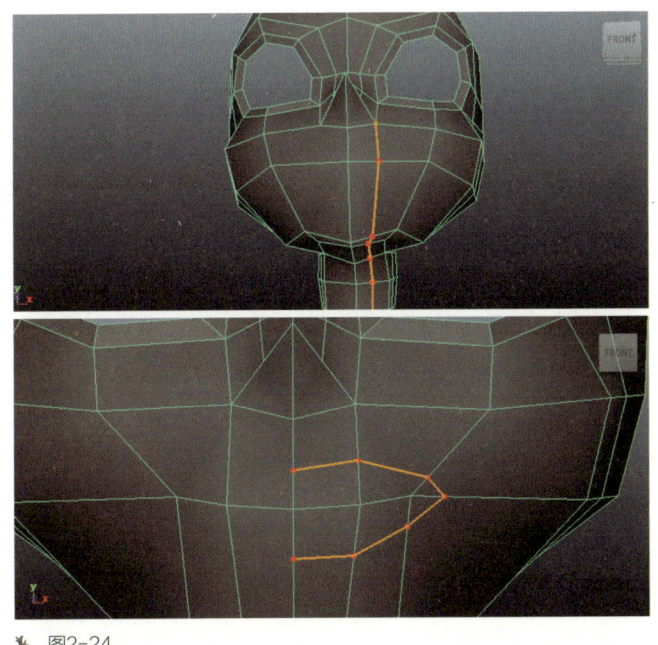

图2-24

图2-25

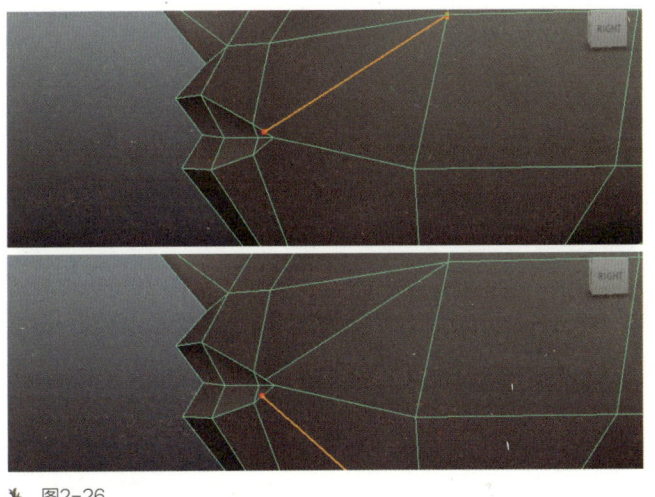

图2-26

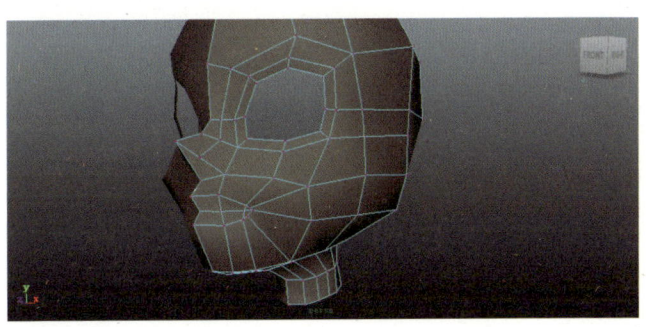

图2-27

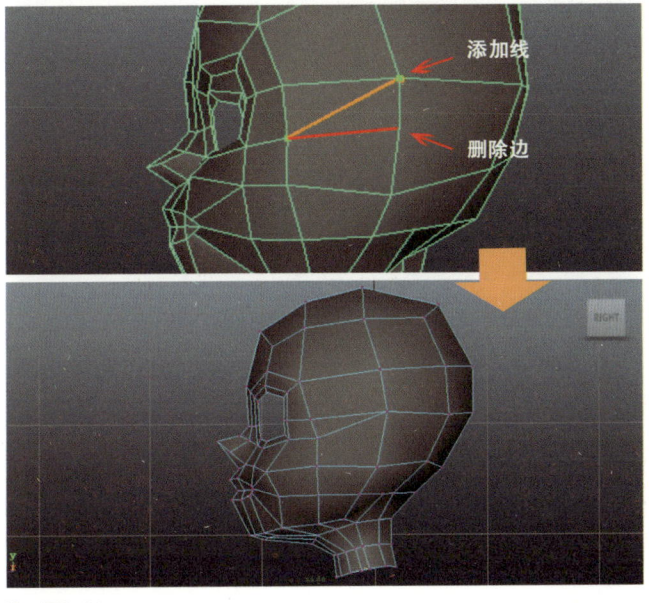

图2-28

四、头部的细节制作

1. 眼睛的制作

首先调整模型侧面的布线，如图2-28所示，再刻画眼睛的细节，在模型眼轮匝肌处执行Edit Mesh—Insert Edge Loop Tool命令，加一条环形线，如图2-29所示。执行Edit Mesh—Split Polygon Tool命令，在额头及眼角处添加如图2-30所示的线。整理布线，进入边级别，选择如图2-31所示的边，按住"shift"加鼠标右键，在弹出的快捷键方式中执行Delete Edge删除边命令，并调整好形状，如图2-32所示。

执行Edit Mesh—Split Polygon Tool命令，在如图2-33所示的地方添加线，破除五边面。

额头的布线整理好之后，再来制作眼睛的细节，进入模型的边级别，选择眼眶的轮廓线，如图2-34所

图2-29

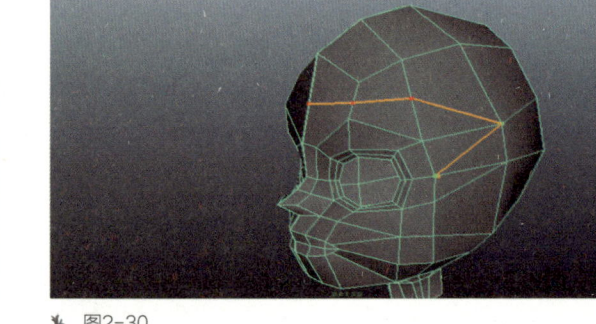

图2-30

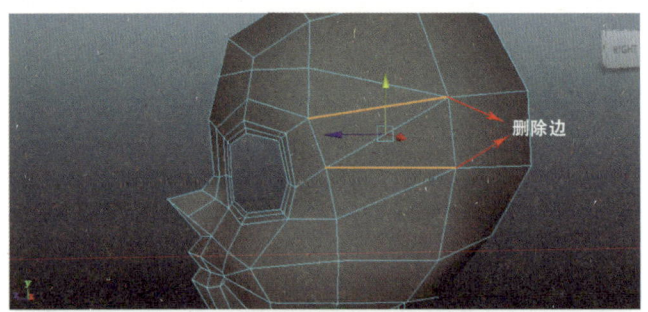

图2-31

图2-32

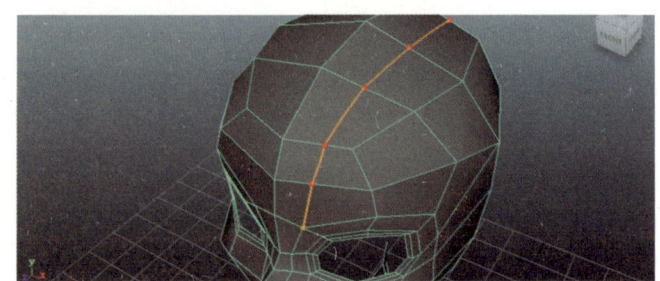

图2-33

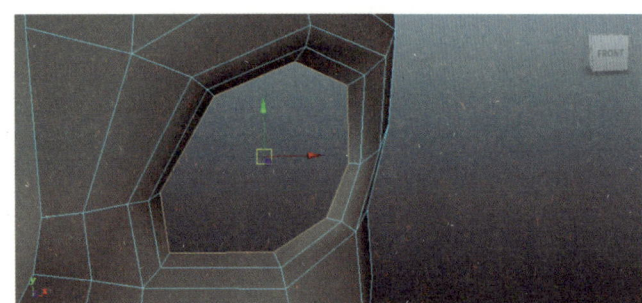

图2-34

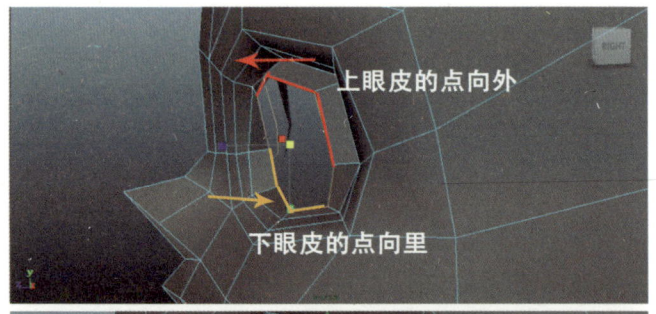

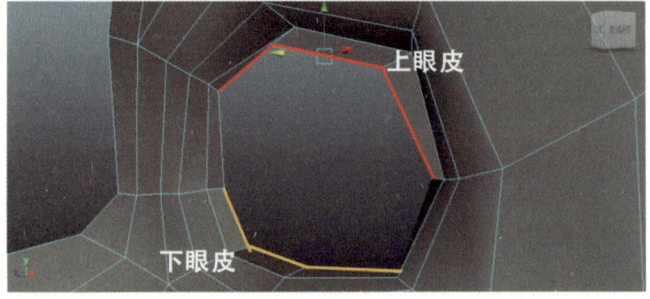

图2-35

示。执行挤压命令，挤出眼皮，调整出眼皮的效果，如图2-35所示。再次选择眼眶的轮廓线，并使用挤出命令，将眼皮的厚度制作出来，如图2-36所示。重复使用挤出命令，制作出眼眶的厚度，如图2-37所示。

执行Edit Mesh—Split Polygon Tool命令，添加一条横向的线，如图2-38所示，调整出内眼角的形

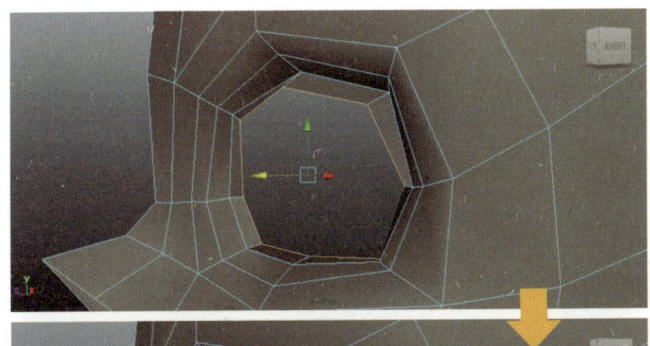
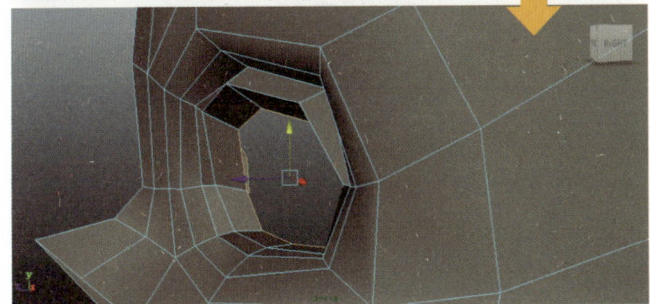
▼ 图2-36

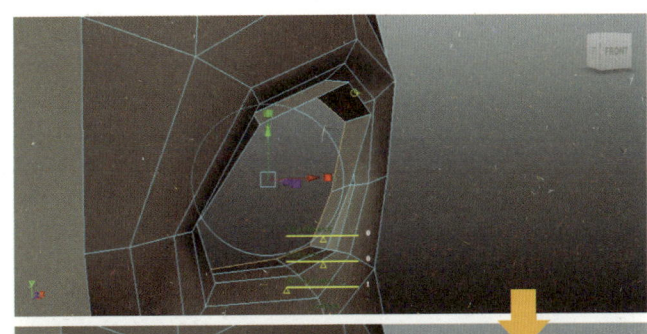
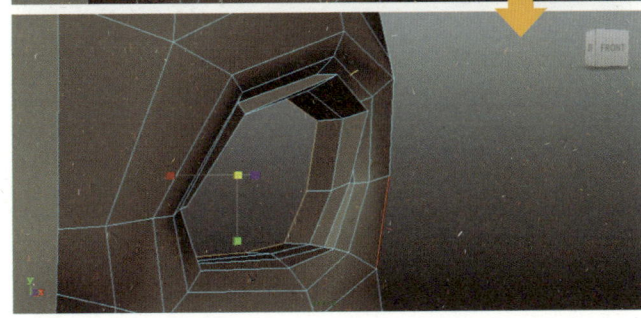
▼ 图2-37

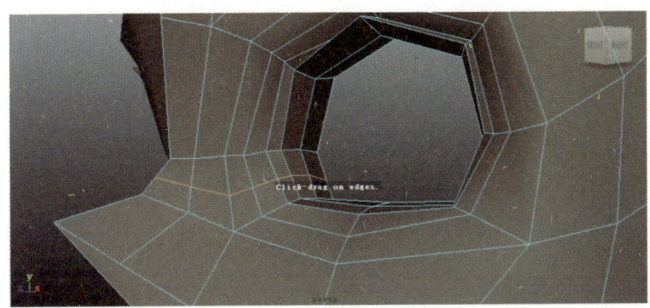
▼ 图2-38

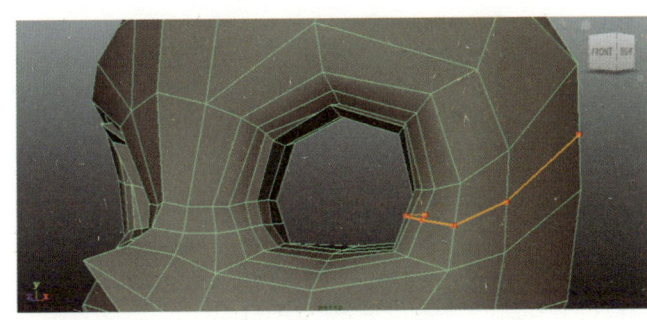
▼ 图2-39

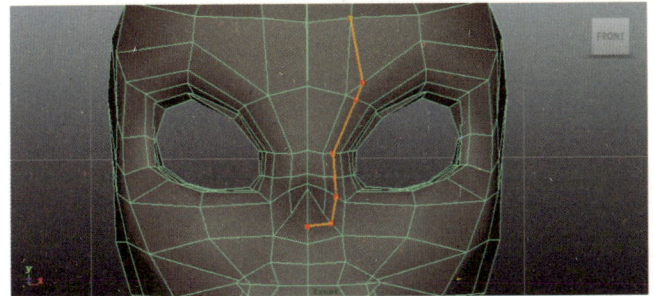
▼ 图2-40

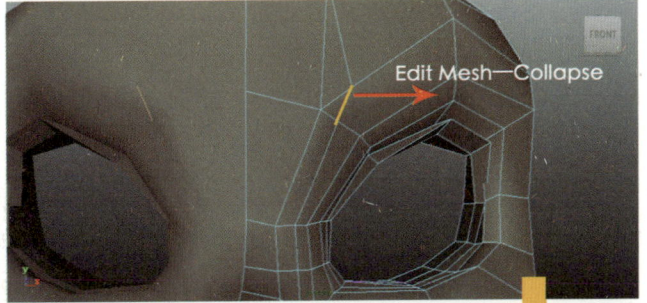
▼ 图2-41

状。继续在眼睑上添加新的线，并调整眼眶轮廓的形状，如图2-39所示。

2. 鼻子的制作

执行Edit Mesh—Split Polygon Tool命令，在鼻梁上添加一条如图2-40所示的线，选择眉弓上的边，执行Edit Mesh—Collapse命令，消除三角面，如图2-41所示。

执行两次Edit Mesh—Split Polygon Tool命令，分别添加两条新线，如图2-42所示，做出符合颧骨和

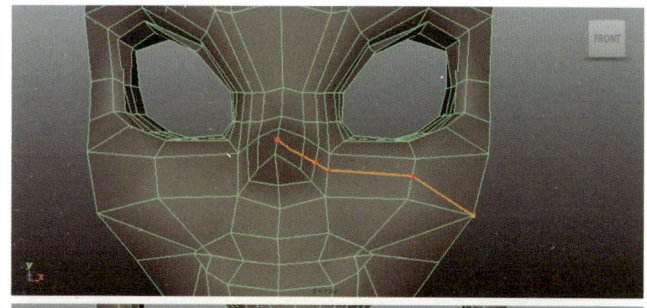

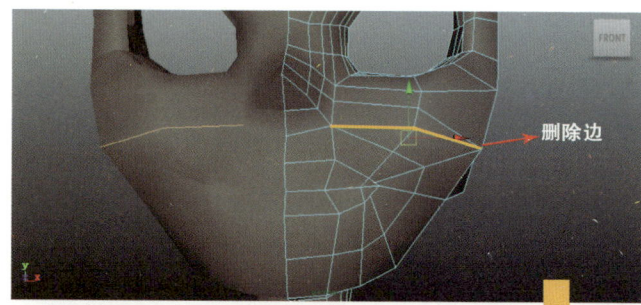

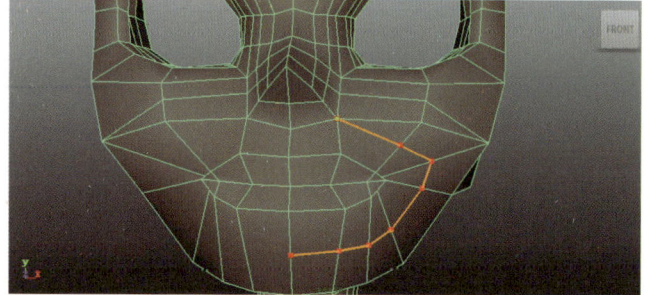

▼ 图2-42

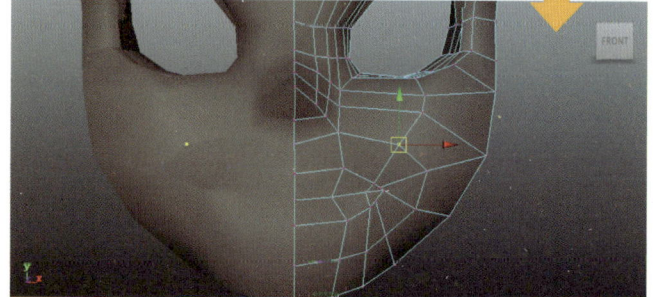

▼ 图2-43

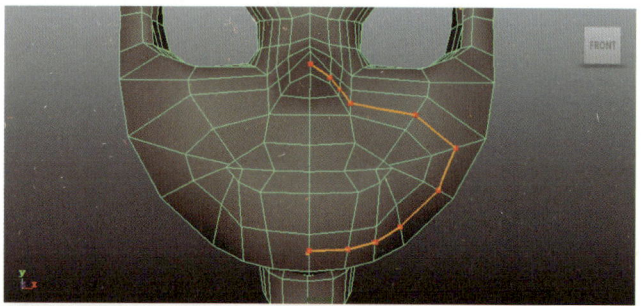

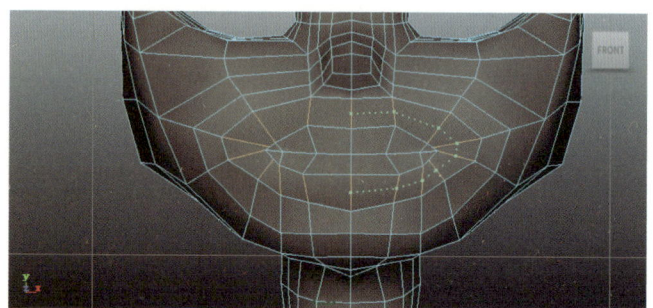

▼ 图2-45

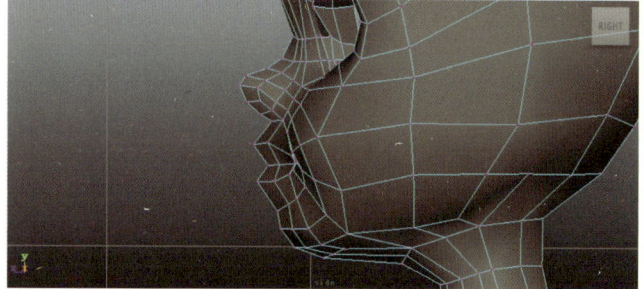

▼ 图2-44

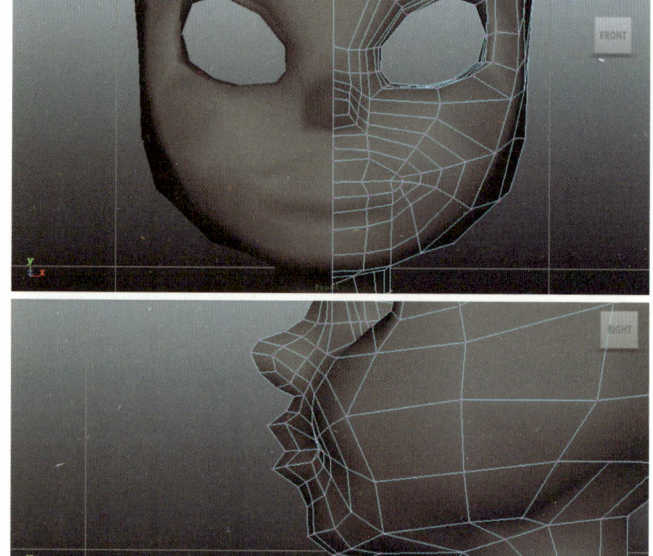

▼ 图2-46

口轮匝肌的形状，接着将如图2-43所示的边删除掉，在各个视图中调整脸部大体的形状。

执行Edit Mesh—Split Polygon Tool命令，在鼻子与口轮匝肌间加条线，如图2-44所示，并在各视图中调整脸部的形状。

3. 嘴巴的制作

嘴巴的布线，以唇部为中心向周围放射性分布，执行添加环形边命令，在如图2-45所示处绘制一条环形边，刻画嘴唇的轮廓，在各视图中调整好形状，效果如图2-46所示。

选择如图2-47所示的面，执行Edit Mesh—Extrue挤出命令，使用缩放工具将嘴唇的形状做出来，并删除中间多余出的废面，如图2-48所示。

再次选择刚刚挤出的面，执行挤出命令，将挤出的面向口腔内移动，做出嘴唇的深度，删除多余的面，并调整嘴唇的形状，如图2-49所示。

接下来制作口腔。切换到侧视图，选择如图2-50所示的面，执行挤压命令，并且将口腔内的形状调整到如图2-51所示。继续对面进行向内的挤压，直到挤出如图2-52所示的口腔形状，并删除多余的面，口腔就制作好了。

再回到正面视图中，调整嘴唇内部的细节形状，选中如图2-53所示的环形线，使用缩放工具，做出嘴唇闭上的效果，效果如图2-54所示。

沿着唇部的轮廓，添加一条环形边，并调整形状，如图2-55所示。

为了制作人中连接唇部的形状，在图2-56所示的相应位置执行Edit Mesh—Split Polygon Tool命令，添加一条边，并选择边，执行Edit Mesh—Collapse塌陷命令。

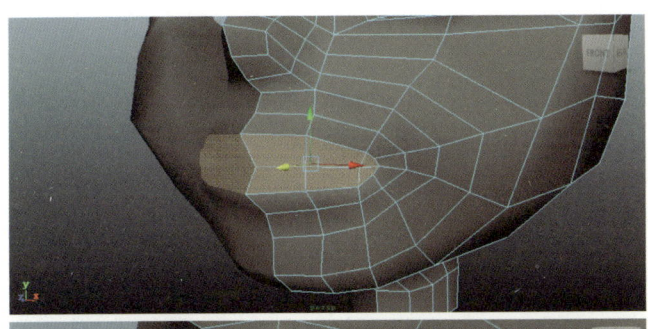
※ 图2-47

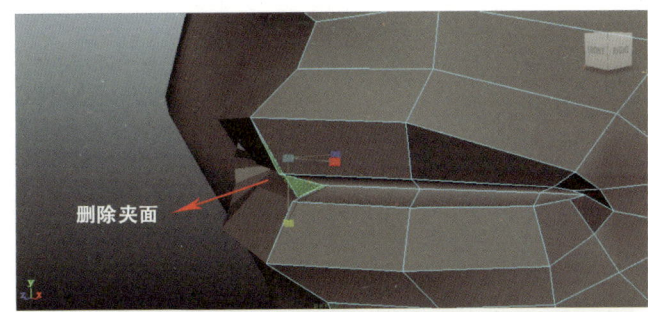
※ 图2-48

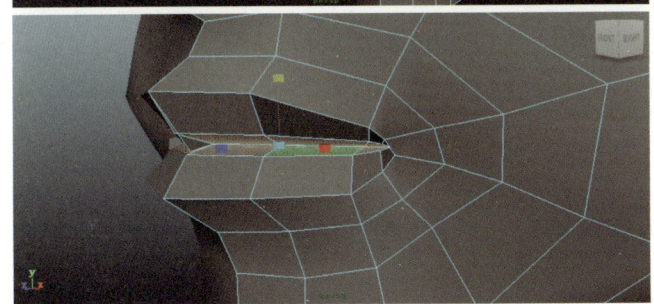
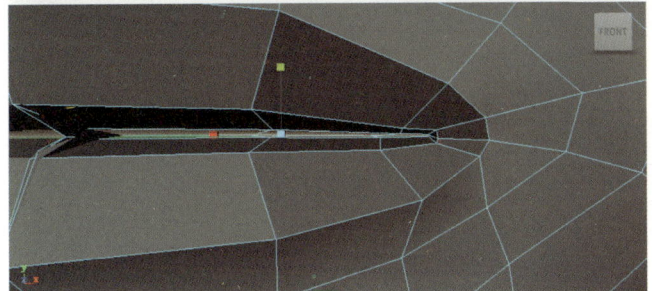
※ 图2-49

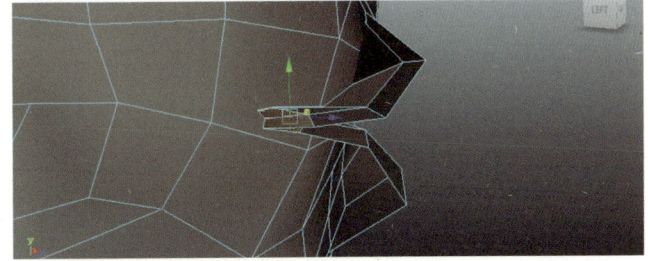
※ 图2-50

※ 图2-51

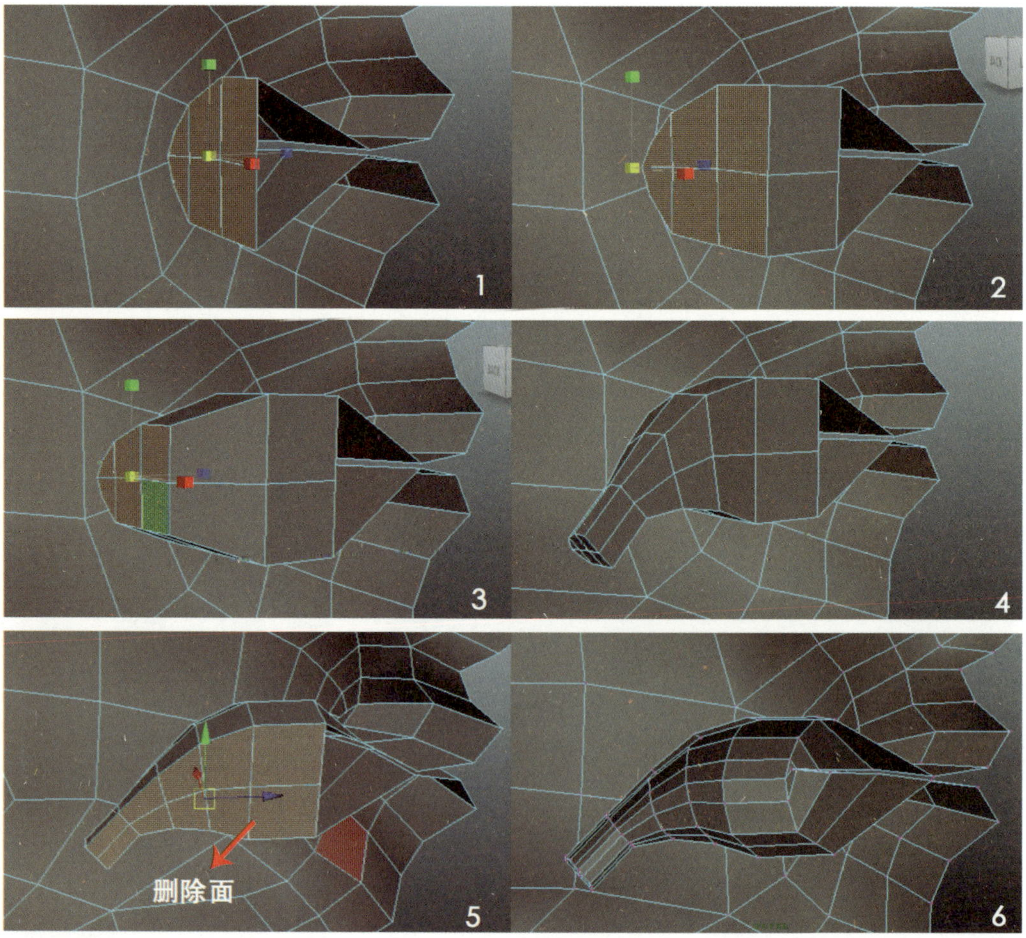

三维动画基础——maya

图2-52

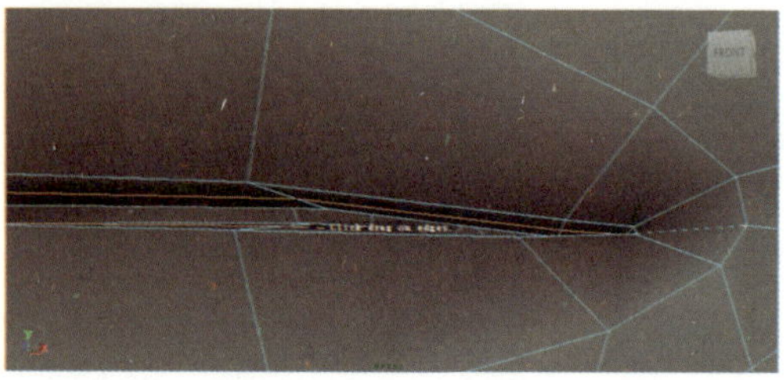

图2-53

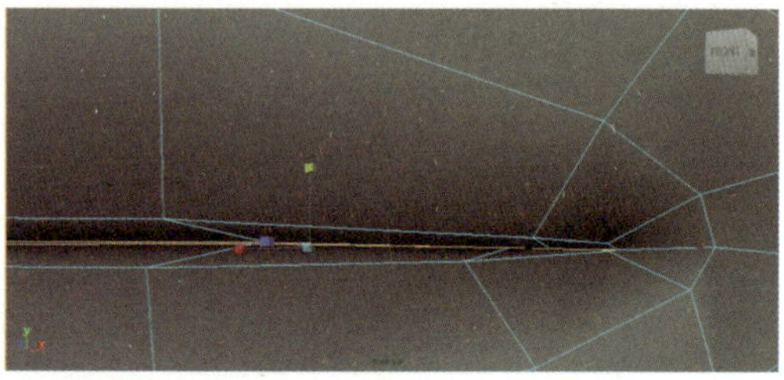

图2-54

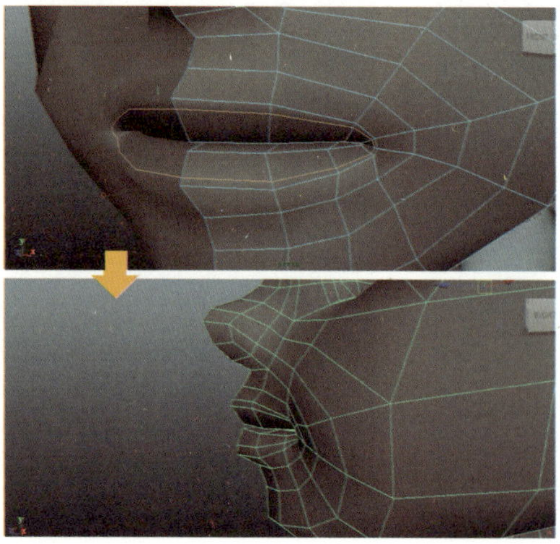

图2-55

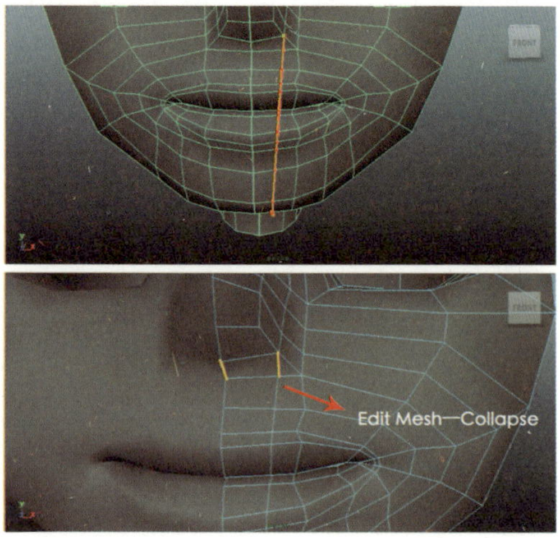

图2-56

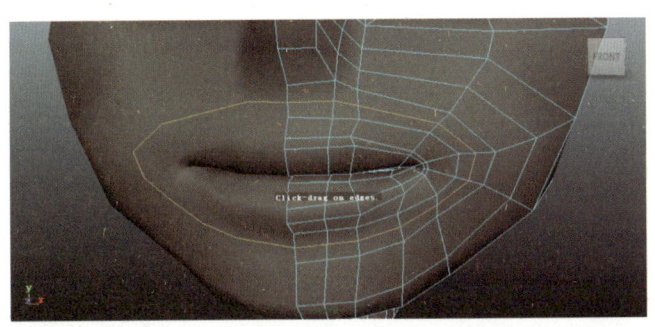
▼ 图2-57

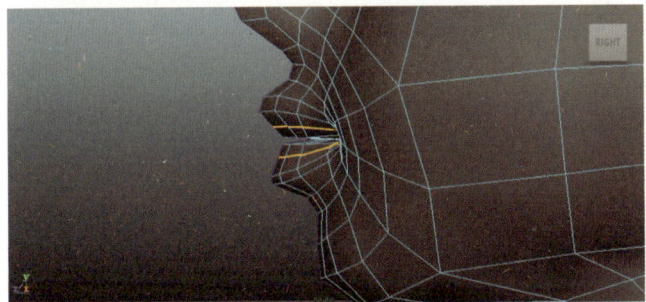
▼ 图2-58

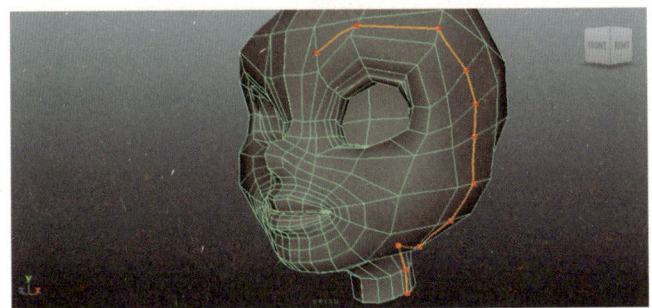
▼ 图2-59

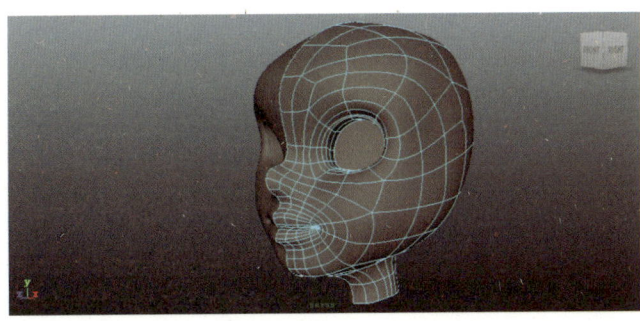
▼ 图2-60

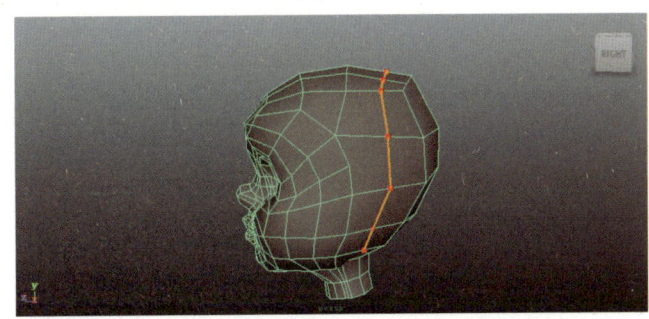
▼ 图2-61

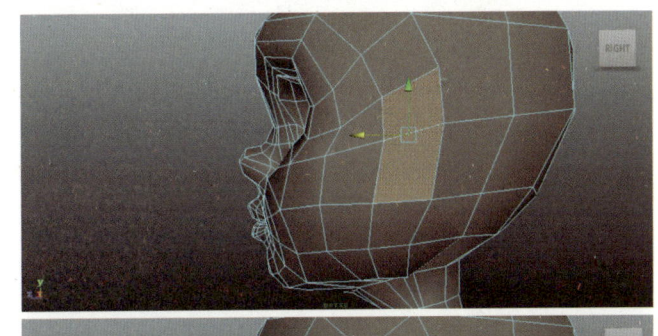

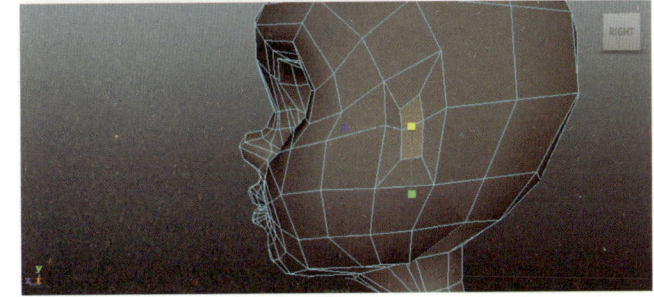
▼ 图2-62

执行Edit Mesh—Insert Edge Loop Tool命令，添加一条环形线，并在各视图中调整形状，效果如图2-57所示。继续在唇部中间添加环形线，调整平滑的过渡，在各视图中调整嘴唇的形状，效果如图2-58所示。

在面颊处使用Edit Mesh—Split Polygon Tool命令加线，使面颊到眉弓的布线均匀，如图2-59所示。脸部的五官做完之后，按快捷键"3"，高质量平滑显示模型，检查是否需要修改，如图2-60所示。

4. 耳朵的制作

先调耳朵周围的布线，在如图2-61所示处添加一条新的布线，并调整头部的形状。选中要制作耳朵的两个面，执行Edit Mesh—Extrue挤出命令，如图2-62所示，并调整出耳朵根部的形状，再次向外挤出，直至挤出厚度，效果如图2-63所示。

选择面，多次重复执行Edit Mesh—Extrue挤出命令，每次挤出后，都调整一下轮廓，直到将耳朵的基

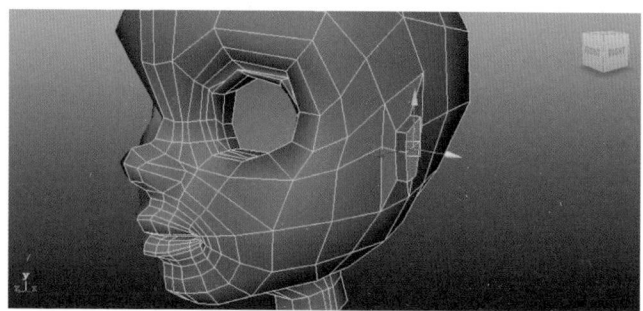
▼ 图2-63

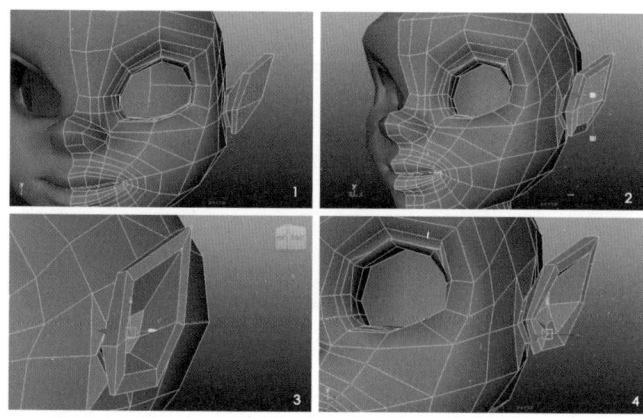
▼ 图2-65

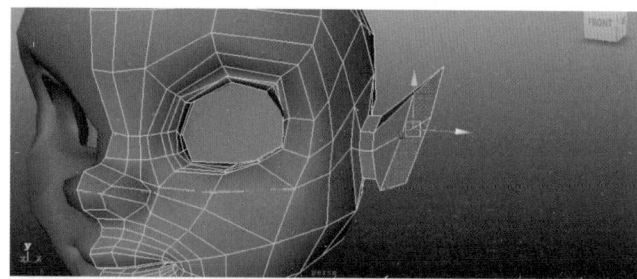
▼ 图2-64

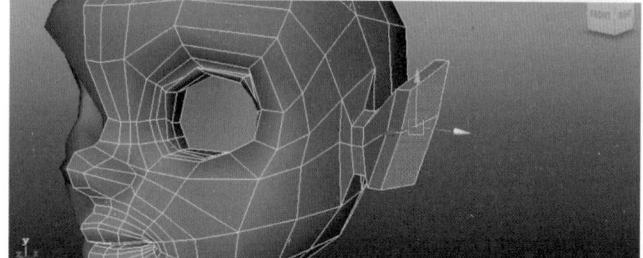

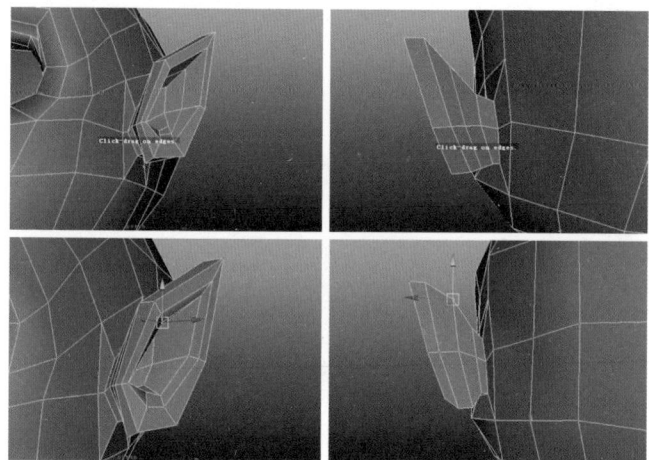
▼ 图2-66

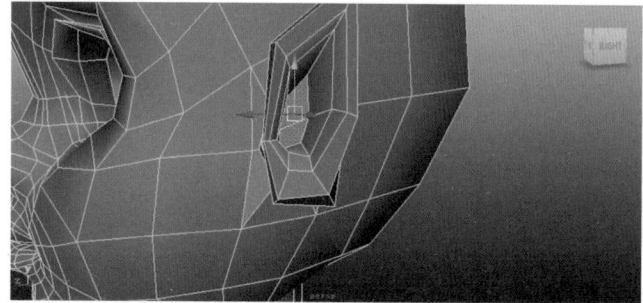
▼ 图2-67

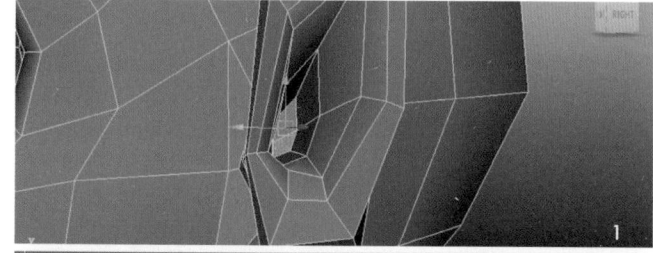

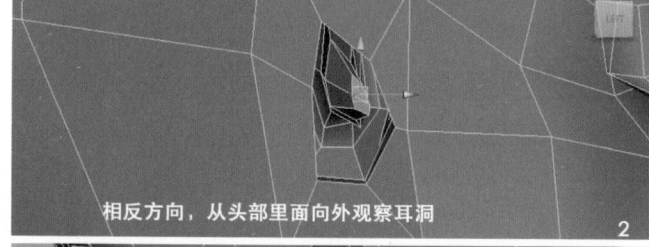
相反方向，从头部里面向外观察耳洞

▼ 图2-68

本形状做出来，如图2-64所示。

接着制作耳朵里面的结构，还是选择面，执行挤出命令，做出耳廓的厚度，再次挤出，做出耳廓内的深度，并调整耳朵整体的形状，效果如图2-65所示。

为了增加耳朵的细节，执行Edit Mesh—Insert Edge Loop Tool命令分别在耳朵内部和耳朵外部添加两条新的环形边，并调整好形状，如图2-66所示。

耳洞的制作，就是将如图2-67所示的面，多次执行挤出命令，每挤出一次就缩小一点，向里面移动一点，直到最里面挤出的面伸进头部里面去，效果如图2-68所示。

按快捷键"3"可以高质量平滑显示，检查耳朵的形状，继续调整耳朵的效果如图2-69所示。

在各视图中检查模型形状，检查布线是否合理。

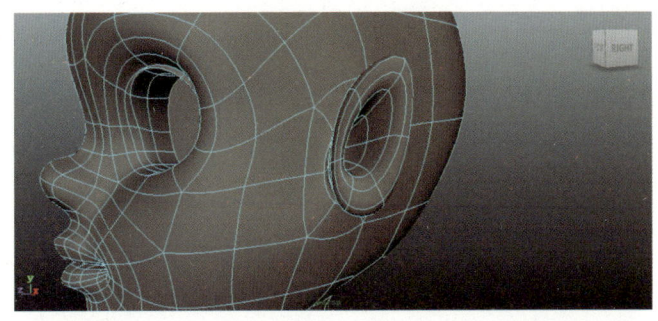
▼ 图2-69

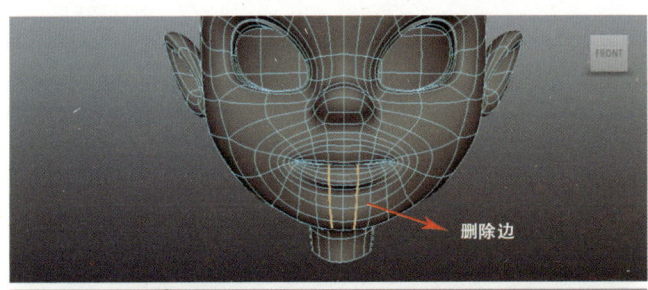

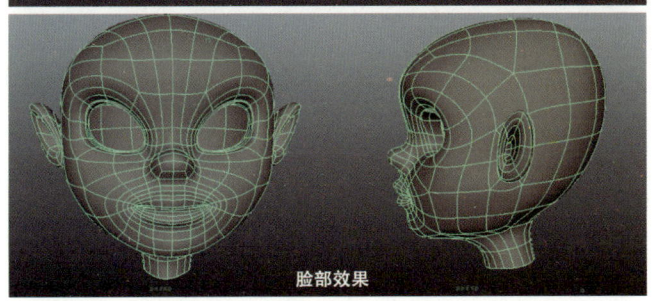
▼ 图2-70

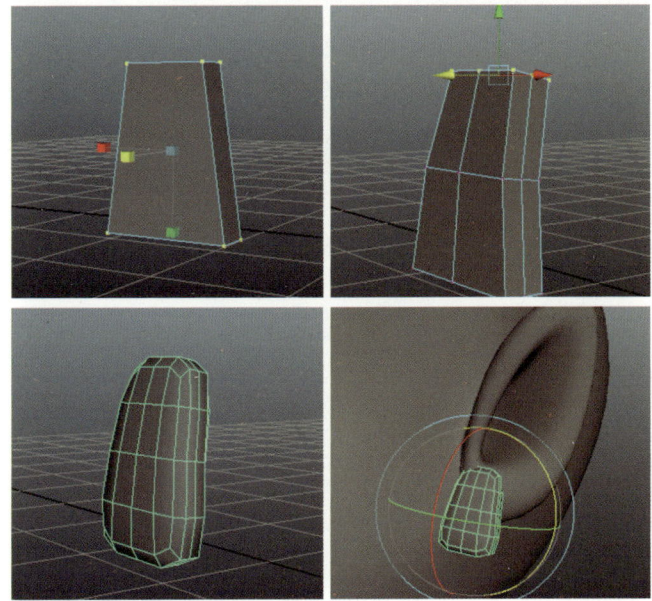
▼ 图2-71

在这里发现嘴巴下唇上的线有多余的，可将它删掉，最终效果如图2-70所示。

5. 其他细节的制作

接下来，开始给头部添加细节，例如耳环、眼珠、眉毛。

耳环以长方体多边形为基础，调整出耳环的大型，再执行Mesh—Smooth光滑命令，并将模型放到与右边耳朵相连接合适的位置上，如图2-71所示。

将耳环的模型执行Modify—Freeze Transformations冻结变换命令，并将它的中心点，按快捷键"D"移动到中心轴上，选择耳环模型，执行Edit—Duplicate复制命令，在通道栏中将复制出来模型的scale值改成-1，这样就得到对称的两个耳环了，如图2-72所示。

创建一个球体多边形，制作眼球的模型，分别在各视图中调整它的形状大小，放置到合适的位置上，如图2-73所示。同制作另一个耳环的步骤一样，得到另一个对称的眼球。

创建多边形制作出眉毛的基本形状，如图2-74所示。接着调整它的位置和形状，与眉骨处紧紧贴住，效果如图2-75所示，再复制出另外一边的眉毛。

五、头发的制作

1. 头发基本形制作

执行Edit Mesh—Split Polygon Tool命令，添加两条布线，将脑后的布线连接完整，如图2-76所示，选

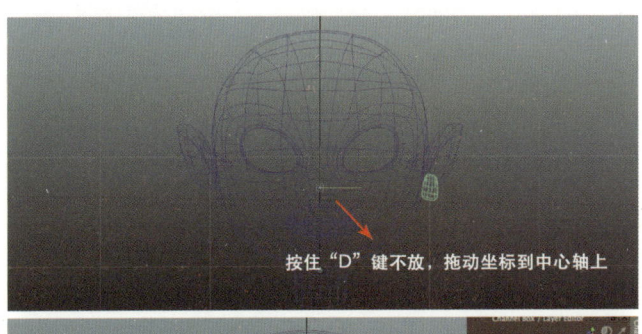

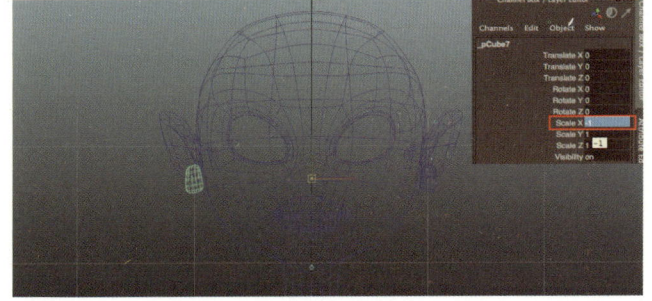
▼ 图2-72

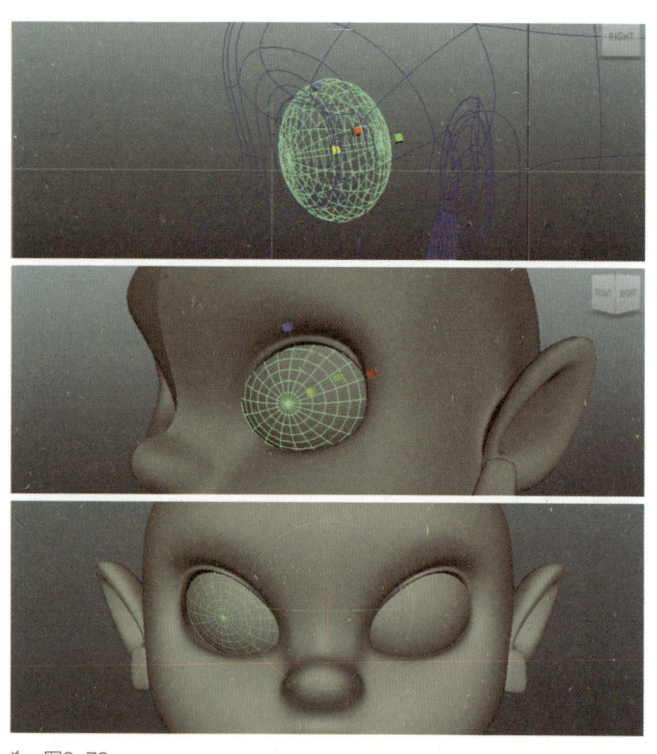

▼ 图2-73

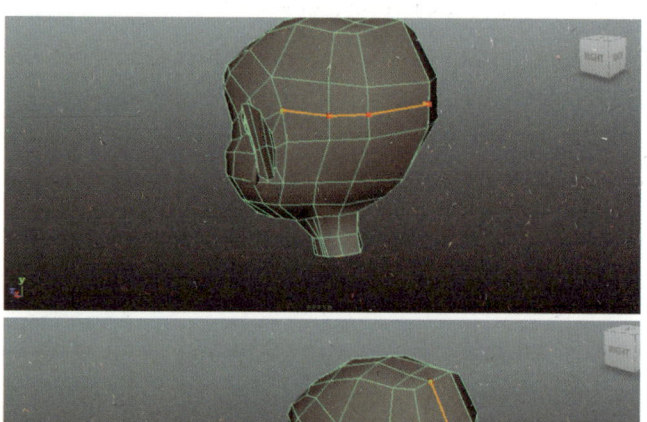

▼ 图2-74

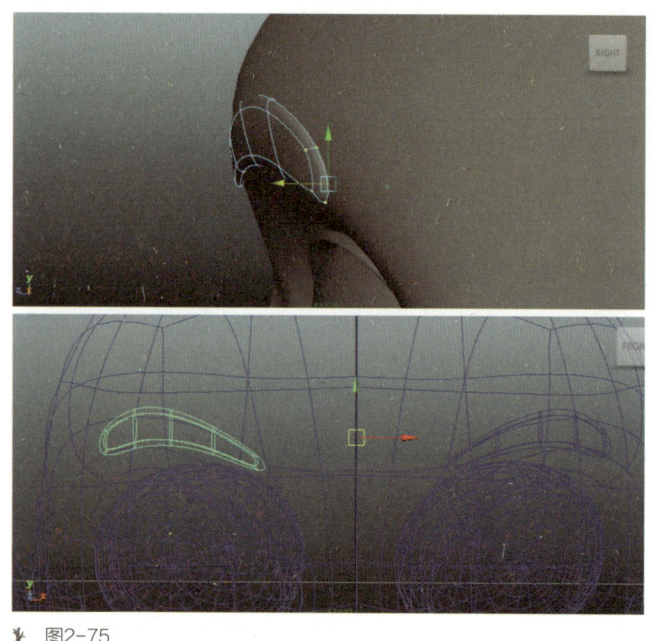

▼ 图2-75

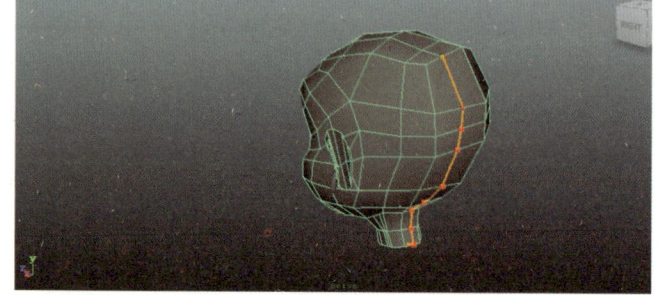

▼ 图2-76

择头发所在的面，执行Edit Mesh—DupliCate Face复制面命令，得到头发的模型。（这时候由于脸部的模型没有合并，因此脸的一半模型会自动消失，我们按之前的步骤再复制出一半脸即可）。接着选择头发的模型，执行挤出命令，将头发的体积做出来，如图2-77所示。选择头发的模型，执行Edit—Duplicate special关联复制命令复制出对称的另一半头发（注意删除多余的夹面）如图2-78所示。为了更好地制作头发，需要使用Edit Mesh—Split Polygon Tool加线命令来调整头发的布线并删除废线，如图2-79所示。选择如图2-80所示的线，执行Edit Mesh—Collapse塌陷命令调整布线，执行Edit Mesh—Insert Edge Loop Tool命令添加环形边工具使布线距离均匀,并调整形状,如图2-81所示。

接着制作辫子,删除头发底部的面,并将边缘调整到如图2-82所示。选择底部的边,执行挤出Edit Mesh—Extrue命令,挤出辫子的形状如图2-83所示,因为是两条辫子,需要在挤出的面中间执行附加到多边形工具Edit Mesh—Append to Polygon Tool命令,依次点击需要连接的边就能够补面,如图2-84所示。

通过加线工具,并调整点的位置,调整出辫子截面的椭圆形,如图2-85所示,选择截面的边,多次执行挤出命令,并通过缩放工具,调整辫子的外部形状,最终效果如图2-86所示。

最后选择头发的模型,执行Mesh—Fill hole补洞工具,将辫子底部的面补全(注意删除头发中间

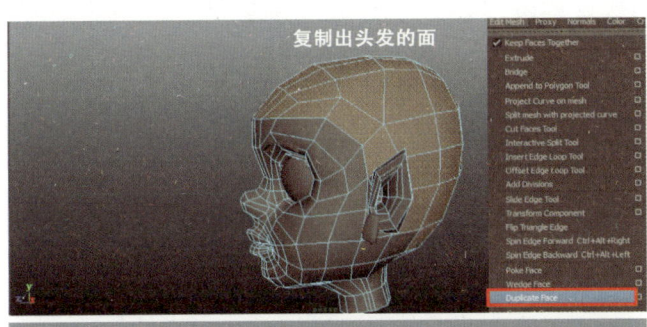
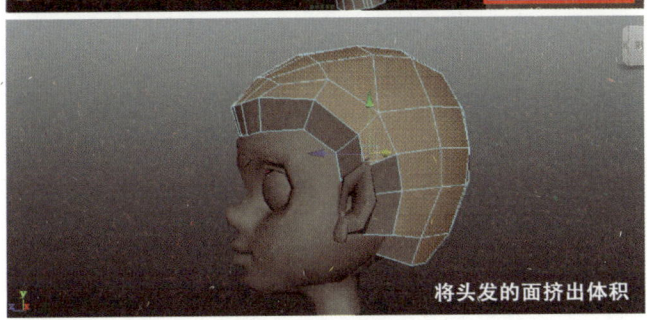

图2-77

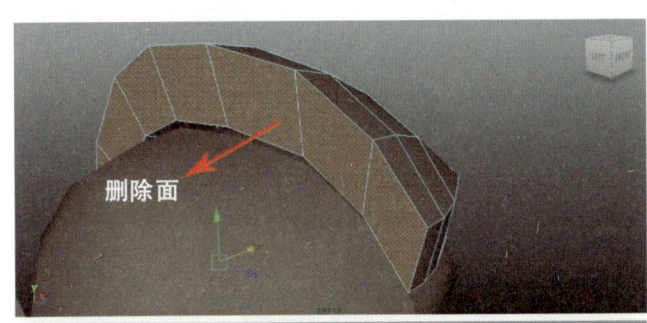

图2-78

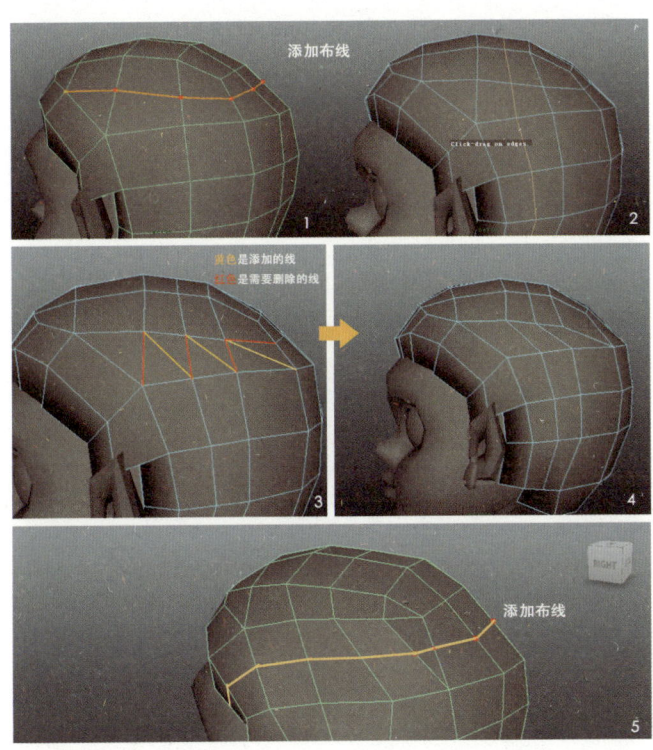

图2-79

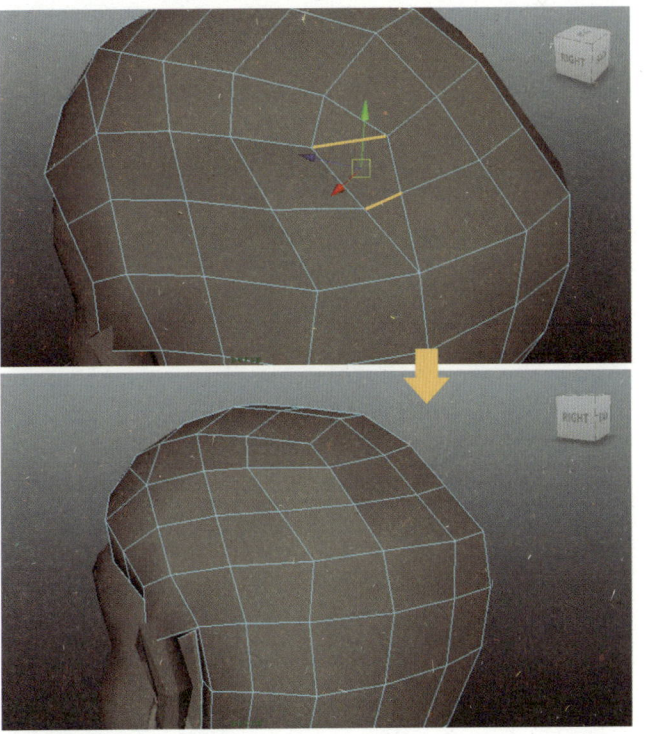

图2-80

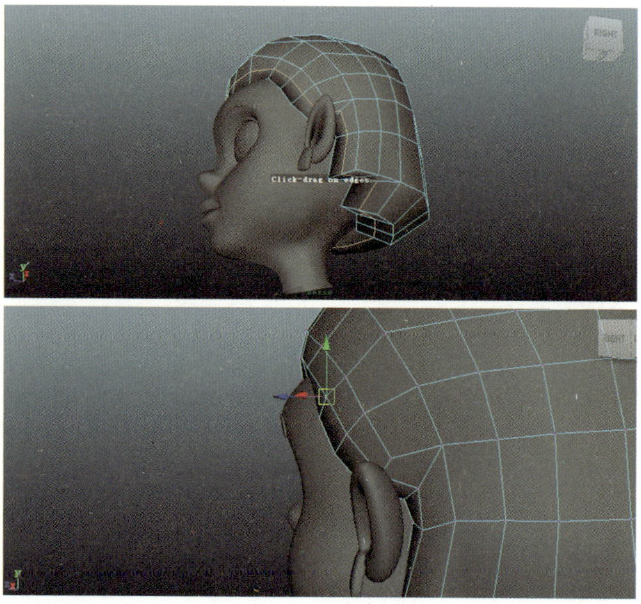

三维动画基础——maya

图2-81

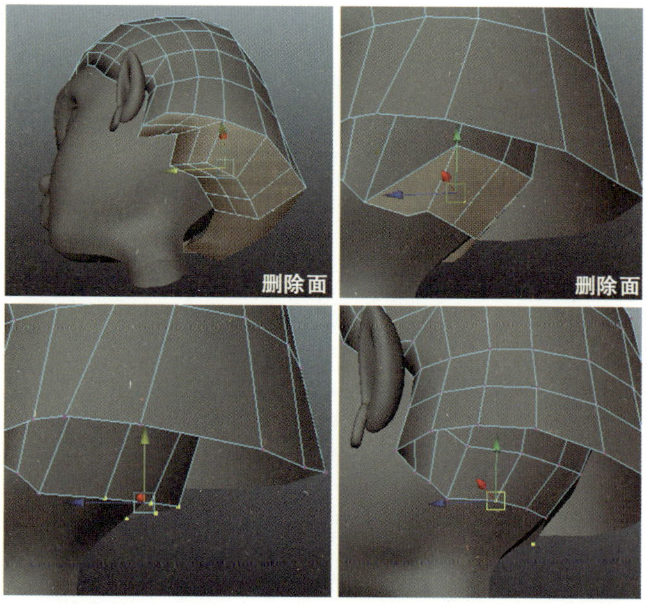

图2-82 删除面 删除面

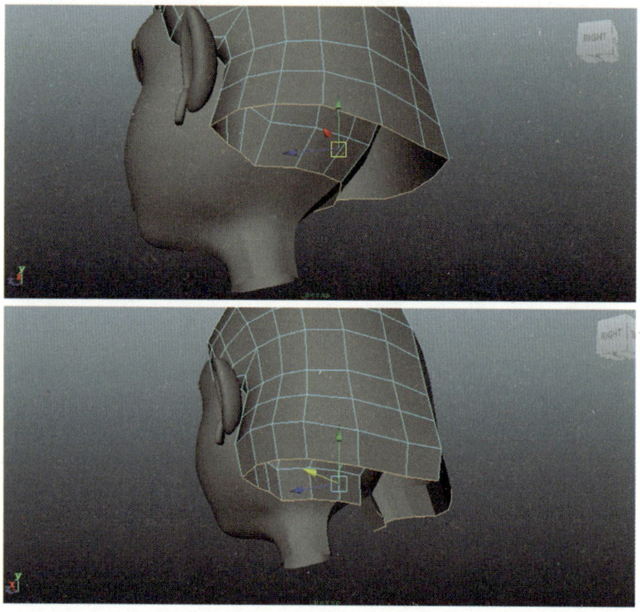

图2-83

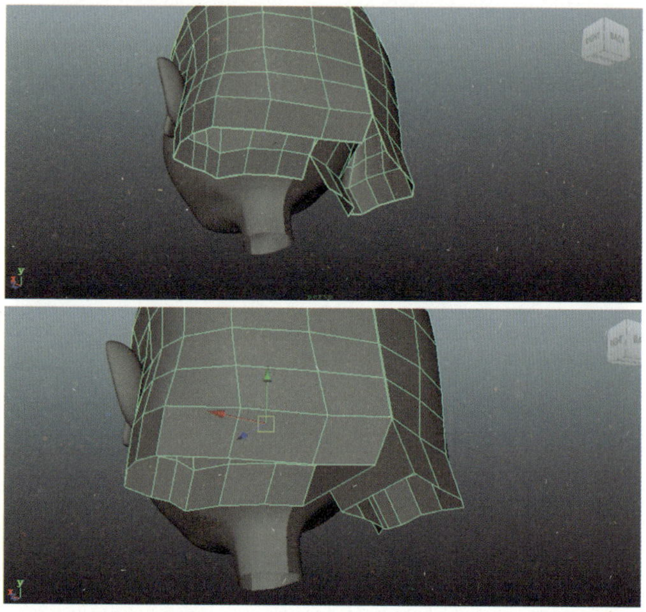

图2-84

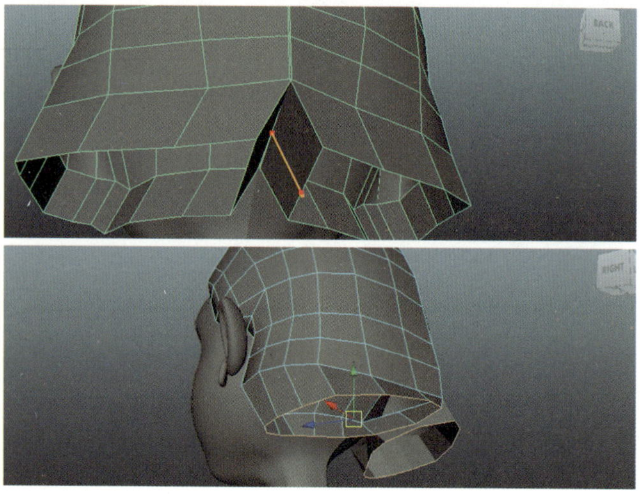

图2-85

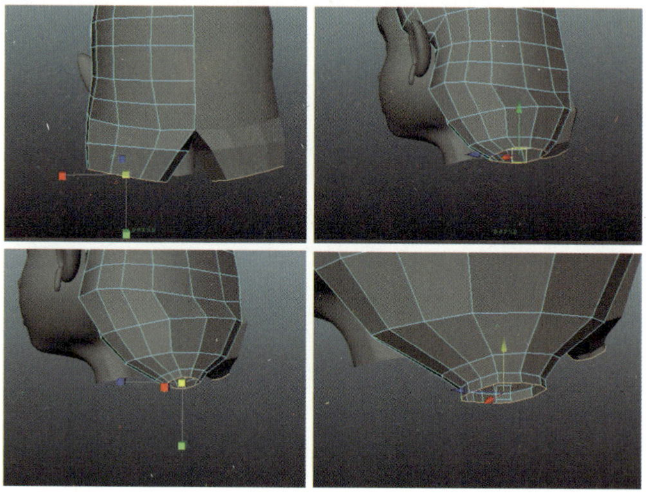

图2-86a

第二章 卡通角色的制作

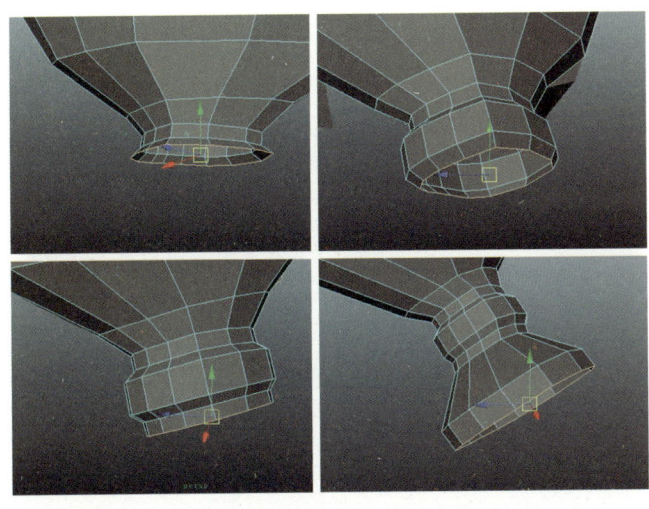

▼ 图2-86b

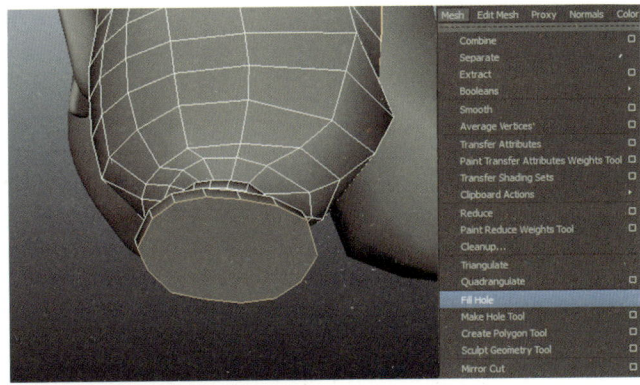

▼ 图2-87

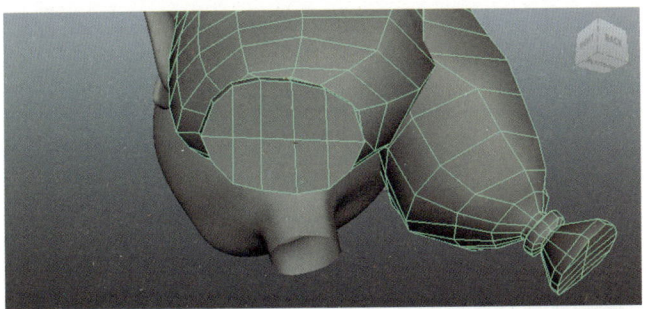

▼ 图2-88

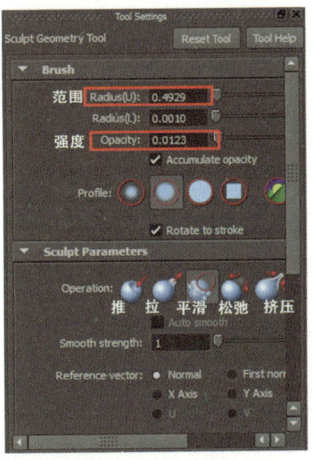

▼ 图2-89

的废面）如图2-87所示，并执行Edit Mesh—Split Polygon Tool命令，整理布线，如图2-88所示。使用Sculpt Geometry Tool雕刻几何工具，工具面板设置如图2-89所示，用笔刷点击头发模型，可通过推动、拉动、平滑、松弛等操作雕刻出平滑理想的头发形状，如图2-90所示。

2. 发髻的制作

选择头顶的面，多次执行挤出命令，挤出并调整圆形的发髻，如图2-91所示。选择顶面，执行两次挤出命令，挤出发髻的厚度，并注意删除挤出后多出的废面，如图2-92所示。执行Edit Mesh—Insert Edge Loop Tool命令，添加三条环形线，并调整环形线将发髻的形状调整的更圆滑，最终效果如图2-93所示。

选择发髻的面，执行挤出命令，挤出的面就是辫子的截面，如图2-94所示，切换到正视图，执行create—cv curve tool创建曲线工具，在头顶画出头顶辫子的形状，切换到侧视图，点鼠标右键选择control vertex级别，通过调整控制点的位置，最终将曲线的形状调整到如图2-95所示。选择刚挤出的面，shift加选曲线（面和曲线起点的位置要放在一起），执行挤出命令，设置参数，调整挤出模型的段数、锥化、扭曲程度，最终如图2-96所示。

选择左右头发的模型，执行Mesh—combine结合命令，头发的模型就合并为一个整体了，之后对中轴线上重合的点执行Edit Mesh—merge合并命令，如图2-97所示。考虑到辫子不会左右对称，通过选择整体

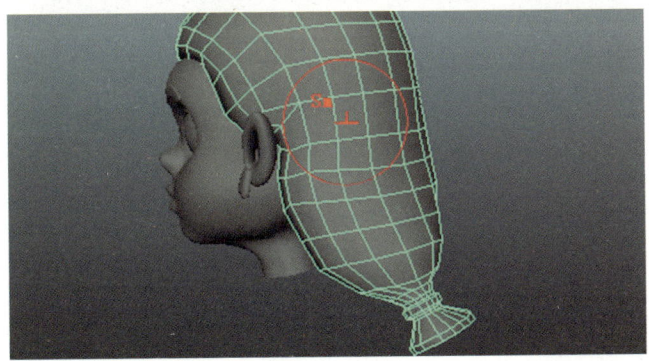

▼ 图2-90

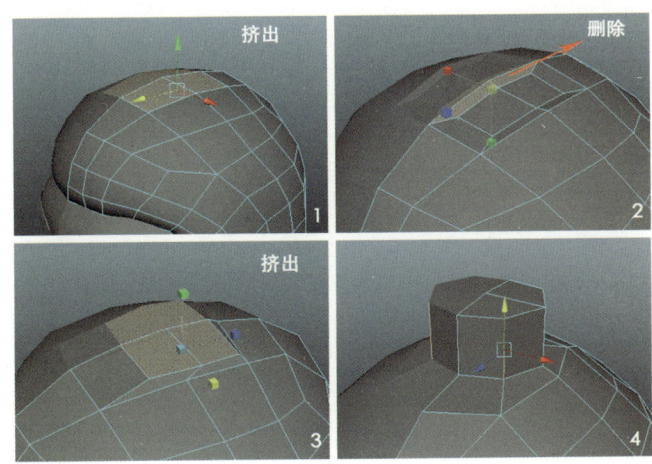

▼ 图2-91

39

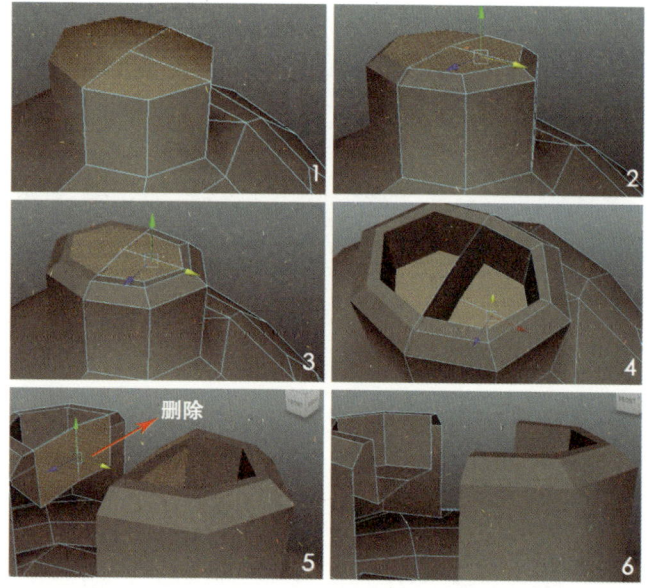
图2-92

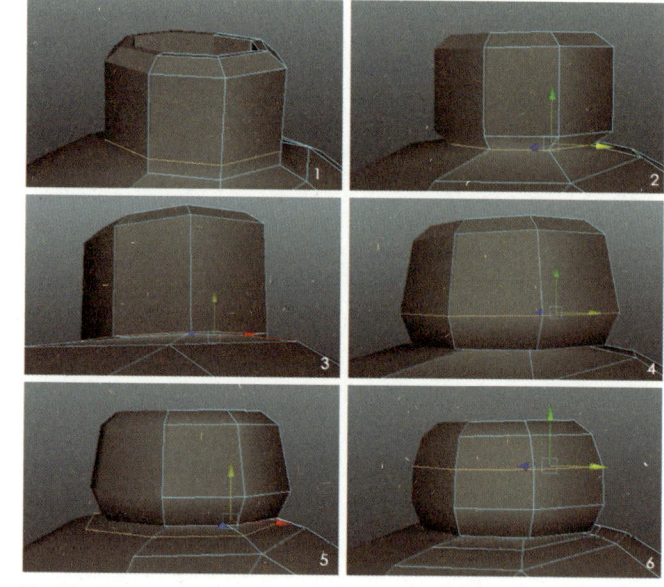
图2-93

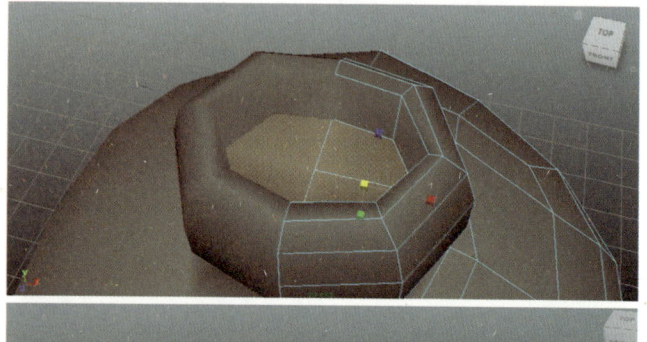
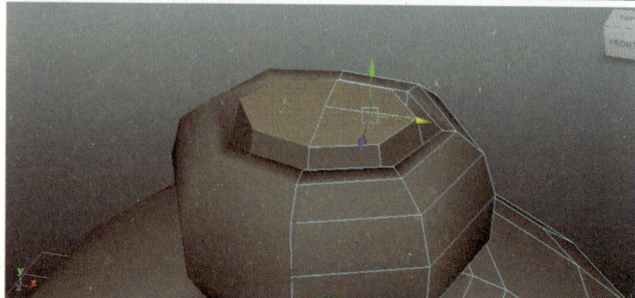
图2-94

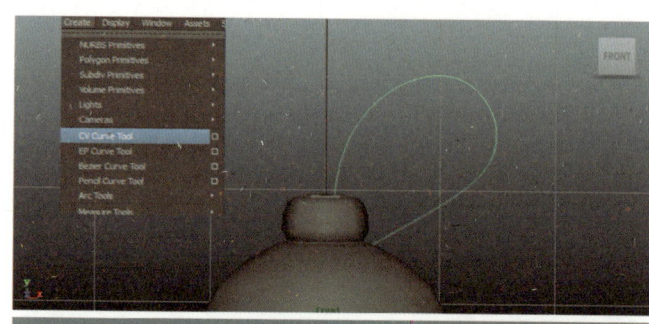
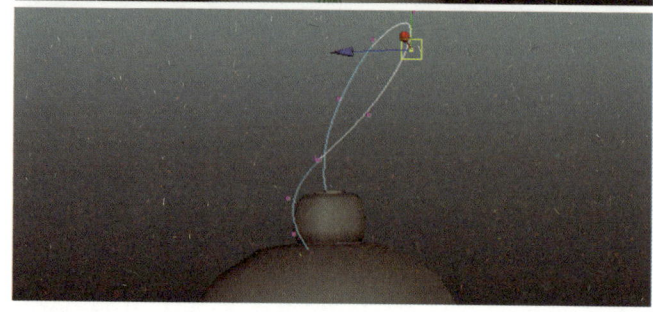
图2-95

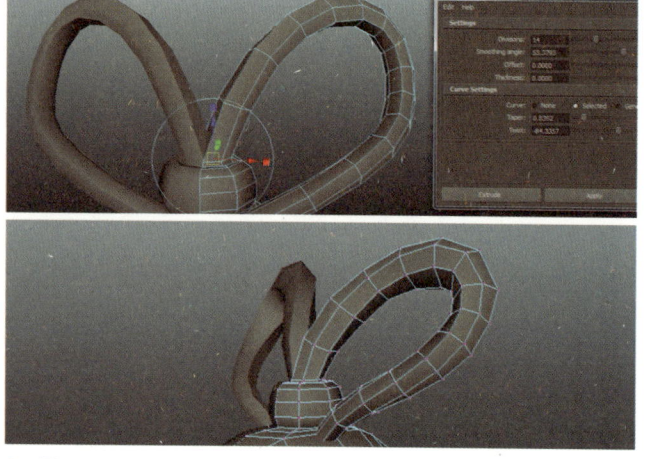
图2-96

图2-97

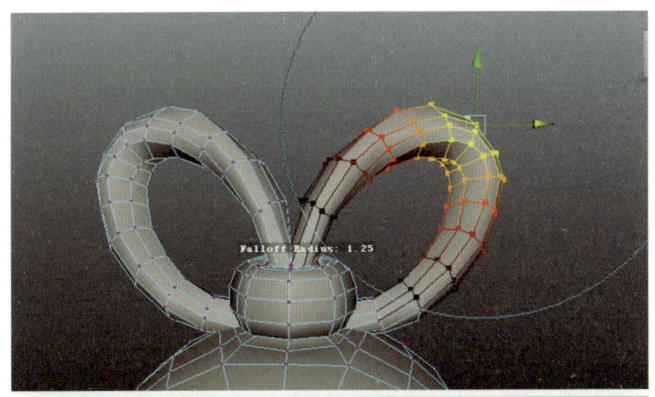

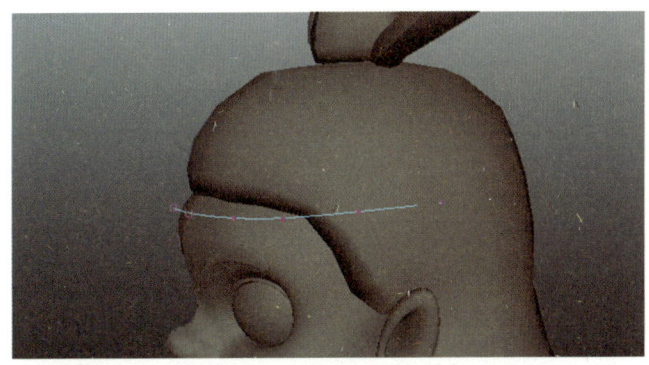

▼ 图2-99

▼ 图2-98

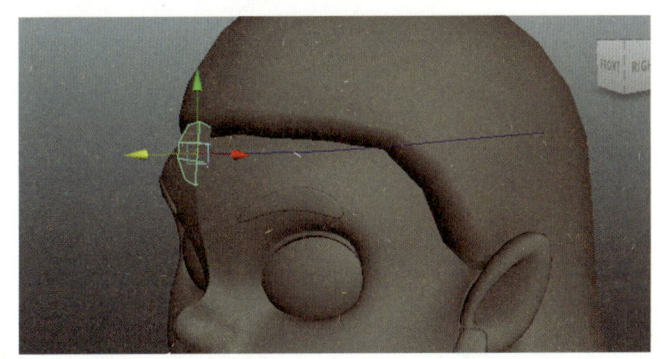

▼ 图2-100

调整其中一边的辫子，进入点级别，选择辫子上的点，按快捷键"B"会出现一片橘红色的点，这个就是变化控制点的范围和衰减程度，按住"B"键不放，拖动鼠标中间可以调整控制点的范围，经调整后，最后头发效果如图2-98所示。

脸部的模型我们确定不需要修改后，选择左右脸部的模型，执行Mesh—combine结合命令，并使用Edit—Merge合并工具缝合中轴线上的点，脸部的模型就完成了。

六、发饰的制作

接着制作发饰，切换到正视图，执行create—cv curve tool创建曲线工具在额头部位创建一条cv曲线，并且依次在顶视图、侧视图中通过调整控制点的位置使曲线符合头部的形状，如图2-99所示。

接着创建一个多边形面片，并放置到额头的曲线位置，如图2-100所示。先选择面再加选曲线，执行Edit Mesh—Extrue挤出命令，设置参数如图2-101所示。做好一半的头饰后，再执行关联复制命令复制出另一半，删除中间的截面，将左右的头饰执行Mesh—combine合并命令，之后对中轴线上重合的点执行Edit

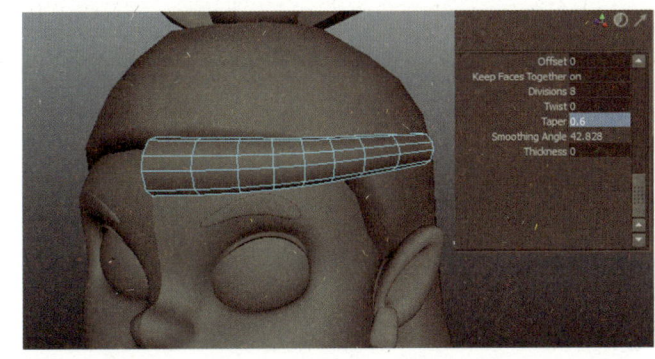

▼ 图2-101

Mesh—merge命令，效果如图2-102所示。

同样的方法，切换到侧视图，创建cv曲线，绘制出头饰的形状，如图2-103所示，再创建一个多边形面片放在cv曲线的起始点处，选择面再加选曲线，执行挤出命令，设置参数如图2-104所示。选择发饰模型，在animation模式下，执行Create Deformers—Lattice晶格命令，调整晶格的段数如图2-105所示，通过调整晶格的点，将发饰的形状调整效果如图2-106所示。最后选择发饰模型执行Edit—Delete Type删除历史命令，晶格消失，并复制一个放到头的另一侧，如图2-107所示。

头部的最终效果如图2-108所示。

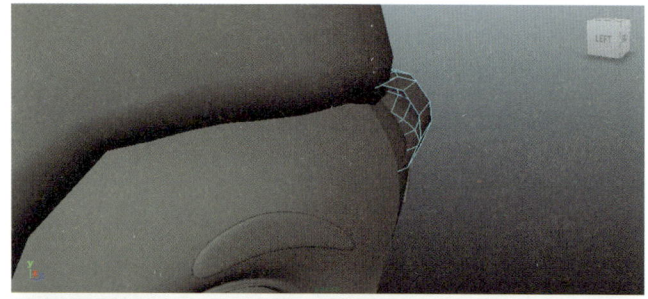

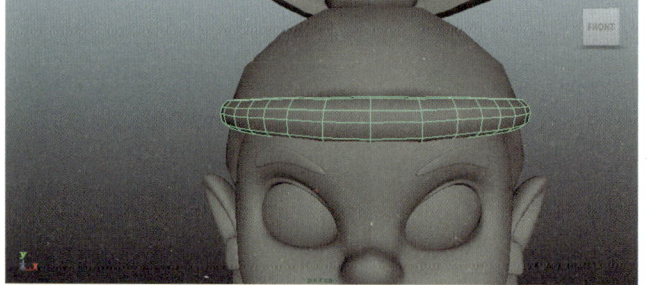

图2-102

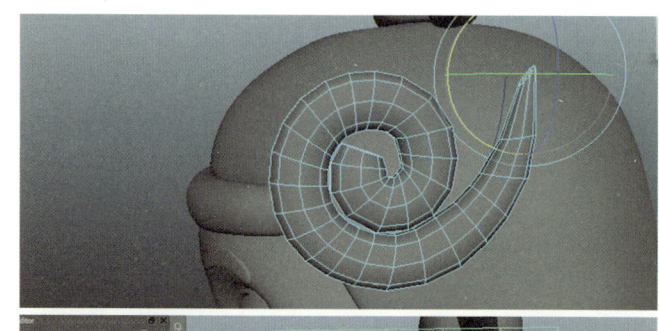

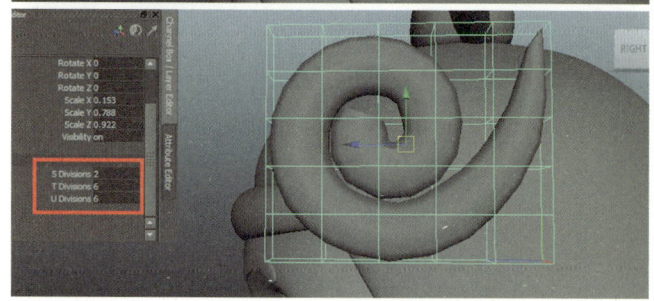

图2-105

图2-103

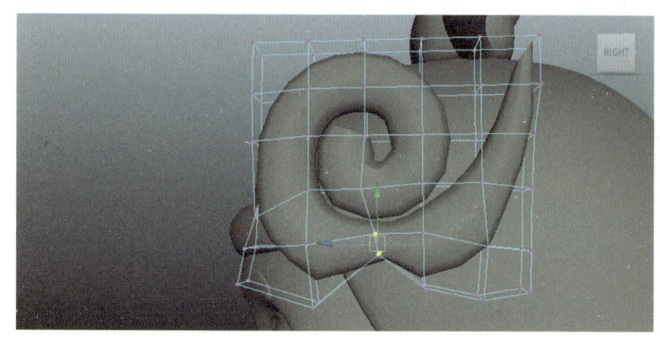

图2-106

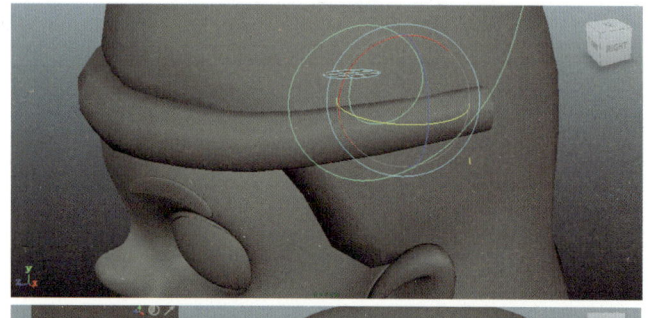

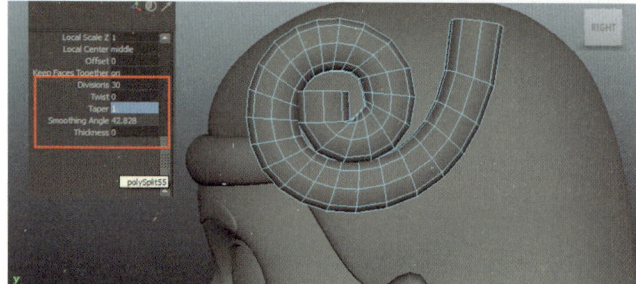

图2-104

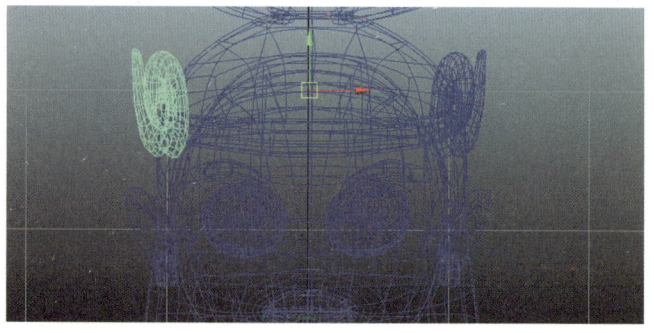

图2-107

 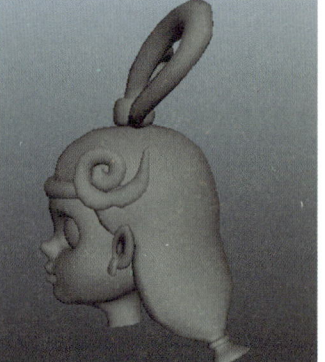

图2-108

第二节　身体的制作

本节主要讲解身体的制作，卡通角色与写实角色一样，身体躯干部分主要是由肩部、胸腔、腰部、胯部、臀部组成，脊椎骨呈S形，男性与女性的身体形态也是有区别的。

一、课程要求

1. 训练目的

（1）了解人物角色身体的基本结构。
（2）掌握卡通角色身体模型的方法和技巧。

2. 训练重点

（1）女性卡通角色人体造型柔美丰满。
（2）根据人物的造型特征，确定出适当的头身比例。
（3）布线间距均匀，根据结构及肌肉走势布线，符合人体规律。

3. 学习难点

（1）女性卡通角色特有的身体特征。
（2）卡通角色的头与身体的比例关系。
（3）身体躯干各个部位的比例关系。

（4）衣服与饰物的细节处理得当。
（5）布线规范。

4. 作业内容

（1）确定角色身体基本的形体比例。
（2）调整出女性胸部，腰部及臀部的曲线形状。
（3）制作衣物的模型。
（4）制作衣服饰品的模型。

5. 相关作业

观察及归纳男性与女性角色的特征区别，举一反三，制作出男性卡通角色的身体模型。

二、身体基本型制作

创建多边形长方体，制作角色的上半身，如图2-109所示。删除身体左半边的面，再执行Edit—Duplicate special命令关联复制出另一半的身体，如图2-110所示，这样只编辑右半边的身体就可以了。

切换到侧视图，通过调整点的位置，将角色胸部、腰部、以及臀部的形状做出来，将身体调整饱满，如图2-111所示。执行Edit Mesh—Insert Edge Loop Tool命令分别在胸部上下添加两条环形线，并调整好位置，如图2-112所示。

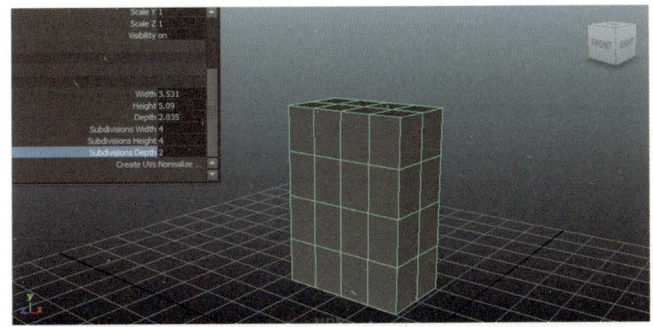
图2-109

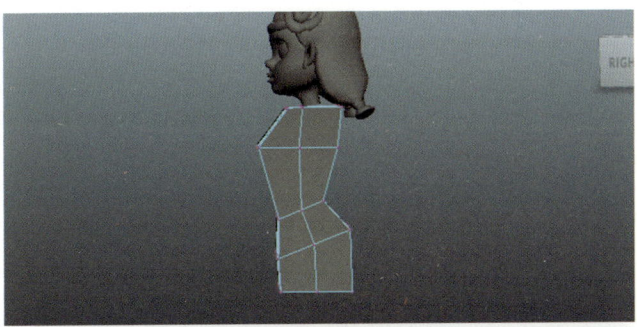
图2-111

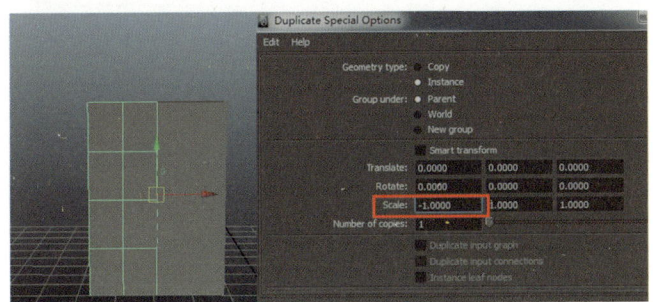
图2-110

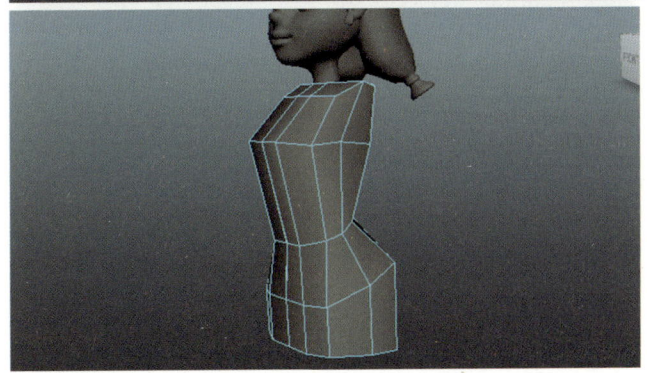

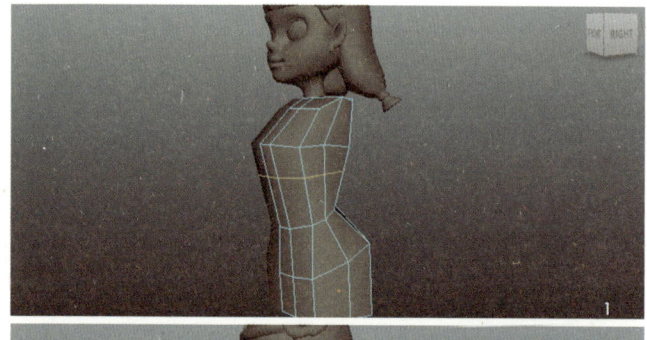

图2-112

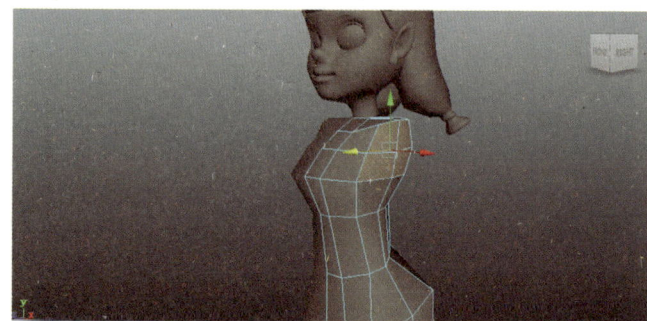

图2-113

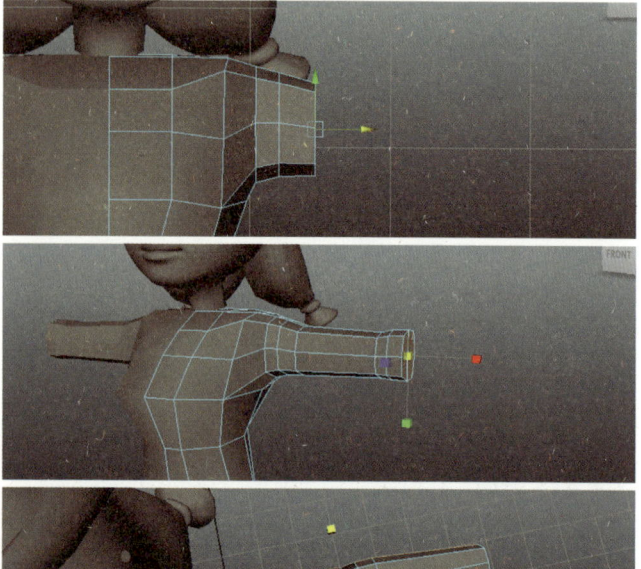

图2-114

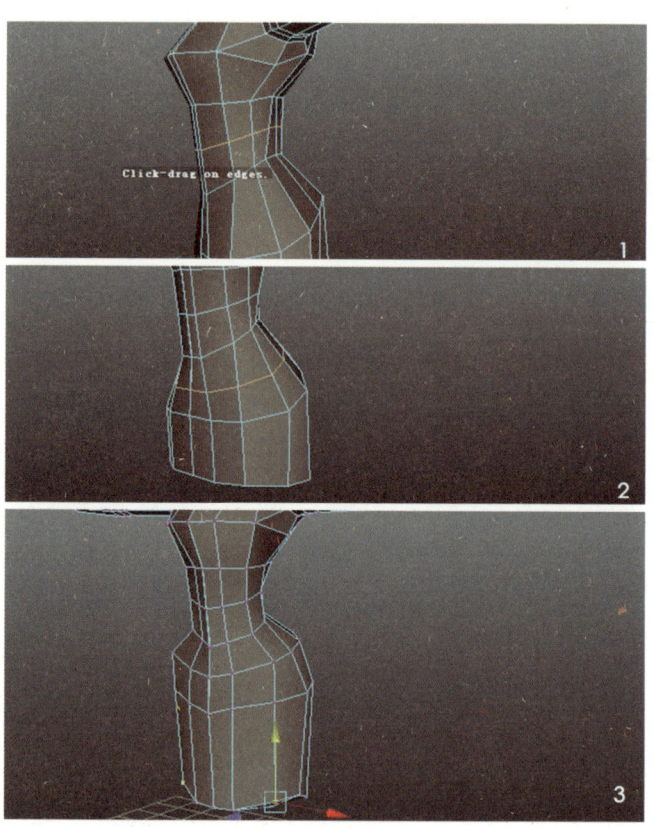

图2-115

选择如图所示的4个面，执行Edit Mesh—Extrue挤出命令，挤出肩膀的形状，如图2-113所示。（在这里需要注意的是角色模型的关节部位，最少需要三条线，如果少于三条线，在之后的动画制作中，就会产生变形，因此，关节的三条线对结构起着重要的作用。）

调整肩膀截面的点，使形状更圆一些，接近胳膊的外形，选择肩膀的截面，执行多次Edit Mesh—Extrue挤出命令，并在正视图、顶视图中，调整出手臂的形状，关节处需要挤出两次，最后效果如图2-114所示。

接着在腹部和臀部执行Edit Mesh—Insert Edge Loop Tool命令，添加两条环形线，并将身体的模型调整得更

第二章 卡通角色的制作

加符合人体结构，如图2-115所示。在腋下添加一条环形线，再通过使用Edit Mesh—Split Polygon Tool命令加线，删除边工具，将腋下及胸部的布线调整到如图2-116所示。在侧视图中通过调整点的位置，将背部的形状调整至如图2-117所示。

为了细化胸部的结构，在胸部的周围执行Edit Mesh—Insert Edge Loop Tool命令，添加三条环形线，并调整胸部，腰部，臀部三个部位的形状，将女性的身体曲线体现出来，如图2-118所示。

三、衣物的制作

1. 裙子的制作

在身体模型上选择出需要穿裙子的面，如图2-119所示。并执行Edit Mesh—DupliCate Face复制面命令，得到裙子的模型，稍微放大一点，并将看不见的身体模型删除掉，如图2-120所示。

选择裙子领口的边，如图2-121所示，执行两次Edit Mesh—Extrue挤出命令，挤出裙子的厚度，观察裙子的截面可以调整具体的挤出形状，如图2-122所示。添加两条环形线，继续调整裙子臀部及腿部的细节，如图2-123所示。在裙子的腰部添加一条环形边，制作出腰带的位置，并选择腰带的面，执行Edit Mesh—Extrue挤出命令，调整出腰带的形状，如图2-124所示。继续在腰带的连接处分别添加两条环形线，增加腰带的细节，效果如图2-125所示。

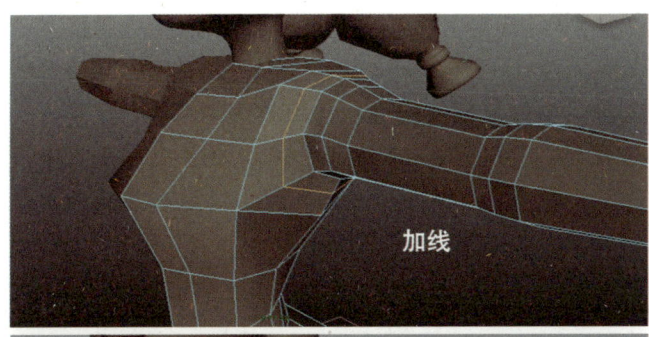
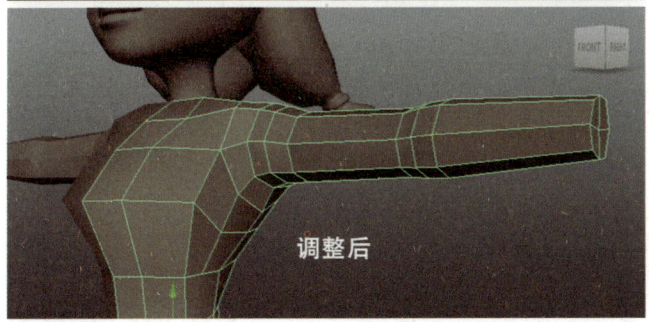
图2-116

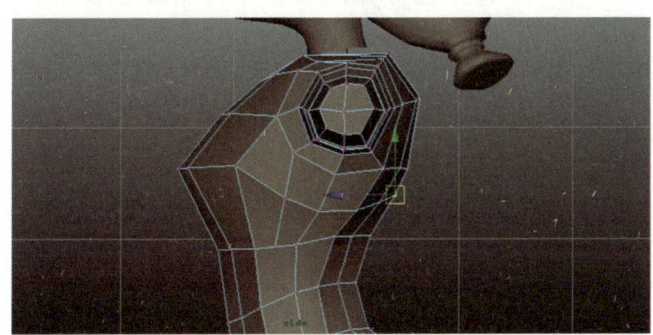
图2-117

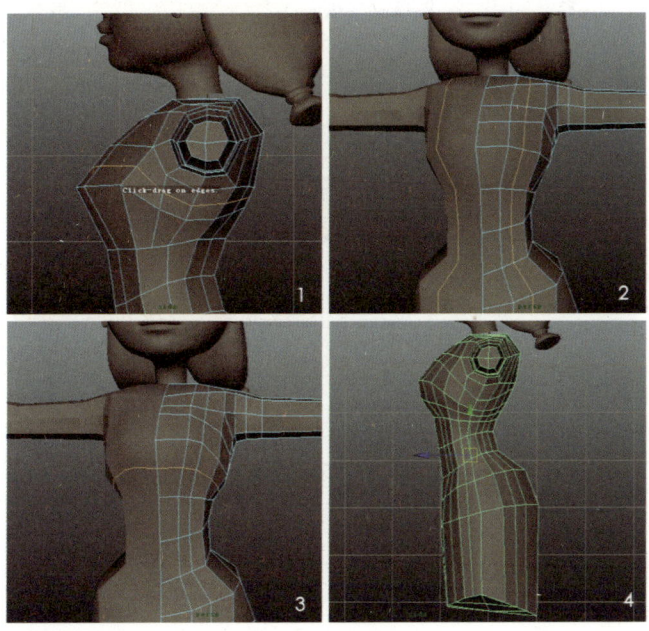
图2-118

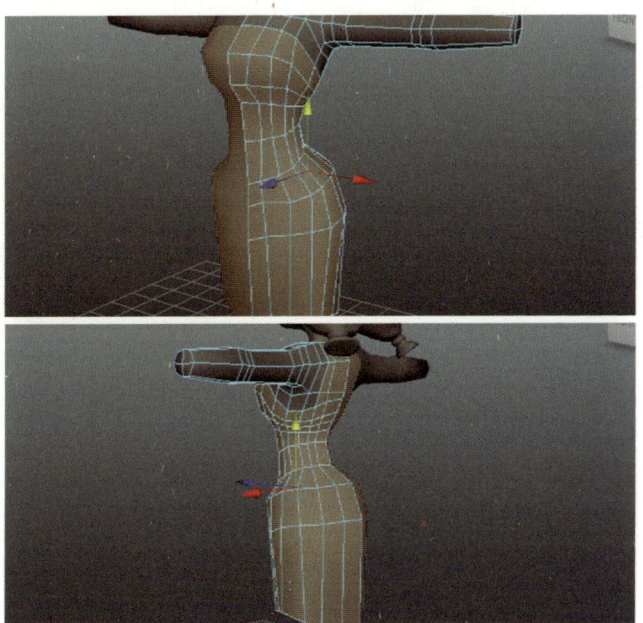
图2-119

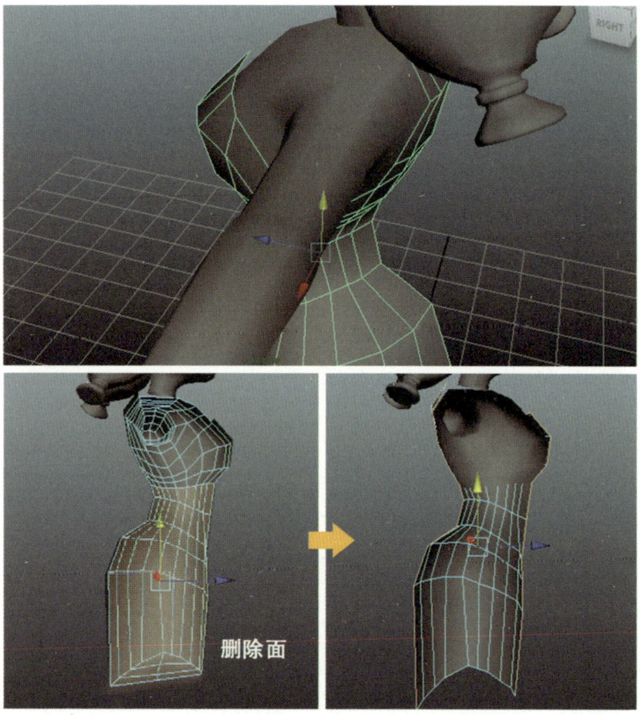

图2-120 删除面

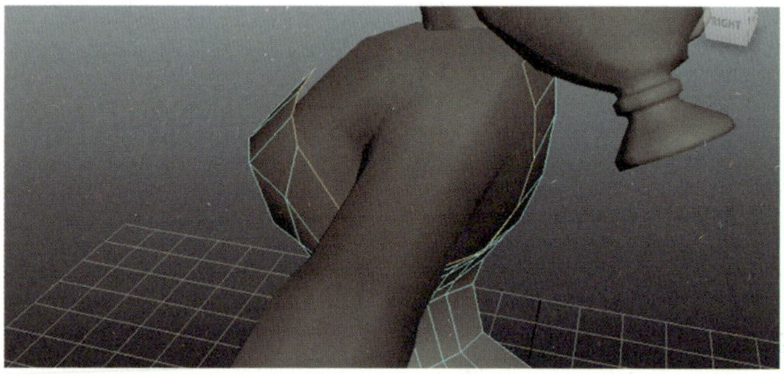

图2-121

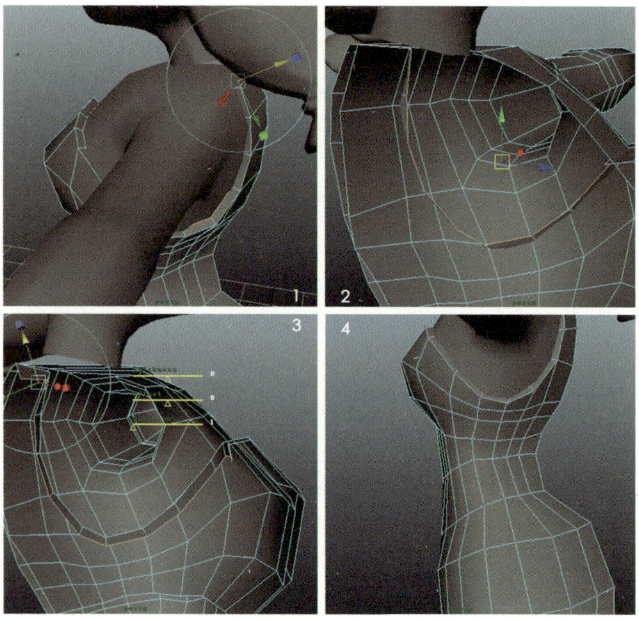

图2-122

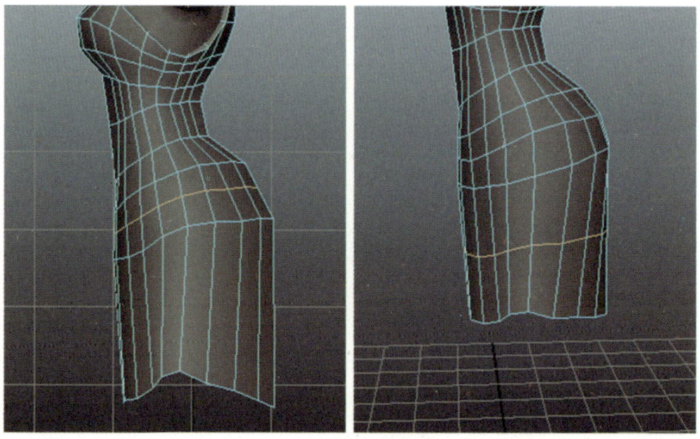

图2-123

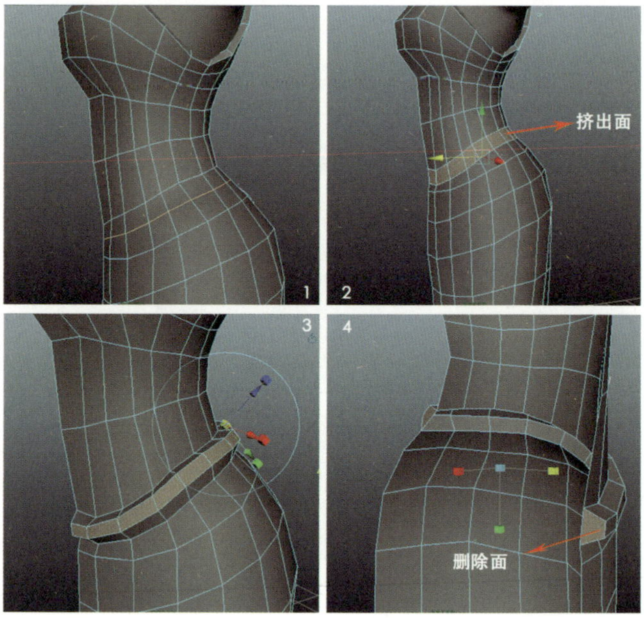

图2-124 挤出面 删除面

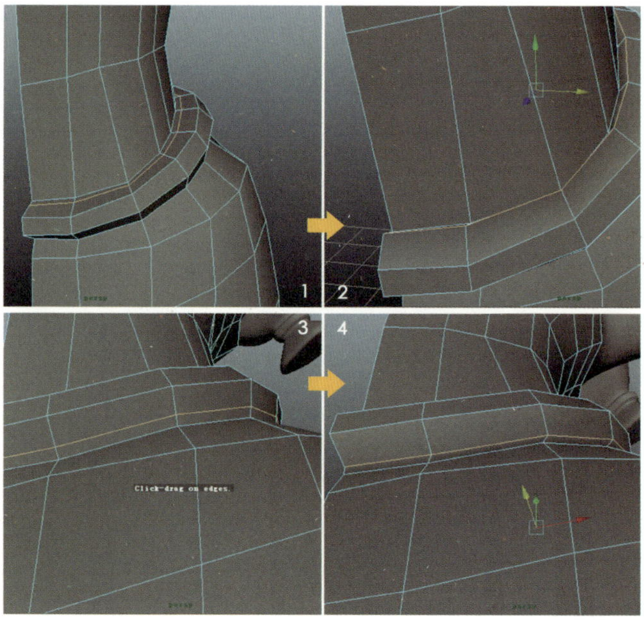

图2-125

第二章 卡通角色的制作

选择如图2-126所示的边,多次执行Edit Mesh—Extrue挤出命令,并调整形状,制作出裙子的花边,如图2-127所示。调整好裙底边的形状,并选择裙底边,多次执行Edit Mesh—Extrue挤出命令,制作出裙子的厚度,效果如图2-128所示。

最后,执行Edit Mesh—Insert Edge Loop Tool命令,添加环形边,增加裙子的细节,如图2-129所示,将做好一半的裙子模型和身体模型,执行Edit-DupliCate复制命令,在通道栏中将复制出来模型的scale值改成-1,分别对裙子和身体模型执行Mesh—Combine合并命令,并使用Edit—Merge工具缝合中轴线上的点,效果如图2-130所示。

2. 装饰衣领的制作

选择脖子的一圈面如图2-131所示,执行

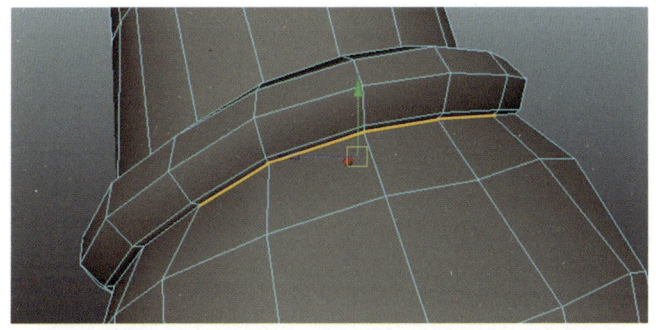

图2-126

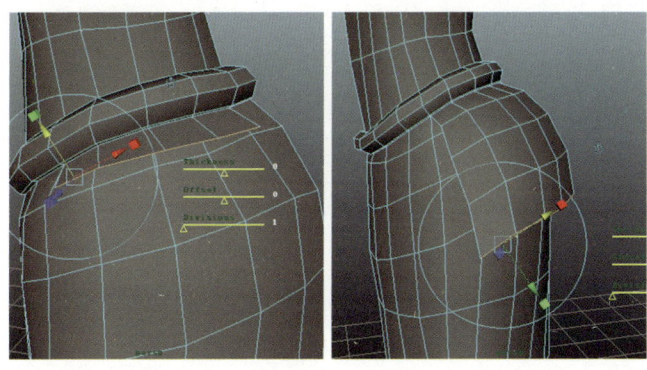

图2-127

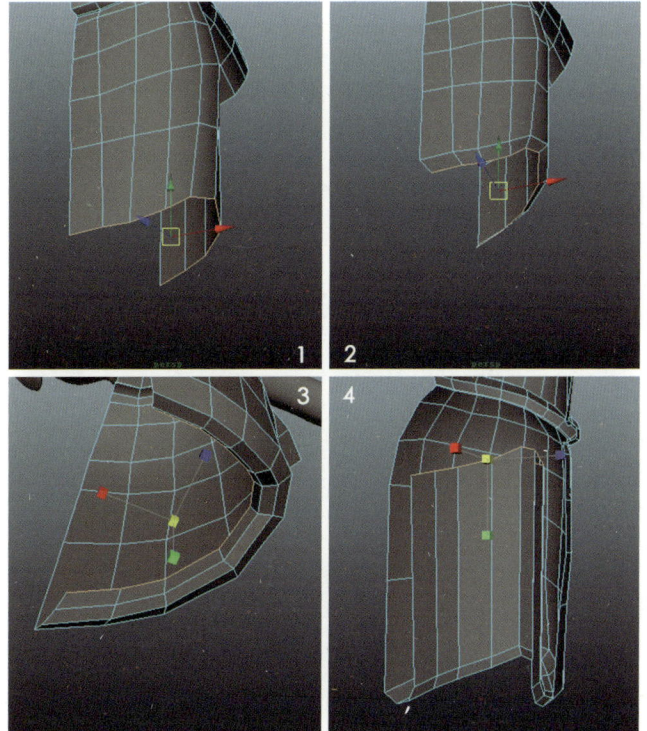

图2-128

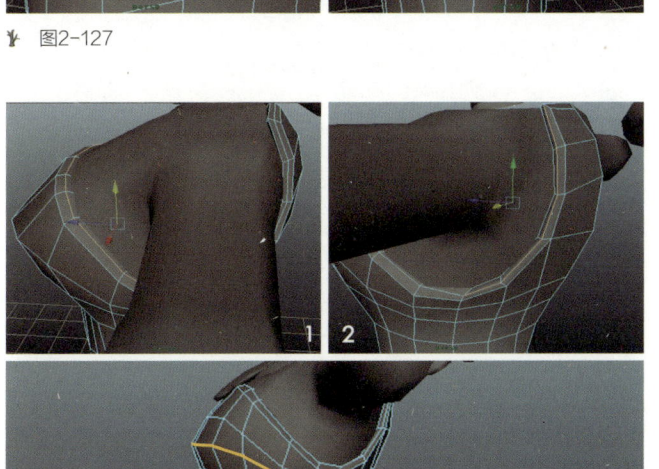

图2-129

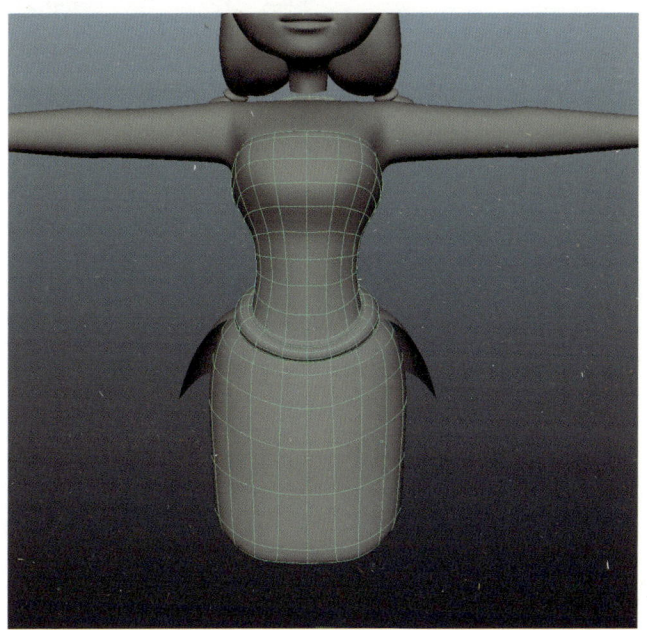

图2-130

47

三维动画基础——maya

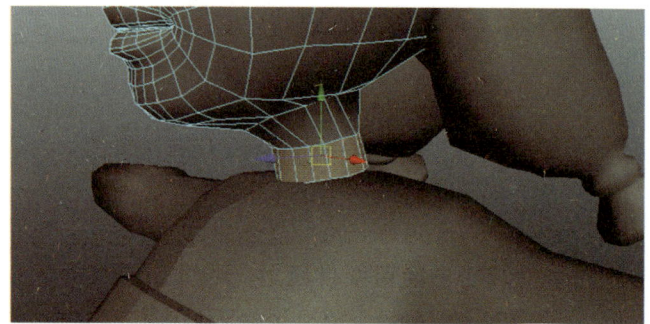

图2-131

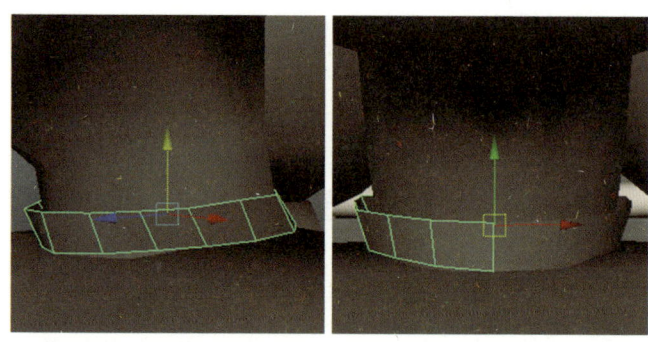

图2-132

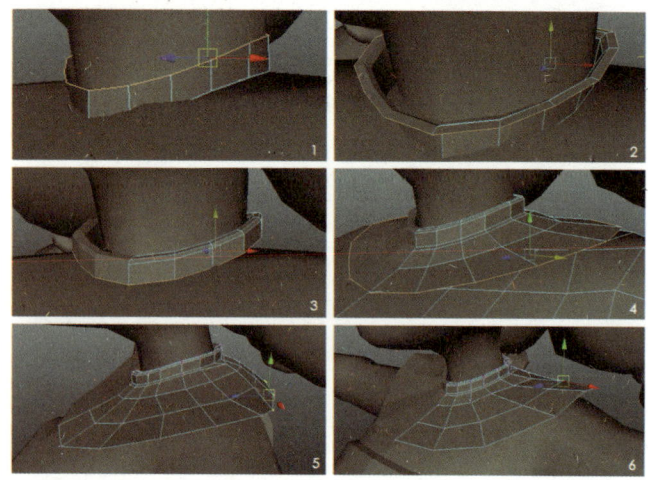

图2-133

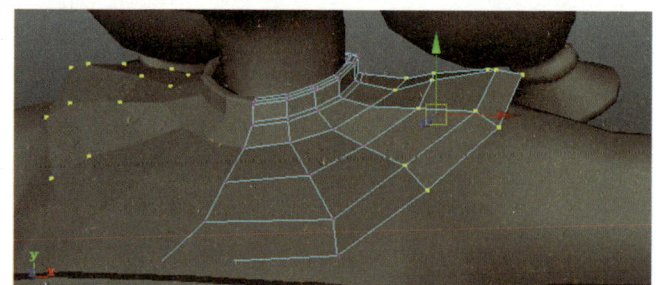

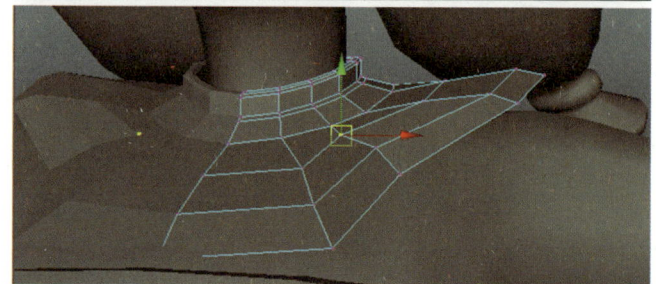

图2-134

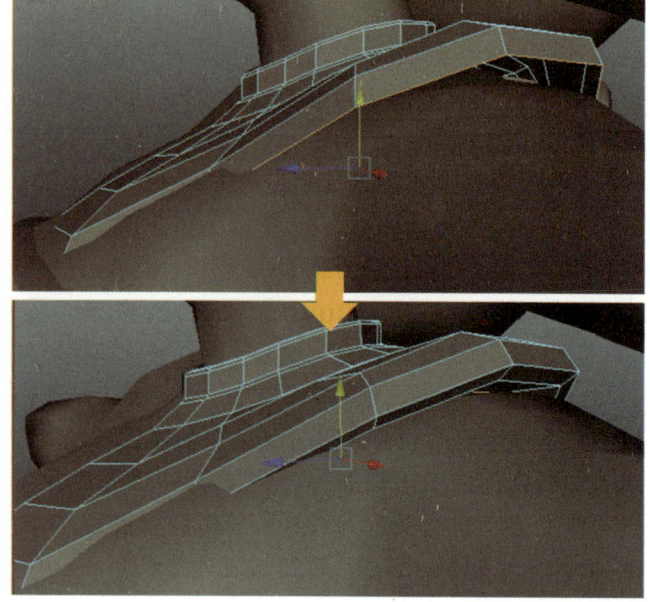

图2-135

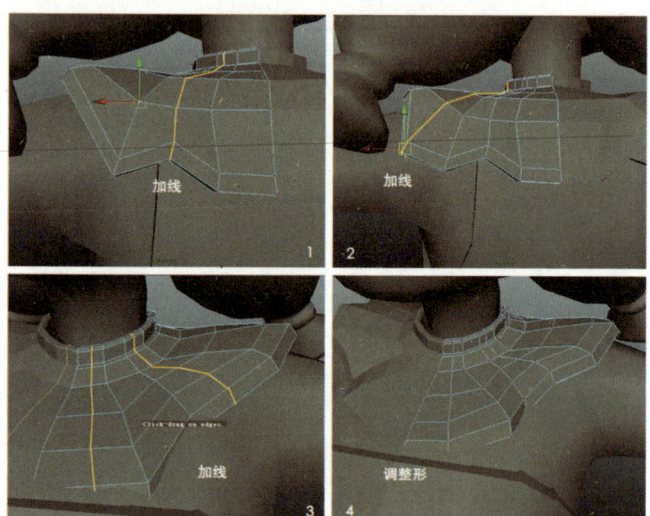

图2-136

Edit Mesh—DupliCate Face复制面命令，并使用缩放工具，将衣领的面制作出来，如图2-132所示。由于衣领是对称物体，需要先删掉一半面，再执行Edit—Duplicate special命令，关联复制出另一半的衣领模型。选择衣领上面的边，多次执行Edit Mesh—

Extrue挤出命令，制作出衣领的基本形状如图2-133所示；通过调整点的位置，继续调整衣领的形状，如图2-134所示；再执行Edit Mesh—Extrue挤出命令，将项链的厚度做出来如图2-135所示。在衣领上执行多次Edit Mesh—Insert Edge Loop Tool添加环形线命

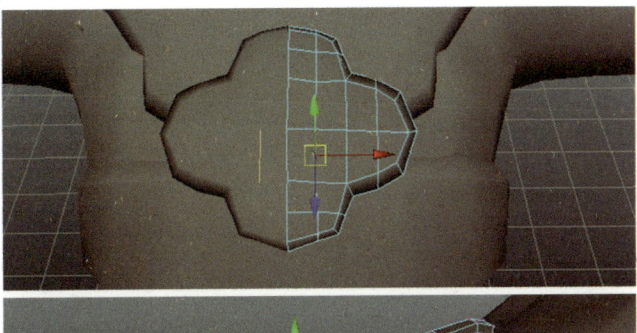

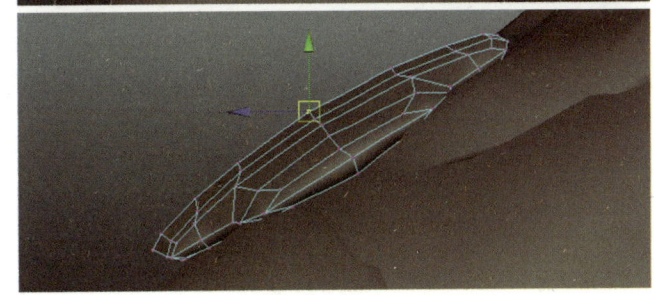

▼ 图2-137

▼ 图2-138

令，调整出衣领花边的形状，如图2-136所示。

创建一个长方体，执行Edit Mesh—Extrue挤出命令调整形状到如图2-137所示。选择模型执行Mesh—Smooth平滑命令，并放置到衣领处，从侧面调整形状如图2-138所示。

第三节　四肢的制作

角色的四肢分为上肢和下肢，上肢是由肩膀、大臂和小臂组成，女性上肢的肌肉形体不明显，下肢肌肉群稍微明显，膝盖部分突出。

一、课程要求

1. 训练目的

（1）掌握卡通角色四肢的比例结构。
（2）掌握卡通角色四肢部分模型的制作方法与技巧。
（3）掌握四肢及手部关节部位的布线规律。

2. 训练重点

（1）肘关节部位的结构形态。

（2）膝关节部位的结构形态。
（3）在关节转折部位最少需要三条以上的环形线。

3. 学习难点

（1）卡通角色身体各个部位造型及比例准确。
（2）根据手掌的结构，按规律布线。
（3）手掌的细节刻画。

4. 作业内容

（1）制作下肢模型。
（2）制作上肢模型。
（3）制作角色手部模型。

5. 相关作业

熟练掌握卡通角色的制作方法和技巧，搜集四足动物的图片，制作出类似马，牛等四足动物的模型。

二、腿部的制作

1. 大腿、小腿的制作

创建一个圆柱体，切换到侧视图，执行Edit Mesh—Insert Edge Loop Tool添加环形线，调整出大腿、膝盖、小腿的形状，继续在正视图调整腿部的大形，

三维动画基础——maya

如图2-139所示；确定膝盖的位置后，在关节处再加两条环形线，调整腿部的形状如图2-140所示。

2．鞋子的制作

选择如图2-141所示的面，执行Edit Mesh—DupliCate Face复制面命令，得到鞋帮的面，调整形状如图2-142所示。选择鞋帮上部分的一圈边，多次执行Edit Mesh—Extrue挤出命令，使用缩放工具，将鞋帮的厚度制作出来，并套住小腿，如图2-143所示。接着选择鞋帮另一端的边，多次执行挤出命令，挤出鞋帮的外形，如图2-144所示。

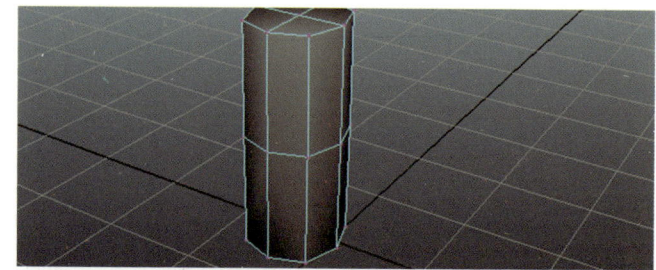
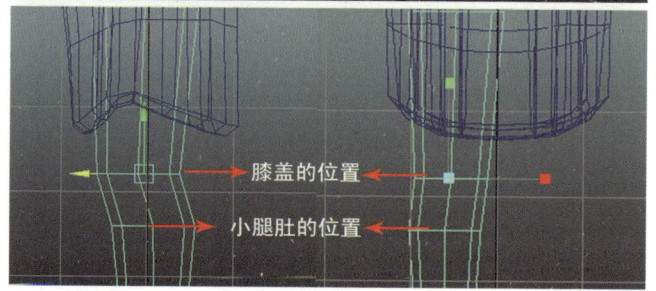

图2-139

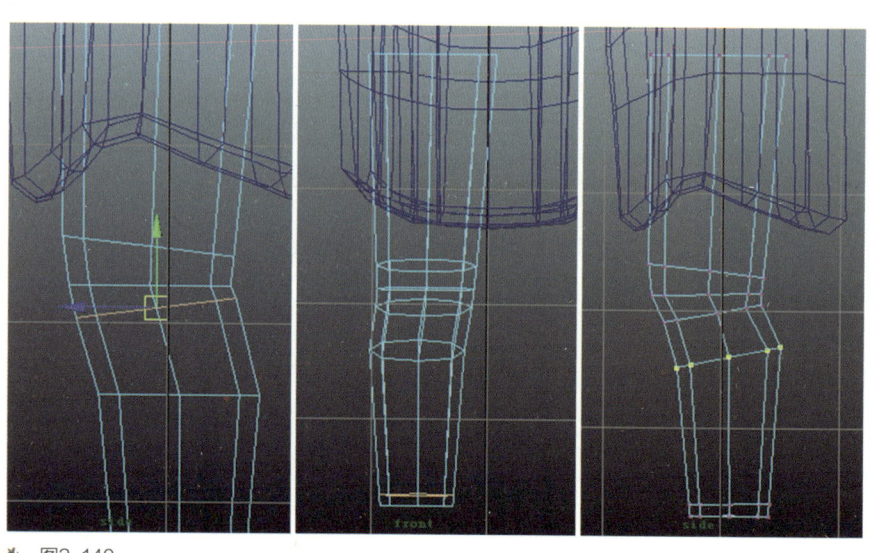

图2-140

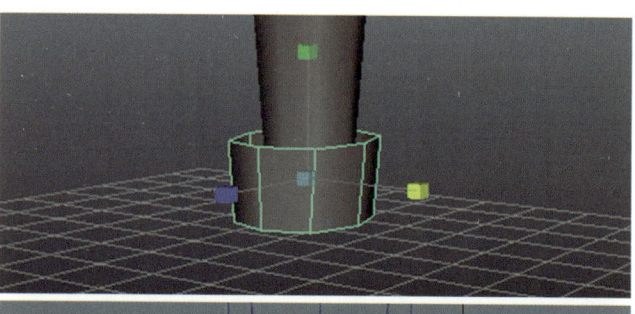

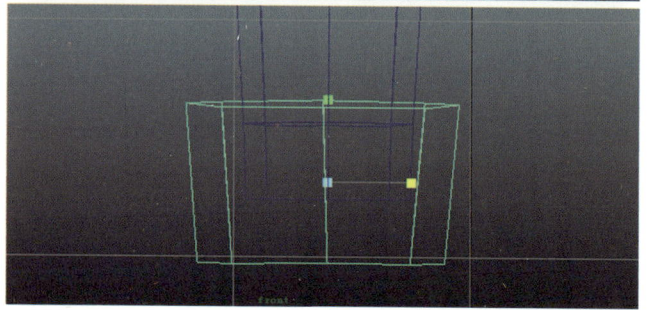

图2-142

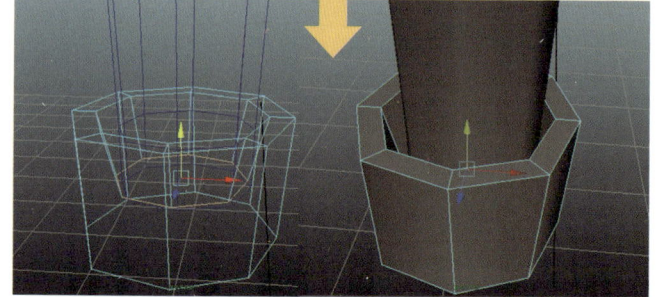

图2-141

图2-143

第二章 卡通角色的制作

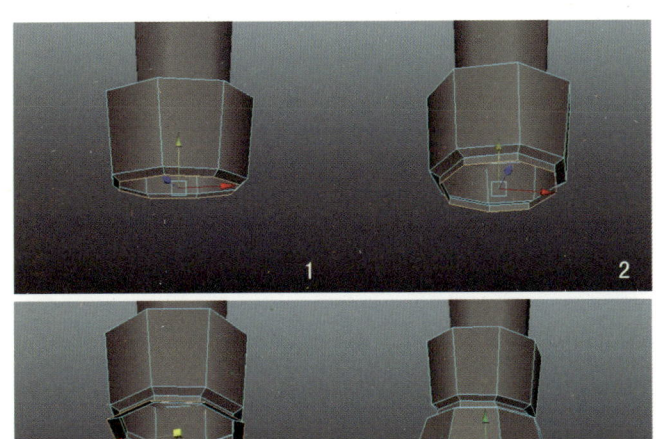

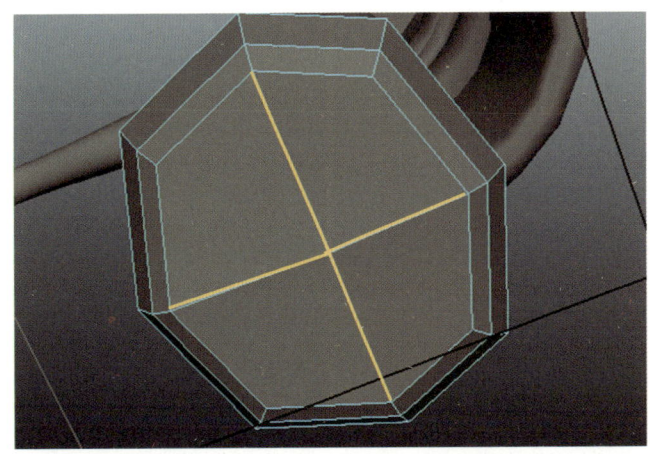
图2-145

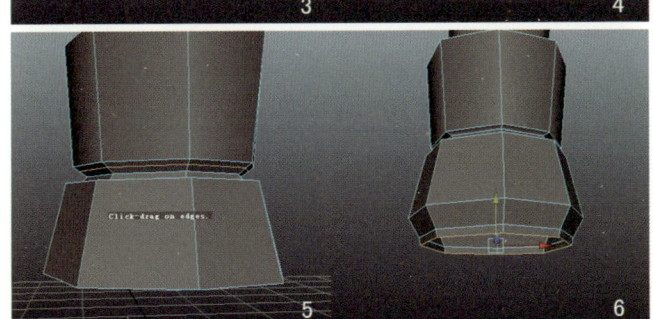

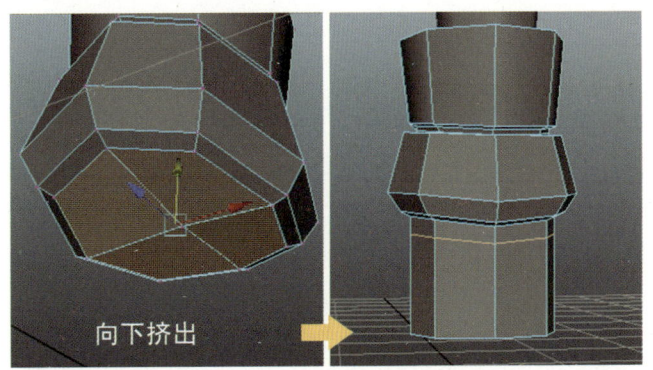
图2-146

图2-144

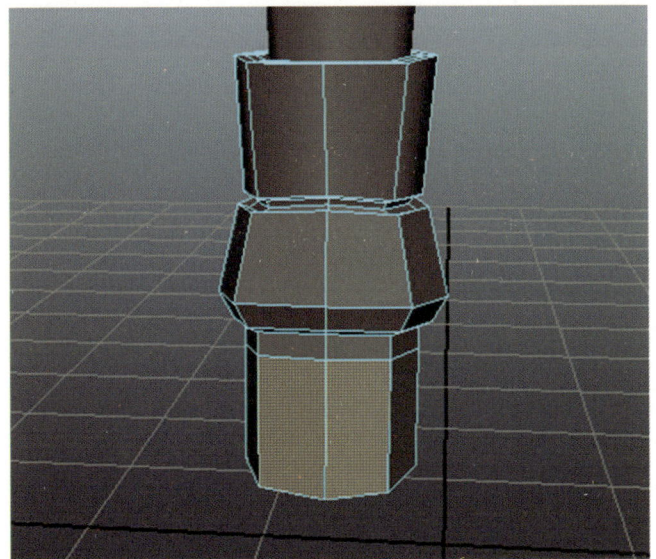
图2-147

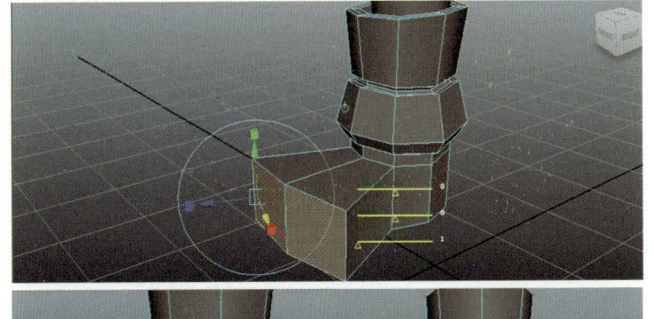

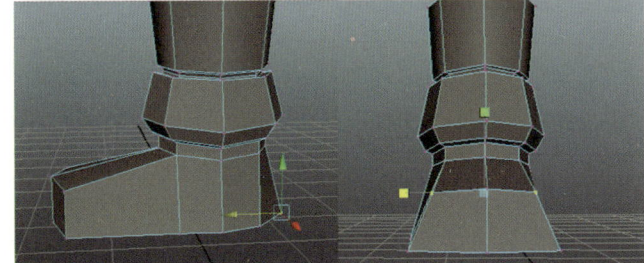
图2-148

  点击鞋帮模型,执行执行Mesh—Fill hol补洞命令,执行Edit Mesh—Split Polygon Tool命令,添加布线如图2-145所示;选择刚补的面,执行Edit Mesh—Extrue挤出命令,挤出鞋的部分,如图2-146所示。选择如图2-147所示的面,执行挤出命令,调整鞋的形状,如图2-148所示。为了增加鞋子的细节,执行Edit Mesh—Insert Edge Loop Tool命令,依次添加三条环形线,并调整鞋子的形状如图2-149所示。最后选择鞋底的面,多次执行Edit Mesh—Extrue挤出命令,挤出鞋底的厚度,效果如图2-150所示。创建一个面片,调整出叶子的形状,复制一圈,围在鞋子上做装饰,如图2-151所示。最后复制出右边的腿和鞋子,最终效果如图2-152所示。

51

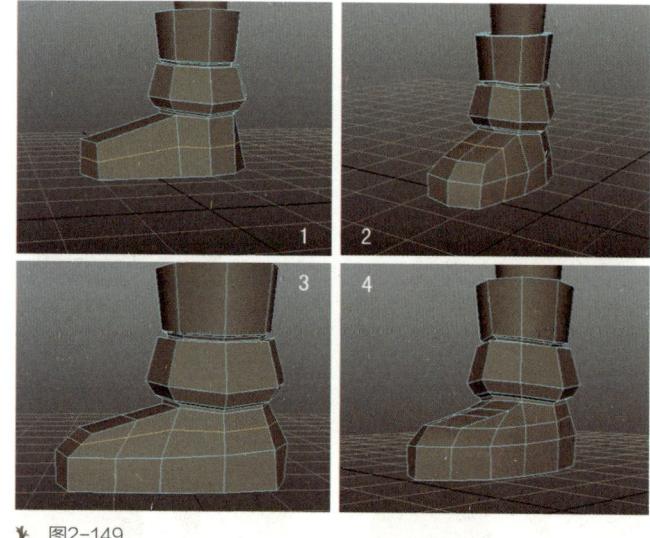

图2-149

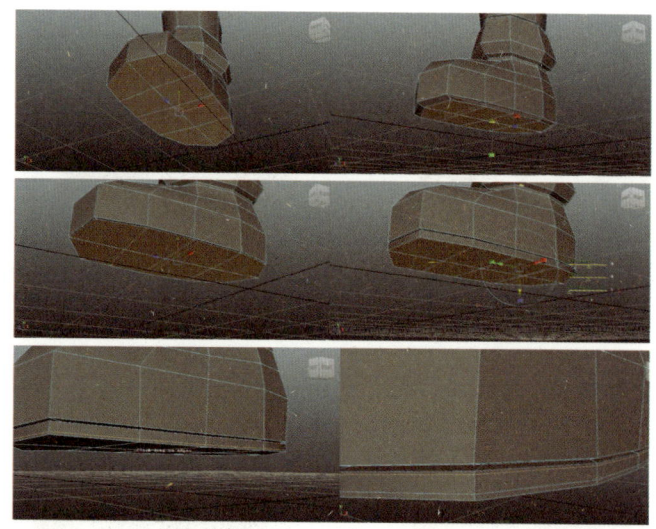

图2-150

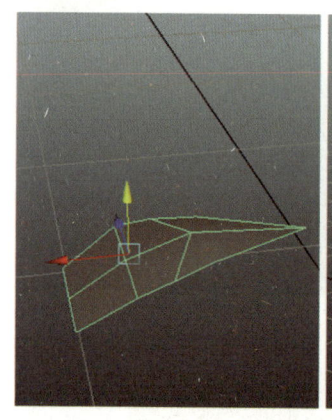

图2-151

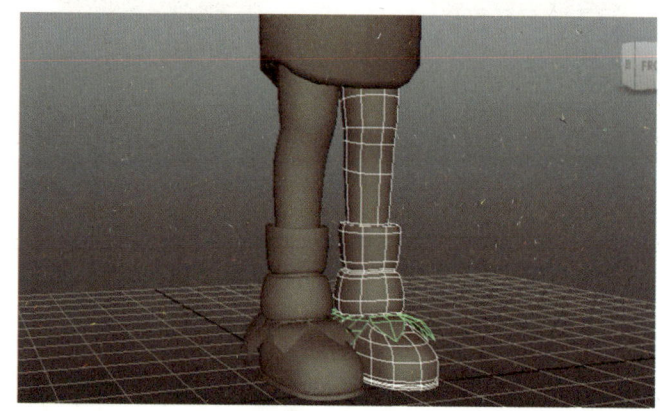

图2-152

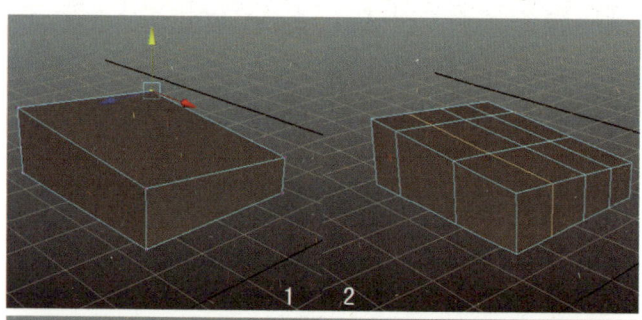

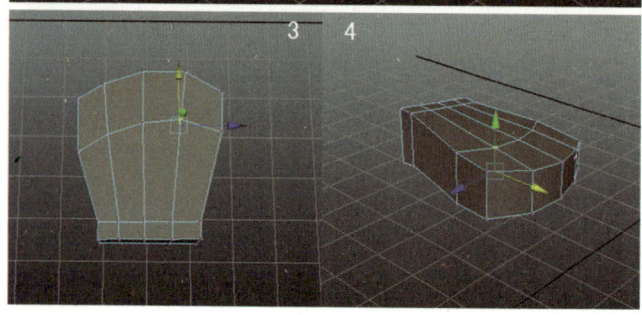

图2-153

三、手的制作

创建一个长方体，执行Edit Mesh—Insert Edge Loop Tool命令，添加环形线，调整出手掌的形状，如图2-153所示。

选择手指位置的面，执行Edit Mesh—Extrue挤出命令，需要将Edit mesh—keep faces together命令前面的钩去掉，如图2-154所示，这样才能挤出四个指头，如图2-155所示。选择大拇指的面，执行两次Edit Mesh—Extrue挤出命令，调整出大拇指的形状，如图2-156所示。

执行Edit Mesh—Insert Edge Loop Tool命令，给手掌添加环形线，为手指添加关节，如图2-157所示。执行Edit Mesh—Split Polygon Tool加线命令，增加指缝处的布线，如图2-158所示，同理，制作出其余指头的指缝，如图2-159所示。接着在如图2-160

所示的位置执行Edit Mesh—Insert Edge Loop Tool命令，添加两条环形线，并调整手掌心的布线如图2-161所示。大拇指根部需要执行Edit Mesh—Insert Edge Loop Tool命令，添加一条环形线，如图2-162所示再使用Edit Mesh—Split Polygon Tool加线

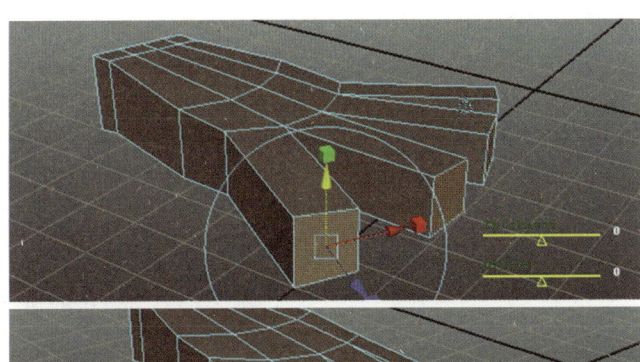

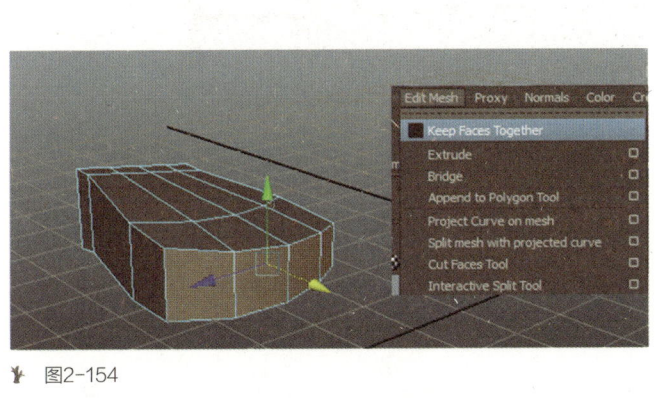

图2-154

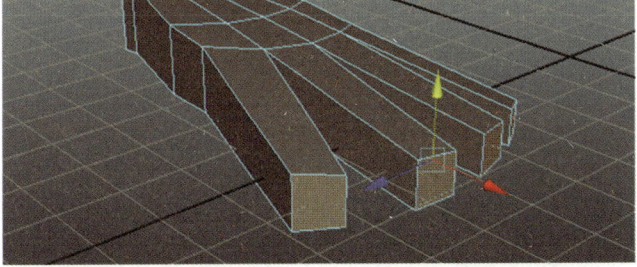

图2-155

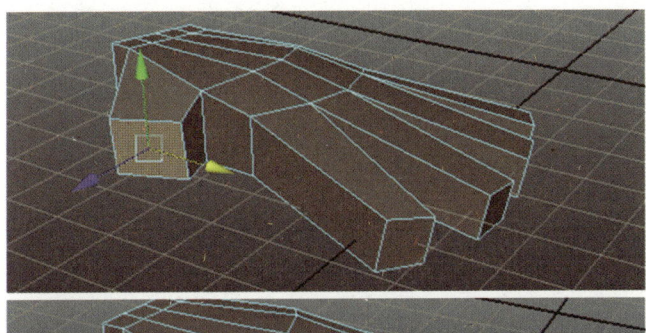

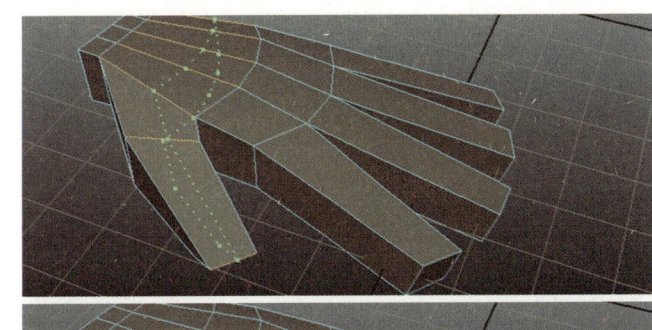

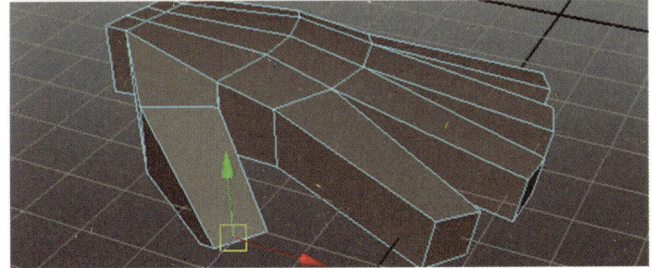

图2-156

图2-157

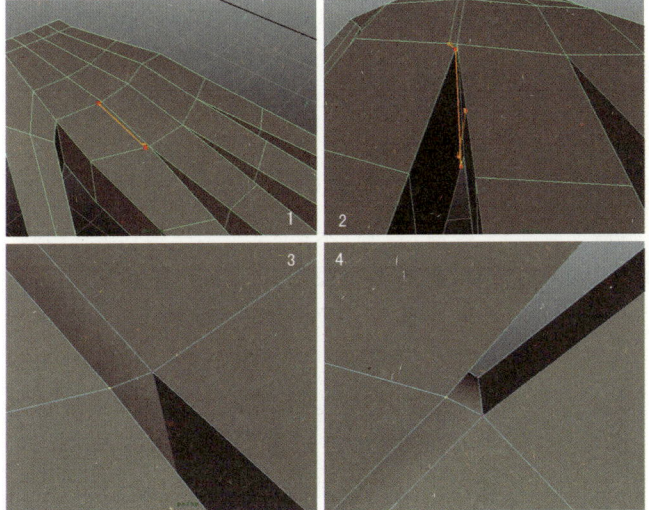

图2-158

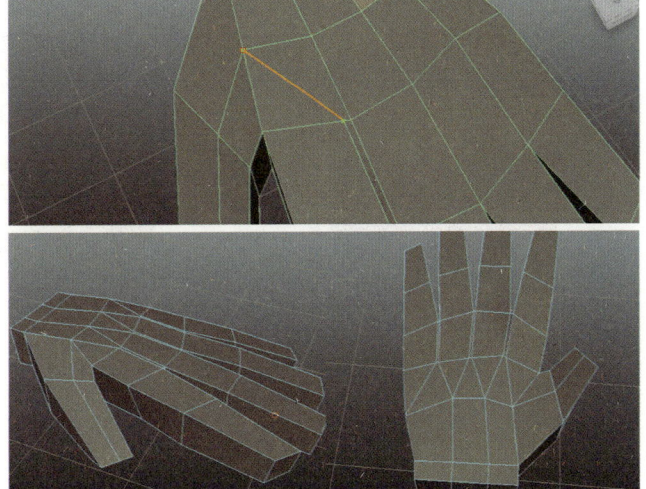

图2-159

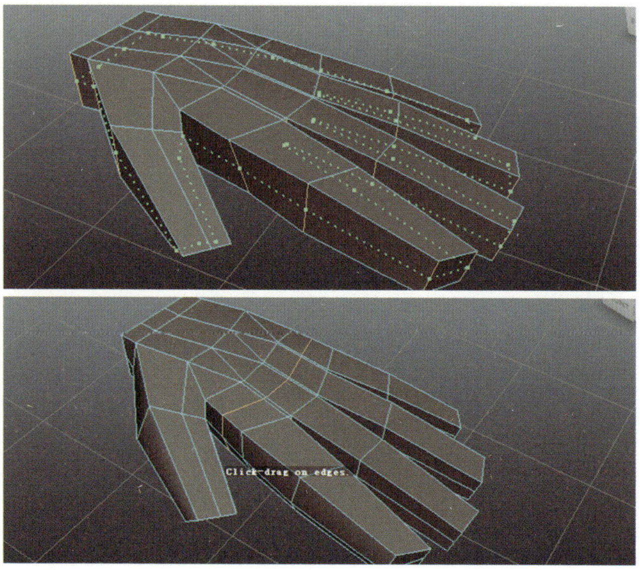

三维动画基础——maya

图2-160

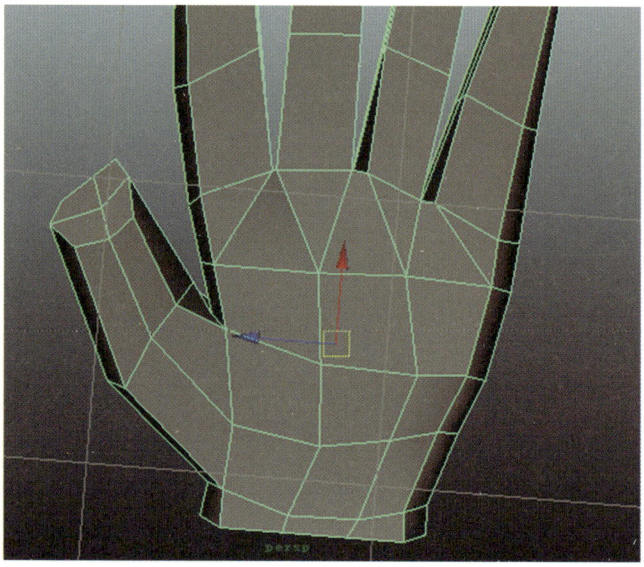

图2-161

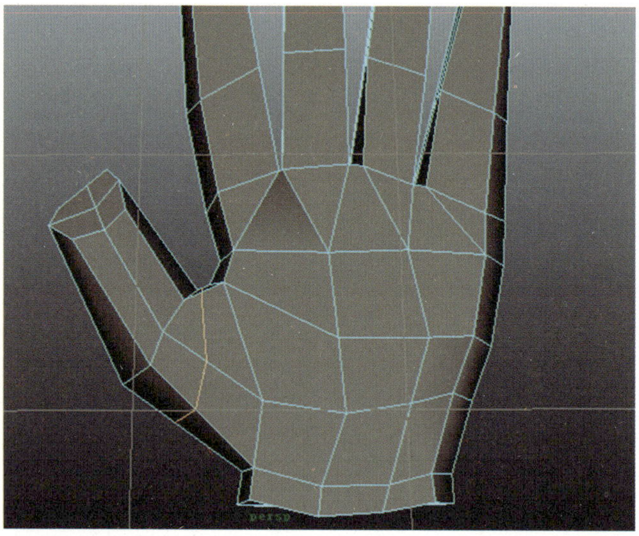

图2-162

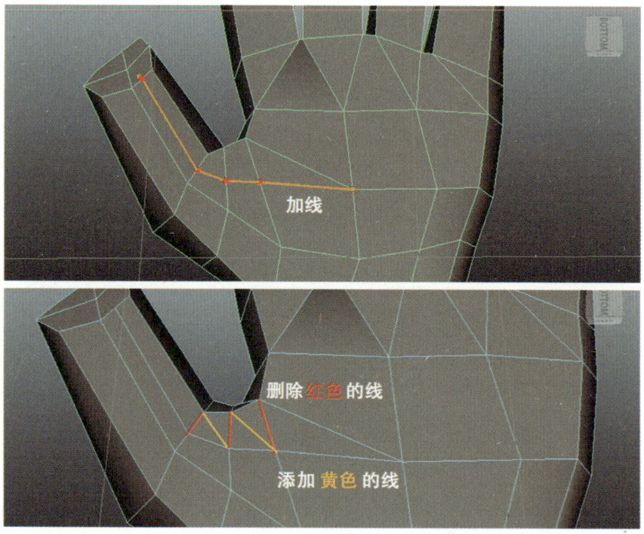

图2-163

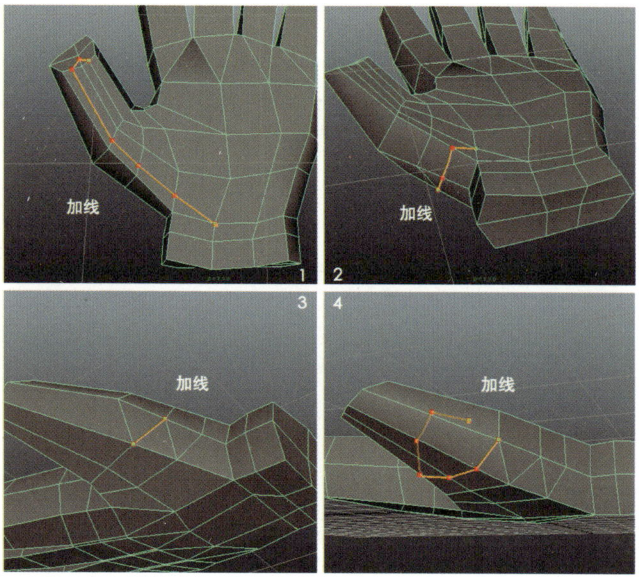

图2-164

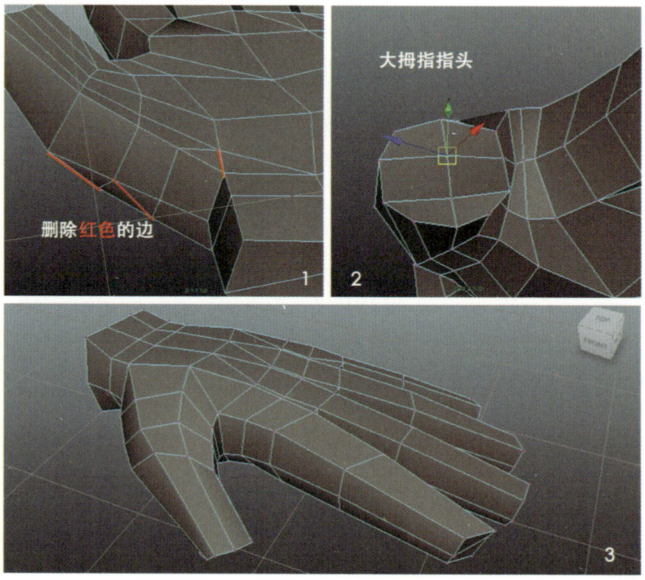

图2-165

工具，将手掌布线调整为如图2-163所示。

为给手指增加细节。给大拇指加线，如图2-164、图2-165所示。在食指如图2-166所示的地方，执行Edit Mesh—Insert Edge Loop Tool加线命令。依次增加中指、无名指、小指的布线，并调整手指的形状，如图2-167所示。

执行Edit Mesh—Insert Edge Loop Tool添加环形线命令，分别在各个指头的关节处布线，如图2-168所示。

执行select—select edge loop tool命令，双击选择关节处的一圈线，调整布线如图2-169所示，继续调整关节的细节，制作出关节的痕迹，如图2-170所示；按"3"键平滑显示，效果如图2-171所示。

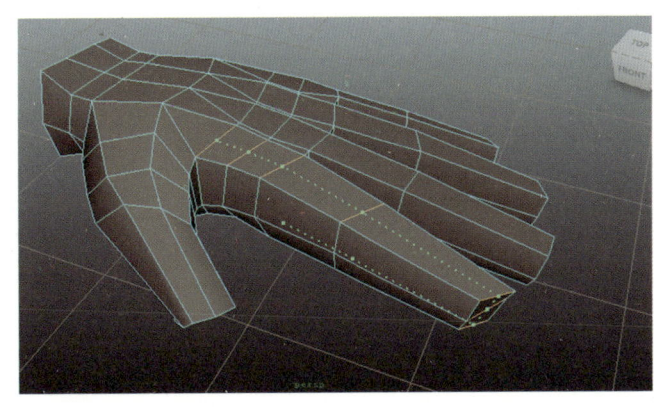
图2-166

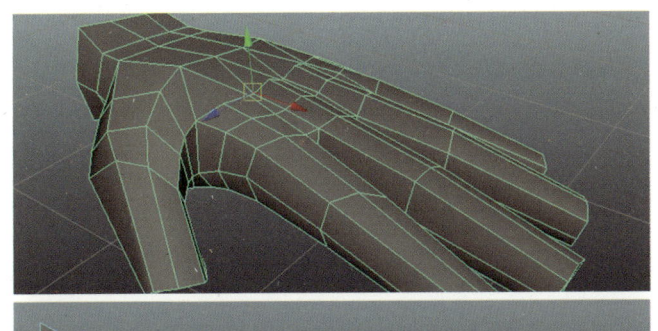
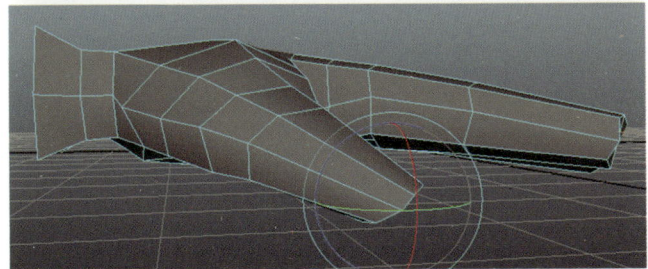
图2-167

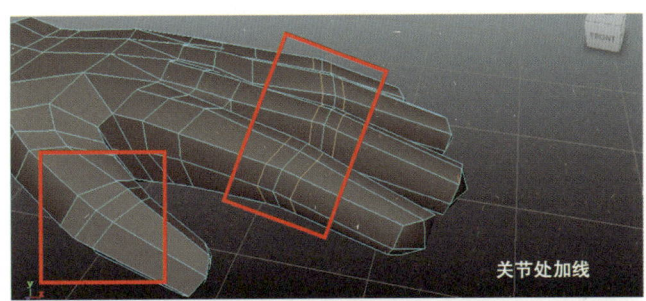
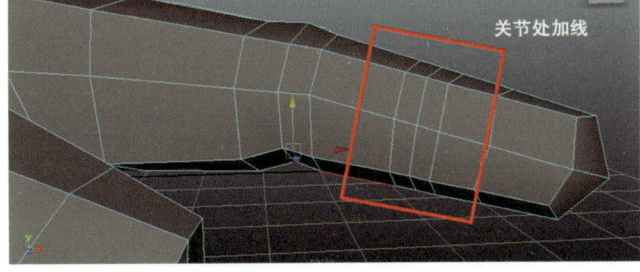
图2-168

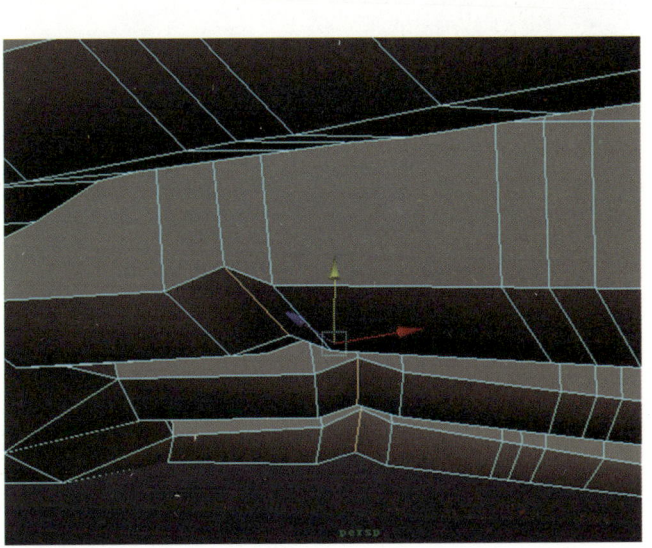
图2-169

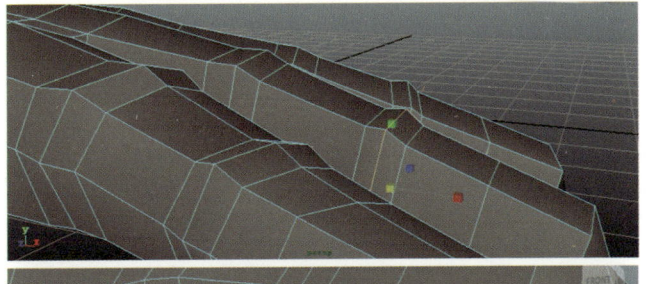

图2-170

三维动画基础——maya

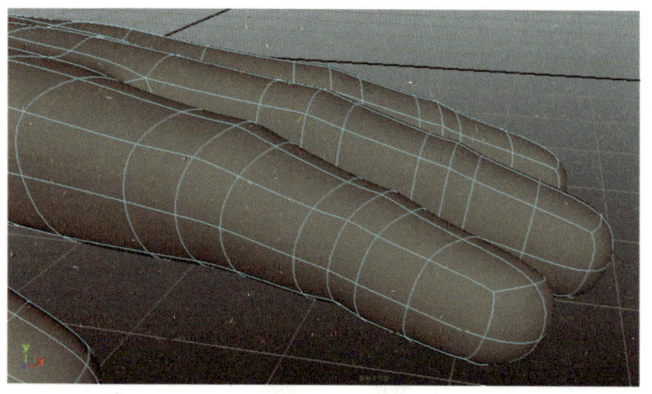

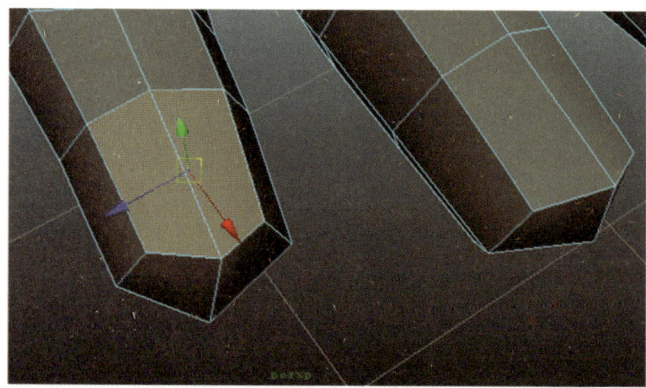

图2-171

图2-172

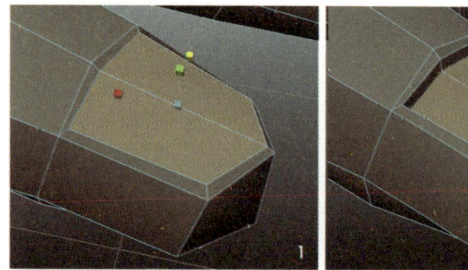

图2-173

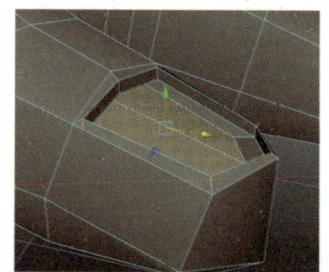

图2-174

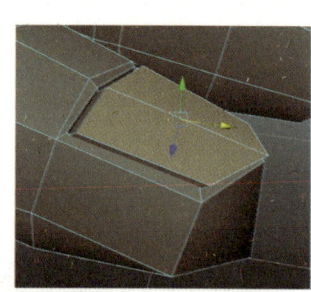

图2-175

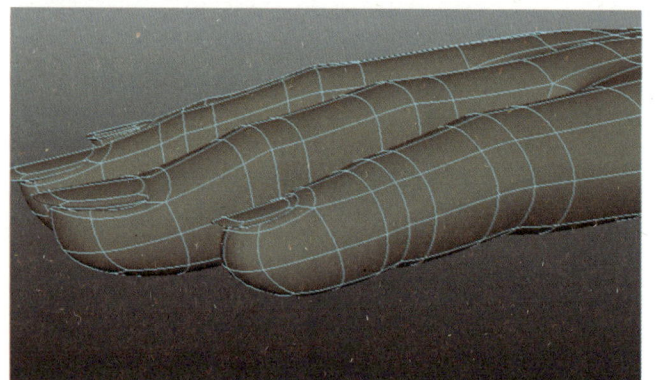

图2-176

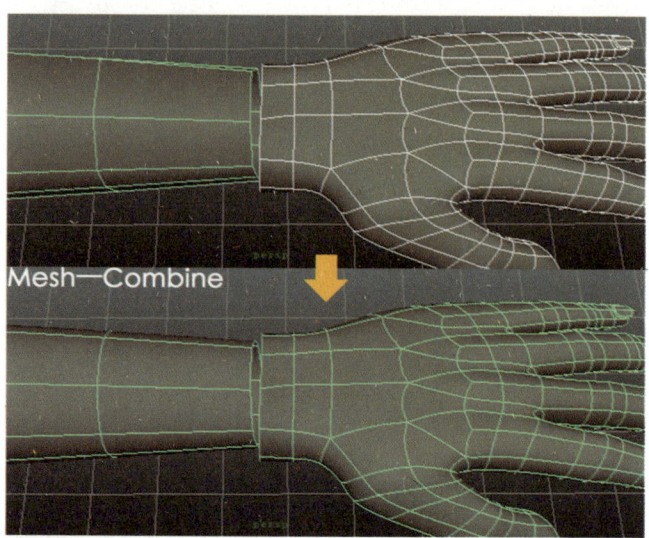

图2-177

接着制作指甲。选择指甲位置的面，如图2-172所示，使用两次挤出命令Edit Mesh—Extrue，挤出向下的深度，如图2-173所示，继续向下挤出，并向X轴负方向移动一点距离，如图2-174所示。接着向上挤出并向X轴正方向移动，拉出指甲的面，如图2-175所示。同样的方法，将其余几个指头的指甲挤出，并调整出指甲的形状，按快捷键"3"，光滑显示，最终效果如图2-176所示。

将手的模型放到手臂旁边，选中手和手臂的模型执行Mesh—Combine 结合命令，成为一个模型，如图2-177所示；因为手部的布线较多，需要在手臂上添加布线，如图2-178所示。

将手掌和手臂连接处的点按快捷键"v"移动到一起，如图2-179所示，并执行Edit—Merge命令，将重合的点合并到一起，最终得到上肢的模型，如图2-180所示。接着复制出另一半的上肢模型，选择左右上肢的模型，执行Mesh—Combine合并命令，并使用Edit—Merge工具缝合中轴线上的重复的点。

最后，将手臂上一些装饰物做出来。如图2-181所示，最终卡通角色的整体效果如图2-182所示。

第二章 卡通角色的制作

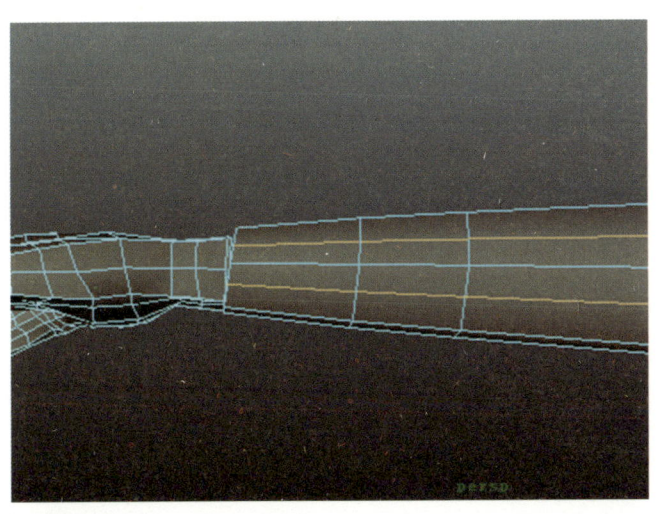
▼ 图2-178

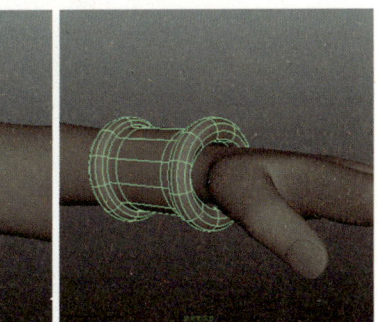
按住"V"键拖动点，使2个点重合

▼ 图2-179

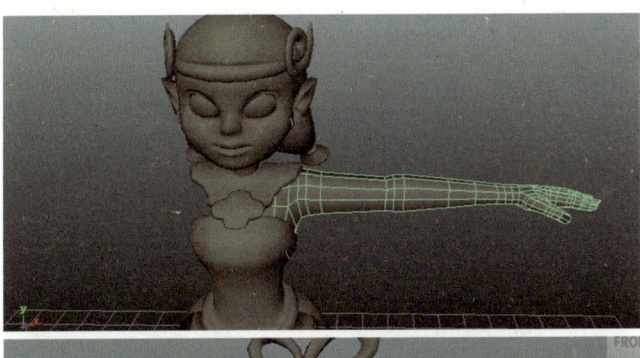

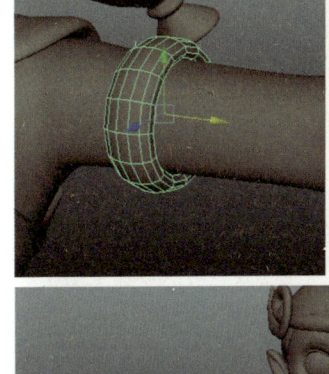

▼ 图2-180

▼ 图2-181

▼ 图2-182

57

第三章　UV Layout运用

UVLayout是一款基于物理算法专门用来拆人物UV的软件，能够通过使用快捷键配合鼠标移动的动作进行快速编辑，是当前功能最全、最稳定的UV拆分软件。

1. 训练目的

（1）掌握UV Layout的基本功能、操作方法。
（2）通过三维动画角色模型的UV展分案例学习，掌握角色在UV Layout中的具体应用原理、步骤及技巧。
（3）进一步加深学生对角色UV概念、方法及形式等方面的理解。

2. 训练重点

（1）UV Layout的运用方法。
（2）在UV Layout中制作角色的方法。

3. 学习难点

（1）角色结构、布线与UV Layout展分方法关系。
（2）UV Layout展分技法。

4. 作业内容

（1）人物角色在UV Layout中的展分。
（2）四肢动物角色在UV Layout中的展分。

5. 相关作业

（1）搜集多方面资料，全面了解UV Layout的运用方法。
（2）以此为基础，将动画场景在UV Layout中进行展分。

第一节　UV Layout基础应用

下面将与大家一起学习展UV更为快捷的软件工具——UV Layout。

一、UV Layout的安装

首先，找到 文件，双击运行，自动运行然后显示如图3-1所示的面板。

鼠标左键点击Next>按钮，进行下一步操作。弹出如图3-2所示的面板。

鼠标左键点击Next>按钮，进行下一步操作。弹出如图3-3所示的面板。

鼠标左键点击Next>按钮，进行下一步操作。弹出如图3-4所示的面板。

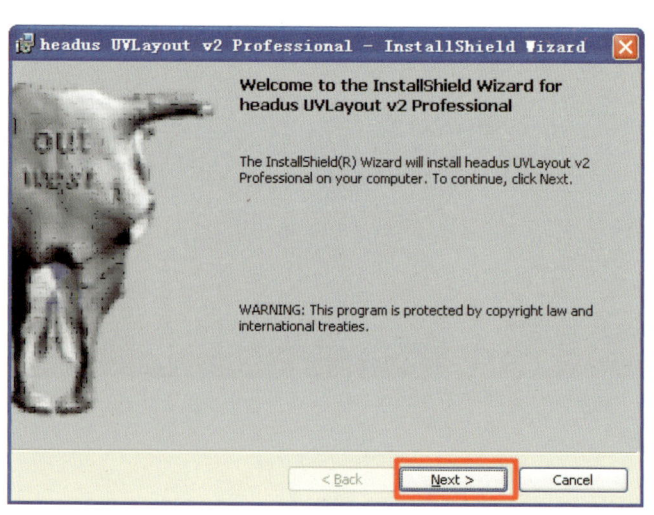

图3-1

第三章　UV Layout运用

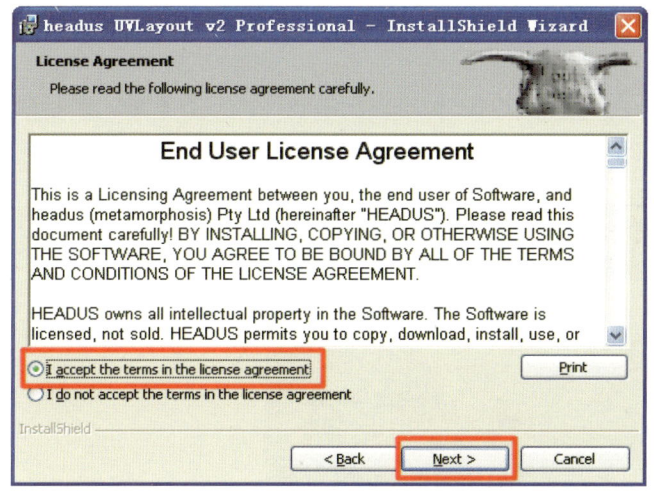

※ 图3-2

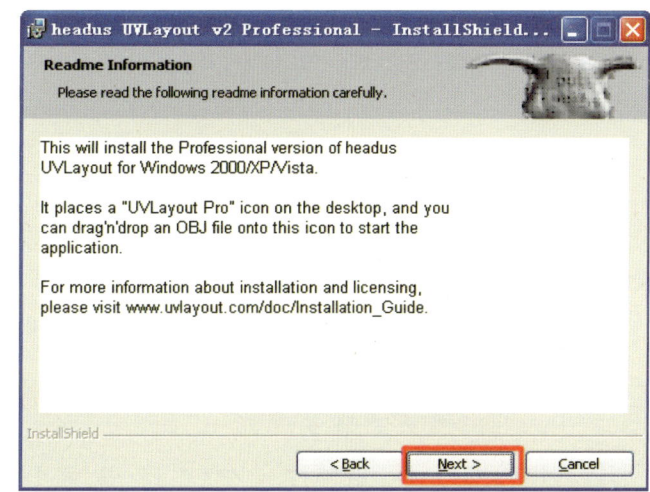

※ 图3-3

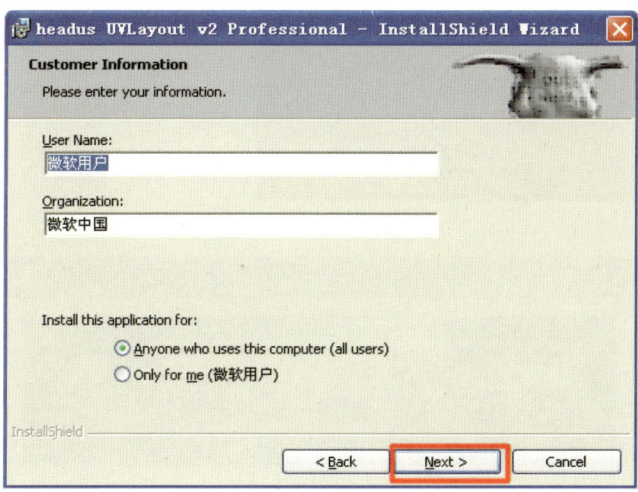

※ 图3-4

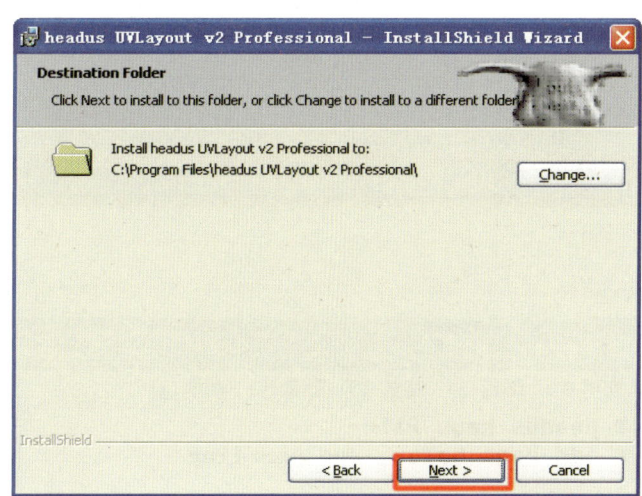

※ 图3-5

鼠标左键点击Next>按钮，进行下一步操作。弹出如图3-5所示的面板。

鼠标左键点击Next>按钮，进行下一步操作。弹出如图3-6所示的面板。

鼠标左键点击Install按钮，会自动运行程序，弹出如图3-7所示的面板。

鼠标左键点击Finish按钮，完成安装程序。现在在桌面上应该出现了一个 的快捷方式。双击这个图

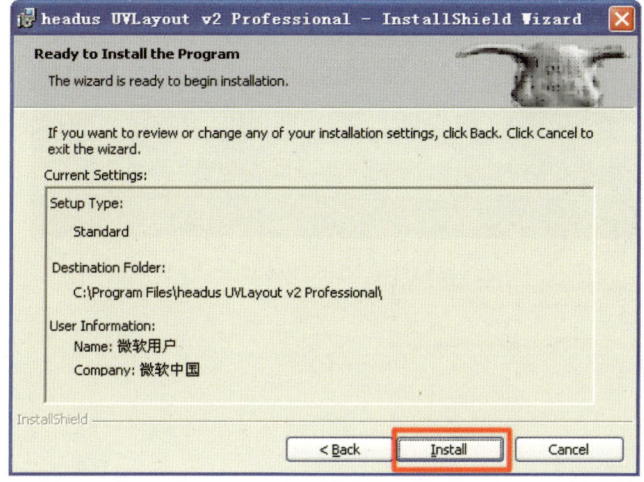

※ 图3-6

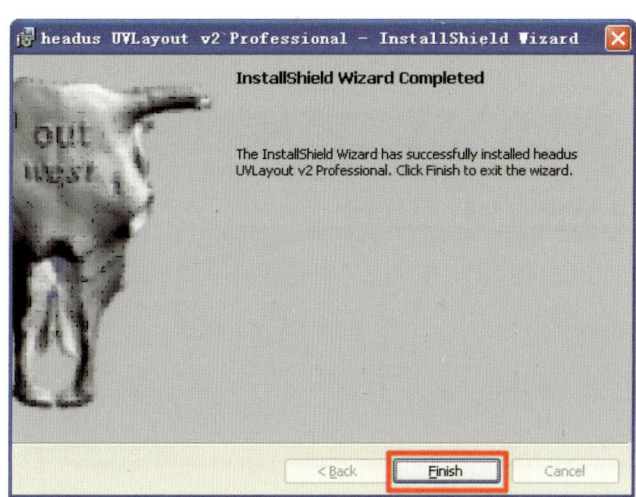

※ 图3-7

59

三维动画基础——maya

标就可以运行程序了，但是现在我们还需对这个软件进行激活。程序运行以后，桌面上会弹出如图3-8所示的界面。

鼠标左键点击图3-8所示中红色框中的Go to License Manager命令运行下一个窗口，如图3-9所示。

鼠标左键点击图3-9所示中红色框中的Edit命令，这时会弹出一个如图3-10所示的文本框。

在光盘ruanjian\UV Layout\UVLAYOUT_V2.0\uv layout2\Crack下找到 文件，双击运行，弹出如图3-11所示的窗口。

然后将图3-10所示中第一行的内容复制，并粘贴到图3-11所示中的Ether ID栏中。如图3-12所示。

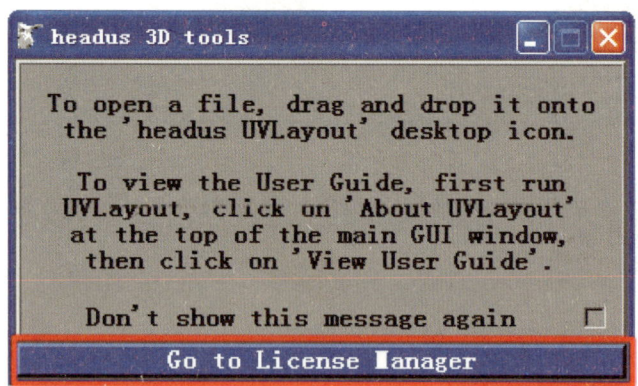

图3-8

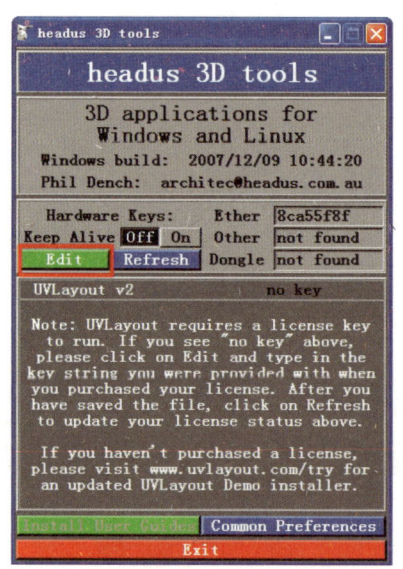

图3-9

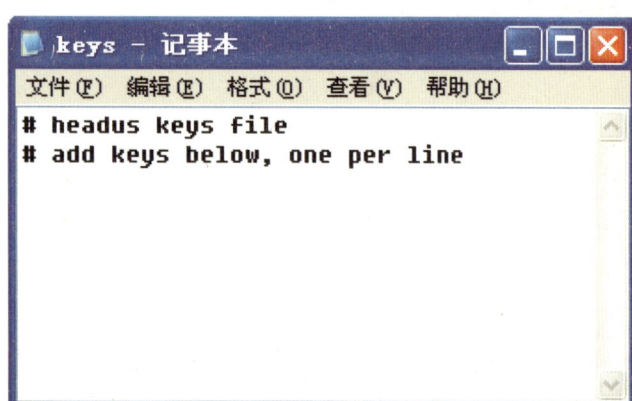

图3-10

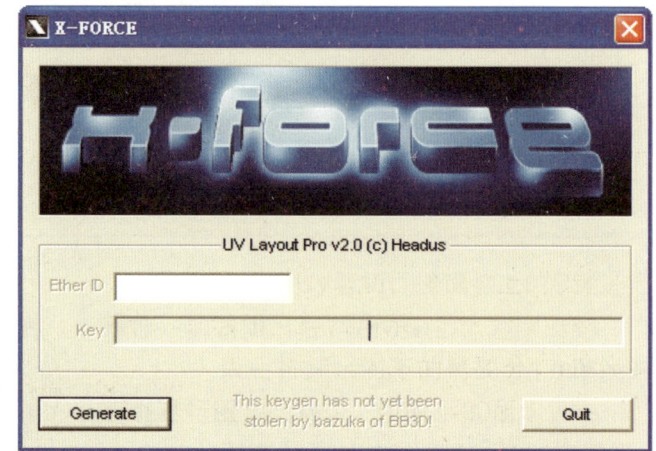

图3-11

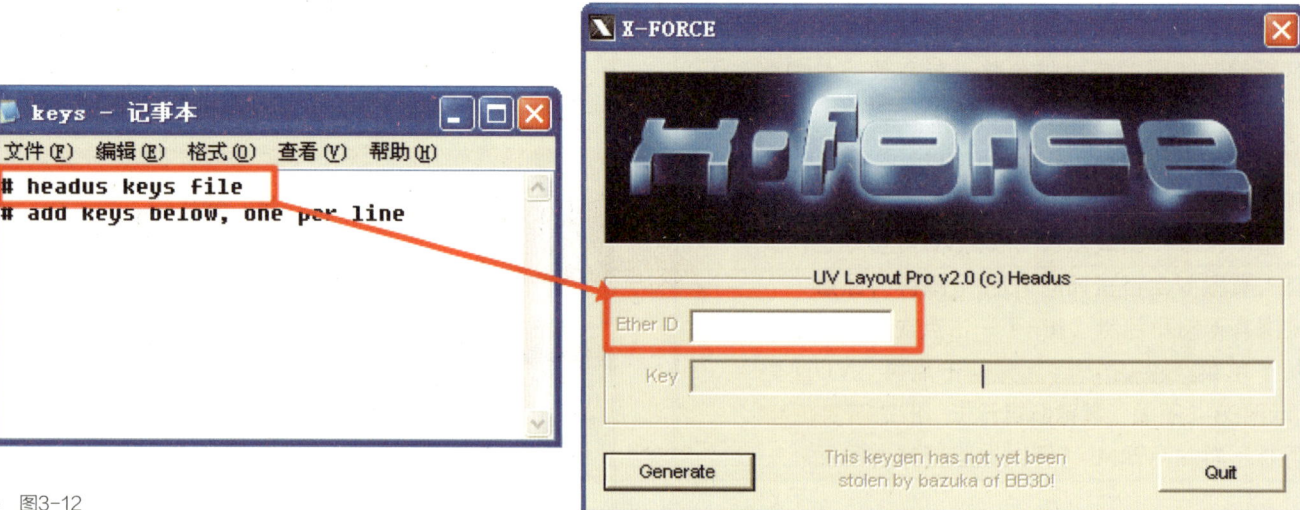

图3-12

第三章　UV Layout运用

鼠标左键点击Generate按钮，在Key栏中生成一串代码，如图3-13所示。

复制Key栏中的代码，然后粘贴到文本中的第三行中，使用快捷键Ctrl+s保存文本，如图3-14所示。

关闭文本窗口，点击headus 3D tools窗口中的Refresh按钮，就可以运行程序了，如图3-15所示。

继续点击图3-15所示中的Test按钮打开程序，如图3-16所示。

至此，我们就完成了UV Layout的安装，下一节，将为大家讲解UV Layout的基本界面和操作方法。

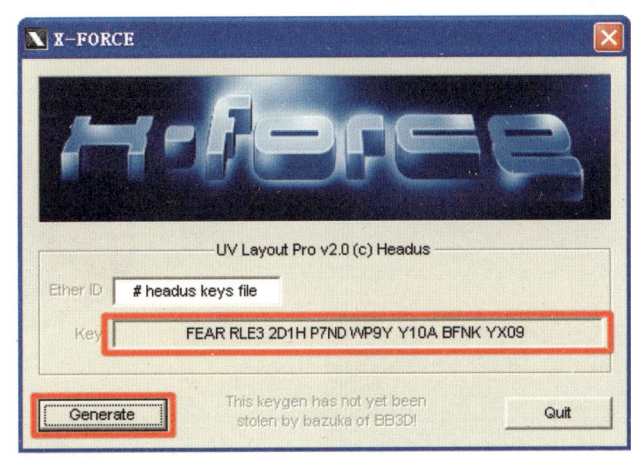
图3-13

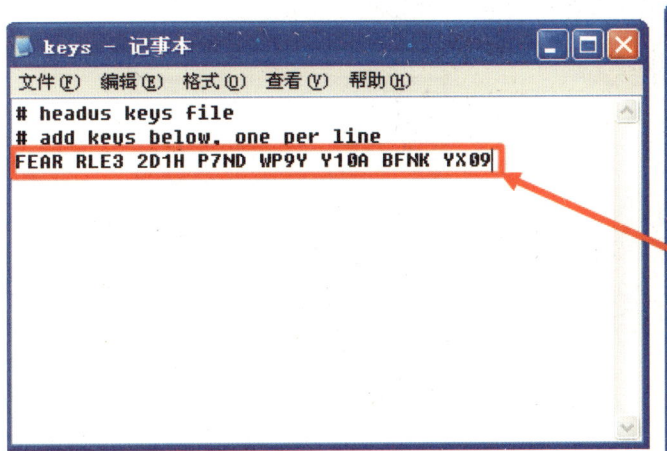
图3-14

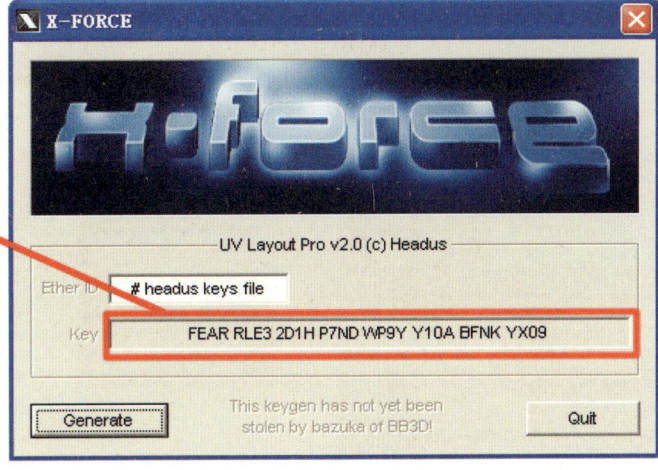

图3-15

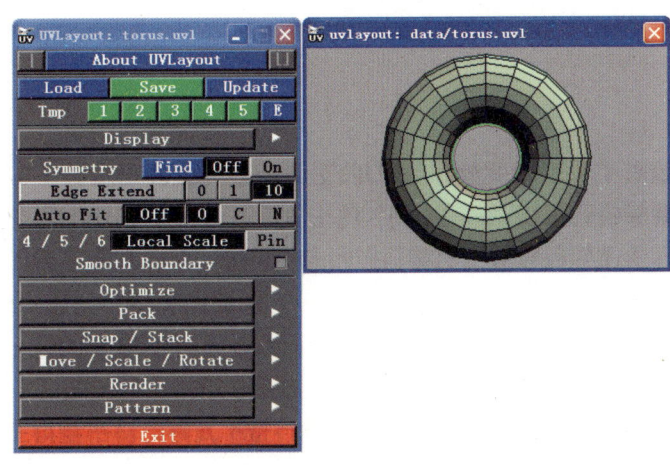
图3-16

二、UV Layout的基本功能菜单及操作方法

在上一节里，已经学习了UV Layout的安装，下面在桌面上找到UV Layout的快捷键 打开程序软件中如图3-17所示的界面。

首先来了解UV Layout的基本界面，如图3-18所示。

下面来详细地讲解一下UV Layout的基本操作。首先，点开Display后面的 按钮，打开它的下拉菜单，了解它的具体内容，如图3-19所示。

从上图可以看出这个面板主要是用来控制UV

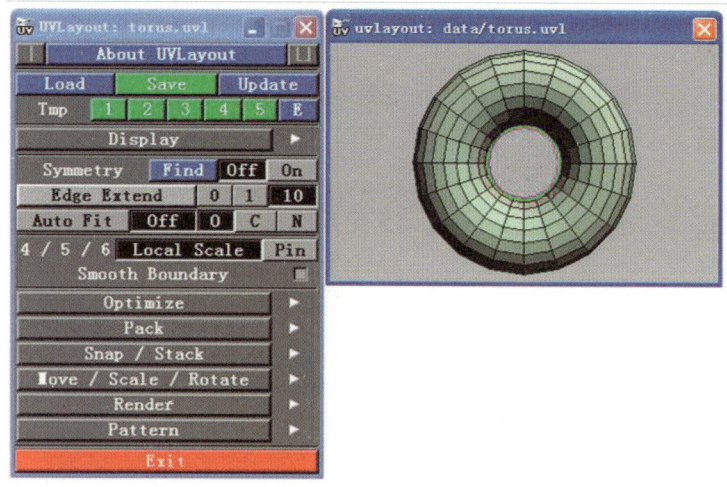

图3-17

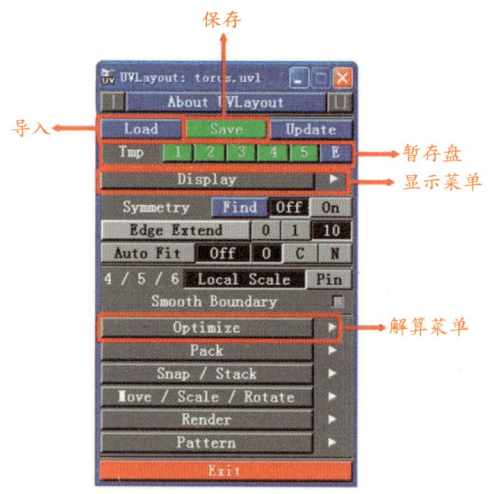

图3-18

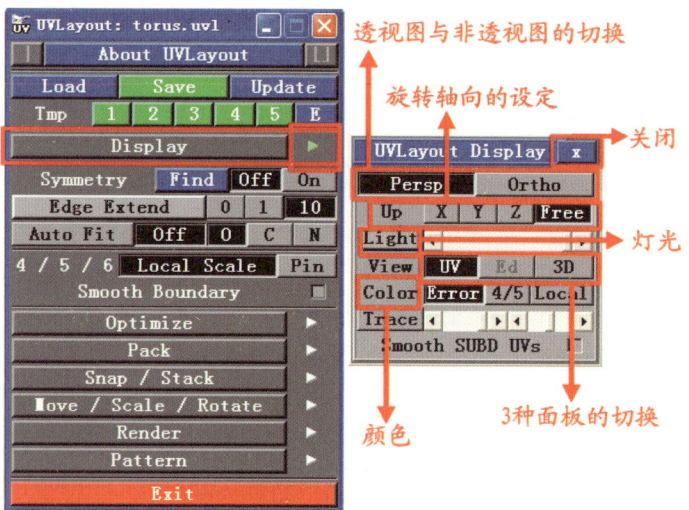

图3-19

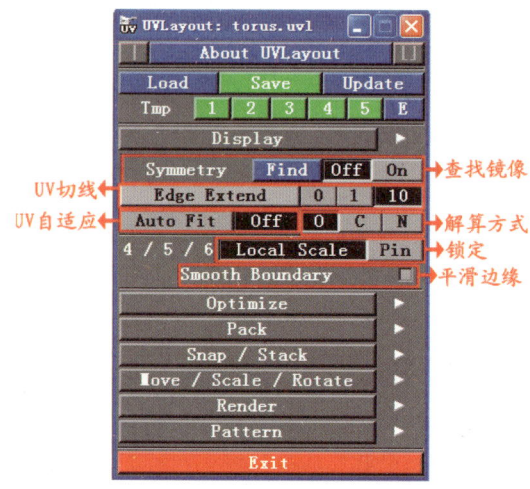

图3-20

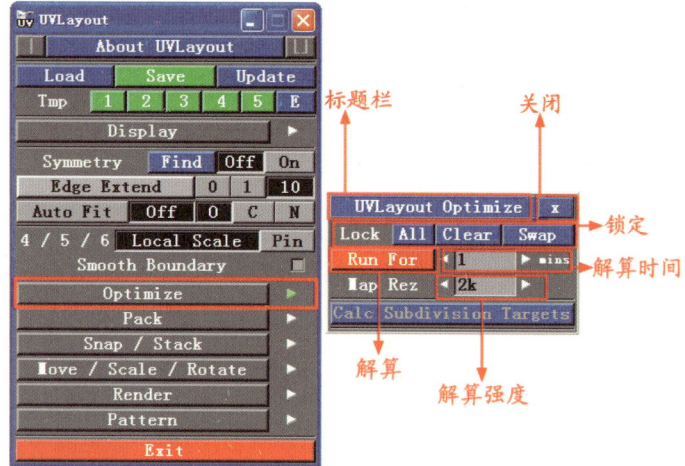

图3-21

Layout的显示选项的，比如灯光的有无，颜色的倾向，以及编辑面板的切换等。

再下面的一块是UV Layout的通用面板，也可以说是常用面板，它的主要功能及用途，如图3-20所示。

UV Layout的基本常用属性页都在这一块了，下面还有一个比较常用的菜单就是Optimize解算菜单。

接着点击Optimize后面的 ▶ 按钮，打开它的下拉菜单，它的具体内容，如图3-21所示。

继续了解接下来的几个菜单的功能，如图3-22所示。

在这一节里面，主要是了解了一下UV Layout的基本界面及其常用的一些功能菜单，接下来将以一个实例的具体操作过程，详细地为大家讲解一下UV Layout在UV制作方面的强大功能。

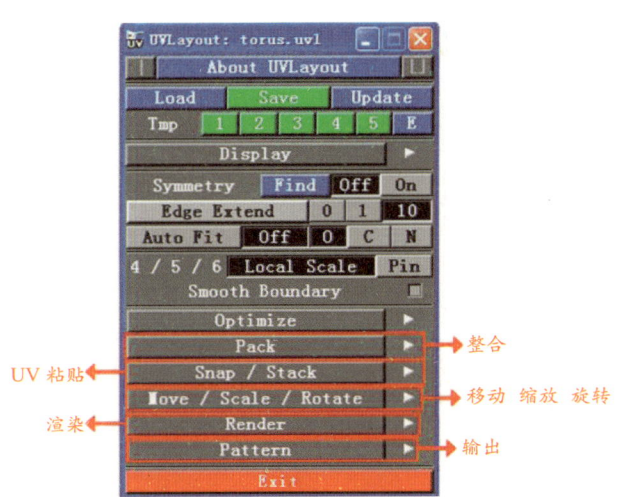

图3-22

（注）UV Layout软件常用快捷键：

（1）ED模式下快捷键：

"左键"：旋转视图。

"中键"：移动视图。

"右键"：缩放视图。

"空格+中键"：移动物体。

"镜像物体"点左边工具栏symmetry>find 找到物体镜像位置点"左键"按空格完成镜像。

"home"：显示完整物体，或将鼠标所指的位置设为中心点。

"d"：将物体投放到uv模式。

"1"：uv模式。

"2"：ed模式。

"3"：3d模式。

"c"：选择切线。

"w"：取消切线。

"enter"：设置完切线，按"enter"切下物体。

"shift+s"：单独给一个物体切开一个边。

（2）UV模式下快捷键：

解算模式：ocn 在左边菜单栏 display 后边的ocn三种不同的解算方式。

"f"：在物体上点"f"直接给物体进行解算。

"shift+f"：给单独一个物体进行解算。

"shift+空格+f"：将挤在一起的面展平，uv不会重叠在一起。

"run for"：在空白处按f框选所有物体，在左边菜单栏点run for进行解算。

"t"：选择边按原模型进行解算防止面的重叠。

"shift+t"：选择整条边，取消整条边。

"s"：将已经解算好的物体另一半进行镜像解算与摆放。

"空格+左键"：旋转物体。

"空格+中键"：移动物体。

"空格+右键"：缩放物体。

"c"：将uv切开。

"w"：将临近的面打上红边作为标记，如果两个边相隔很近就会合并。

"m"：将打好红边的物体移动到一起，按"回车"执行焊接。

"c"：切开口uv。

"w"：缝合uv和给边线打上红色标记在按m进行靠近。

"m"：将都有红线的两个uv进行靠近,执行靠近按回车将相近部分粘合。

"shift--- _ +"：缩放uv上的红线网格。

"h"：隐藏所选区域。

"p"（钉子）：按p将uv钉住 [在两端双击p]在绿边上一端先打一个钉，在另一端在打个钉，双击两端之间的区域，此区域将会布满钉子。

"shift+p"：接触钉子。

"空白处按shift+p"：[左键]选择的物体将被打上钉子，[右键]取消选择。

用钉子先把物体做成方形，可进行方型uv解算。

"s"：在物体边线上的一端打个点，另一端在打一点，在此两端点区域内双击s可把线拉直，[ctrl+中键或右键]移动直线点。

"a"：粘滞图标，可使别的点对准粘滞图标u轴和v轴上，想分成正方形的uv非常有用。"ctrl+中键或右键"移动点。

"r"：笔刷。

"x"：笔刷。

"o"：笔刷。

"shift+中键或右键"：单独调整区域。

"ctrl+shift"：软选择笔刷。

"4""5""6"：扩大缩小uv笔刷命令，在左边菜单display下边。

"t"：转换三种显示棋盘格的方式。

第二节　角色模型UV的划分

一、角色模型UV的划分（基础部分）

首先打开本书光盘中的projects\scenes\tufei_mo_001.mb文件。找到将要用到的模型文件tufei_mo_001.mb，用Maya2009打开模型。在把模型导到UV Layout里去之前，我们要先把模型的格式在Maya 2009里做一下转换。打开Window菜单下的Settings/Preferences\Plug-in Manager窗口，如图3-23所示。

在Plug-in Manager窗口下找到objExport.mll选项，勾选后面的Loaded项和Auto load项，然后点击Close关闭按钮就可以了，如图3-24所示。

这时，Maya里的OBJ选项就被我们加载完成了，下面我们就将模型文件导出为OBJ格式的文件，点击File菜单下的Export All...命令，如图3-25所示。

在弹出窗口的File name;一栏中输入文件名，这里我们命名为tufei，在Flie of type;一栏中打开下拉菜单，在下拉菜单中选择OBJexport(*.*)一项。设定好之后，我们点击Export进行导出文件，如图3-26所示。

这时，模型格式转换工作就结束了，模型被转换成了.obj格式，再在UV Layout里面打开并编辑它。

我们在电脑里找到这个转换后的文件并用UV Layout打开它，一般系统会把我们在Maya中导出的文件默认保存到D:\My Documents\maya\projects\default\scenes文件夹下，在电脑里找到这个文件，并把它放在工程目录下。

在桌面上找到UV Layout的快捷方式图标，双击运行UV Layout，在启动界面中点击 Go to License Manager 按钮，运行下一个窗口，在下一个窗口中点击 Test 按钮，如图3-27所示。

程序正常运行之后，把准备好的模型导入，在启动好的界面中点击 Load ，在弹出的对话窗口中，点击 Dir 按钮进行设置路径，设置路径为工程目录下文件tufei.mb所在位置，然后点击Load导入，如图3-28所示。

在UV Layout的透视图里，能看到我们导入的模型，如图3-29所示。

通过上一节的学习，我们基本上了解了UV Layout，下面再来学习一下，在工作视图中的一些常规操作。

1.对视图的操作（LMB表示鼠标左键，MMB表示鼠标中键，RMB表示鼠标右键）：

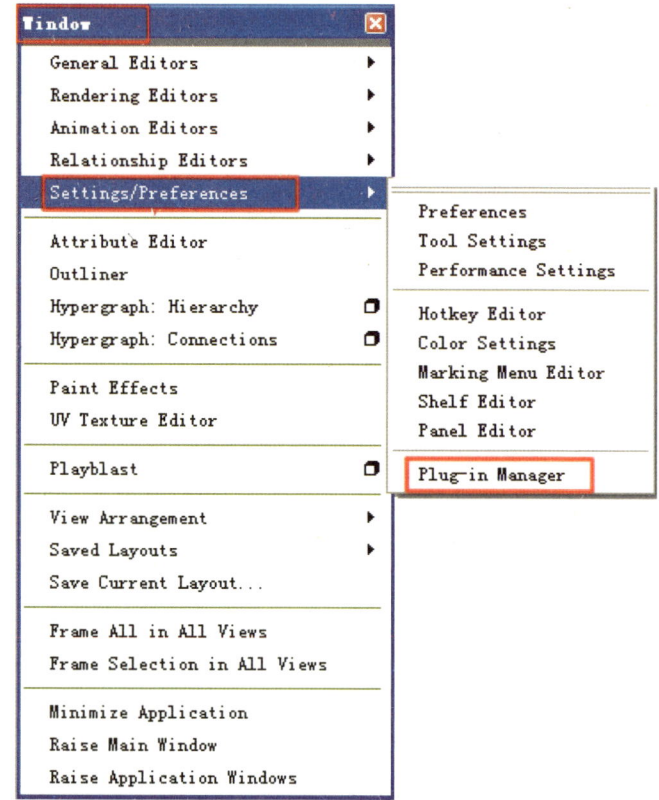
图3-23

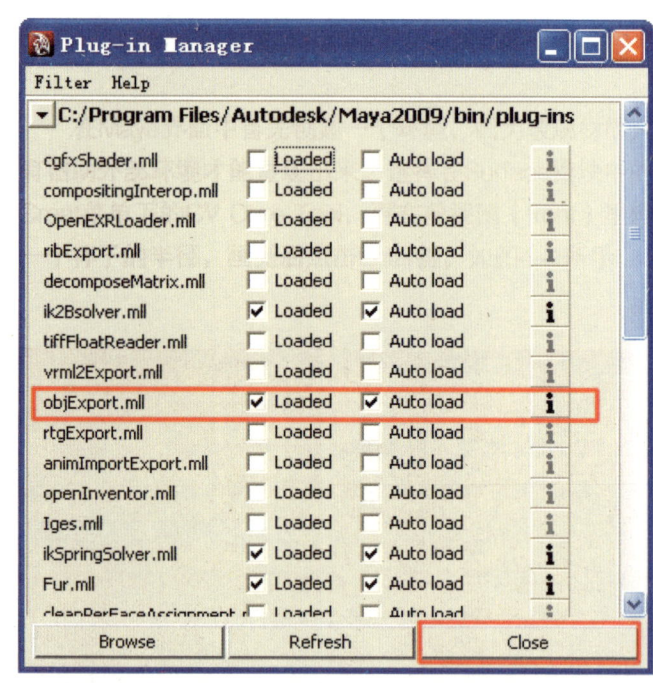
图3-24

第三章　UV Layout运用

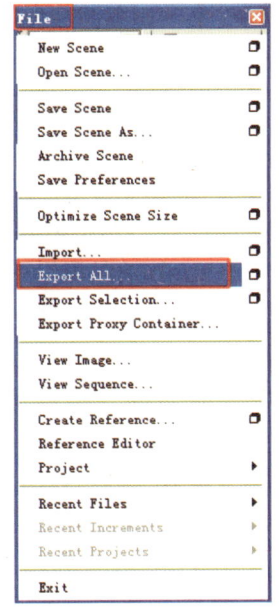 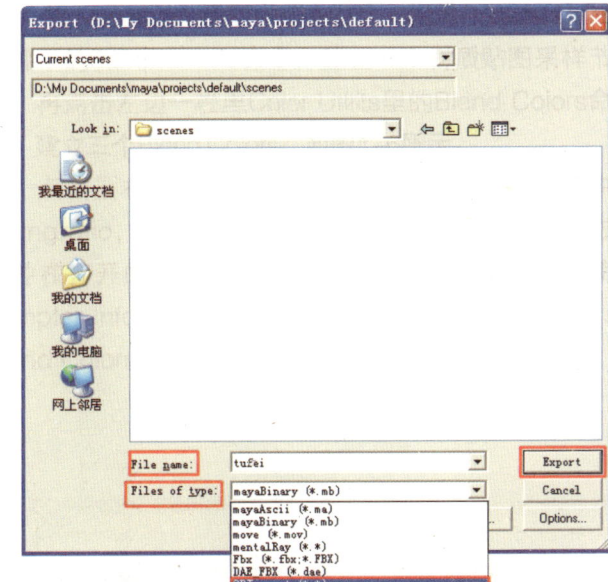

▼ 图3-25　　　　　▼ 图3-26

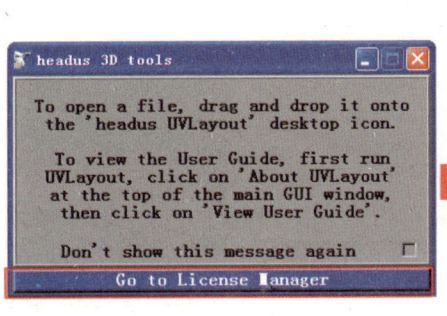 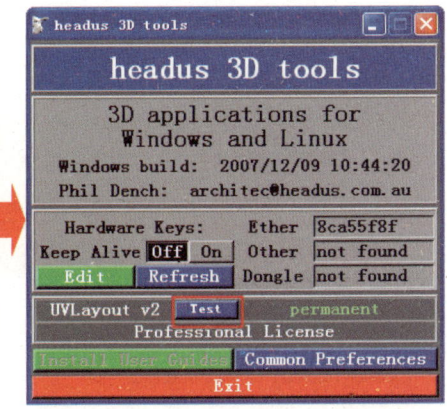

▼ 图3-27

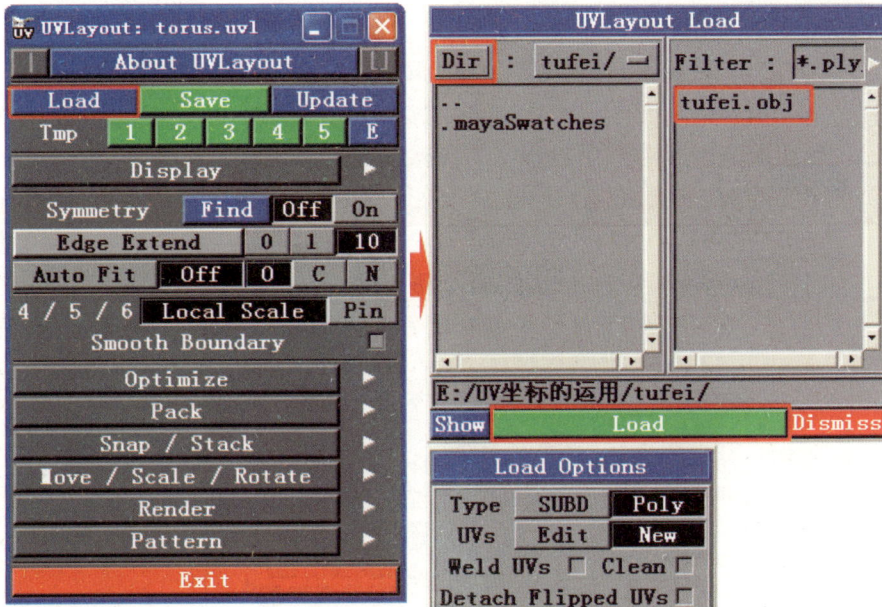

▼ 图3-28

图3-29

图3-30

(1) 旋转视图：LMB，在透视图中旋转相机。
(2) 移动视图：MMB，在透视图中移动相机。
(3) 推拉视图：RMB，或者是LMB+MMB。

2.对于物体的一些操作：

(1) 移动物体：鼠标放在物体上，按住空格键+MMB（Edit面板，UV面板，3D面板）。
(2) 旋转物体：鼠标放在物体上，按住空格键+LMB（UV面板）。
(3) 缩放物体：鼠标放在物体上，按住空格键+RMB（UV面板）。

"C键"：Edit面板下绘制UV线，
UV面板下切开线，
3D面板下绘制绿UV线。

"W键"：Edit面板下取消绘制的UV线，
UV面板下合并或者绘制UV线/红线显示连接线，
3D面板下合并绘制的红线。

"A键"：UV面板下对点开启[轴向]粘滞。
"SHIFT+A键"：UV模式下取消所有已经粘滞的点。
"S键"：UV面板下是对对称的物体进行镜像。
"D键"：ED面板下将物体投入UV模式。
"F键"：UV面板下以物理算法放松UV，点空白处则可以配合鼠标进行选择。
"Enter键"：Edit面板下确定切开有UV线的物体，UV模式下合并已用红线选中的UV线边缘的物体/或将已经Mask的绿色部分分离。
"H键"：ED面板下/UV面板下/3D面板下，鼠标左键 隐藏物体/鼠标右键隐藏选中以外的物体 [S 反向隐藏 U 取消隐藏]。

二、角色模型UV的划分（实战部分）

1. 从"头"开始

头部的造型和布线相对身体的其他部位而言略微复杂一些，是非常重要的一块，所以大家在展头部UV的时候一定要细心刻画，多加用心。

(1) 头部的划分。

在制作头部UV的时候，为了方便操作，先把头部以外的其他部位的模型进行隐藏操作，点击键盘上的H键打开其命令菜单如图3-30所示。

根据菜单上的提示，鼠标左键框选头部以外的模型，将其隐藏起来，得到如图3-31所示的模型。

先来观察一下模型，通过上一章的学习，不难发现此模型的左右两边是对称的，如果UV能镜像，就会省下不少的时间，也会很大程度上提高工作效率。所以，先来给模型做一个镜像的操作。首先，在通用面板中点击查找镜像（Find）按钮，在透视图中鼠标左键点击任意一个镜像点，最后按空格键（Space）完成镜像，如图3-32所示。

(2) 接下来就是切分UV了，使用移动物体命令（Space + MMB）将头部移出，进行单独操作，切开UV边，按住键盘上的"C"键，鼠标在要切开的UV边线上滑动就可以了，多选的UV边，可以按"W"键进行删除，重选。如图3-33所示。

(3) 最后按"Shift + S"键进行剪开，如图3-34所示。

(4) 耳朵的划分和头部基本是一样的，按住键盘上的C键，鼠标在要切开的UV边线上滑动，多选的UV

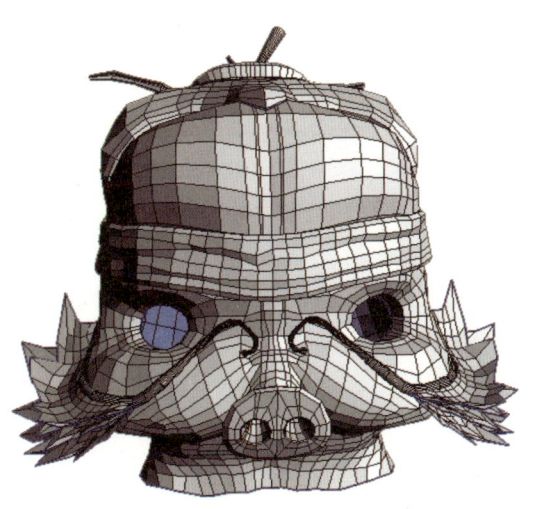

图3-31

图3-32

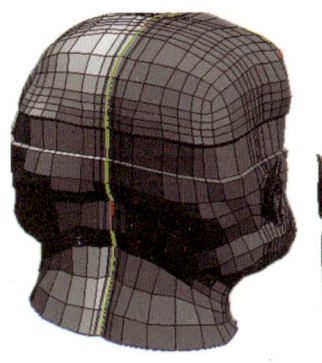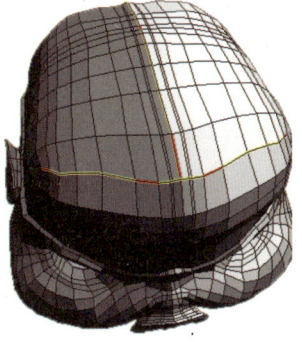

图3-33

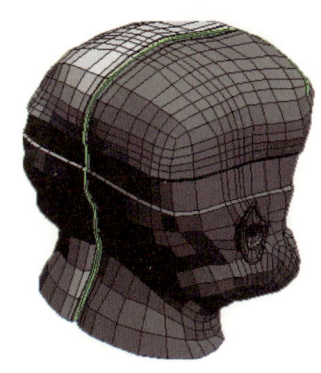

图3-34

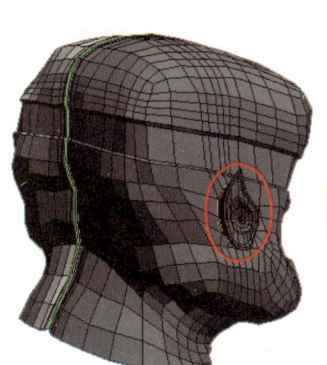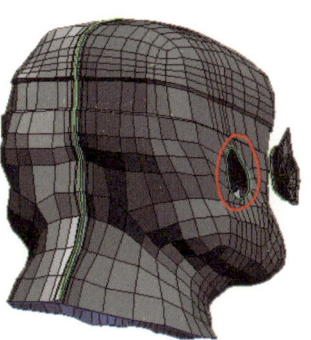

图3-35

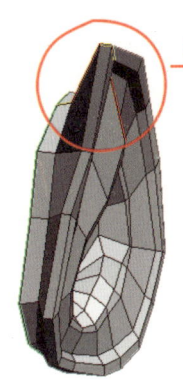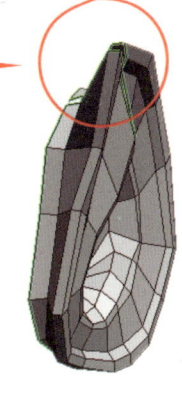

图3-36

边，按键盘上W键进行删除。但有一点有一定的差别，这一次分开UV我们用Enter回车键，如图3-35所示。

（5）沿耳朵的UV线切开，如图3-36所示。

（6）鼻孔的部分我们需要把它单独划分出来，以避免下面在结算时造成不必要的交叉重叠现象，如图3-37所示。

（7）沿鼻孔的UV线将其划分开来，如图3-38所示。

（8）头部主体部分的UV划分工作基本就算是完成了，下面就是头部附件的UV划分了。首先是头发，我们先给头发做一个镜像，在通用面板中点击查找镜像（Find）按钮，在透视图中鼠标左键点击任意一个镜像点，最后按空格键（Space）完成镜像，如图3-39所示。

（9）下面切开UV边，按住键盘上的C键，同时鼠标在要切开的UV边线上滑动就可以了，多选错选的UV边，可以按W键进行删除，然后按C键重选。最后切好的UV线如图3-40所示。

（10）接下来，再处理一下头部其他一些装饰物

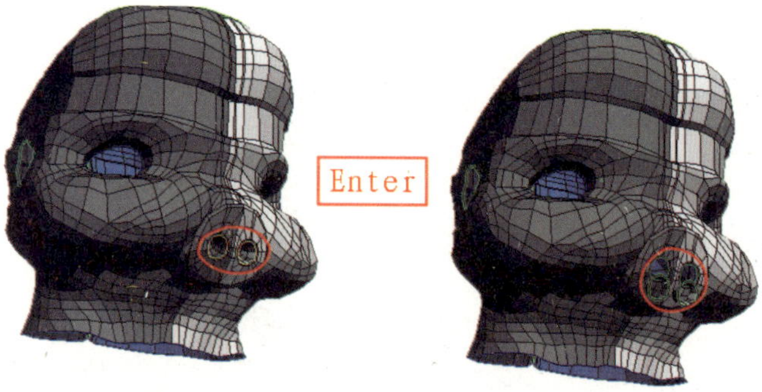

三维动画基础——maya

图3-37

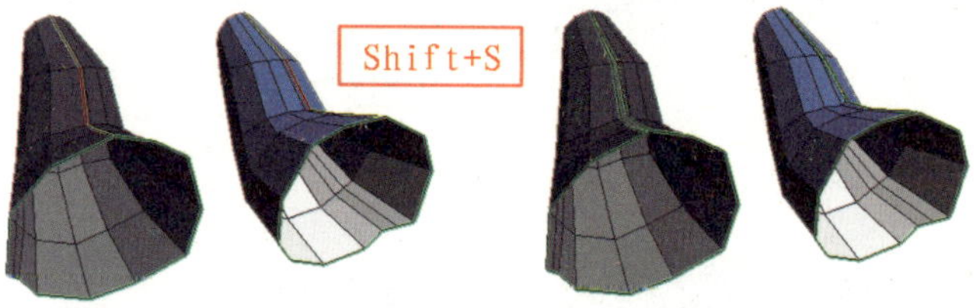

图3-38

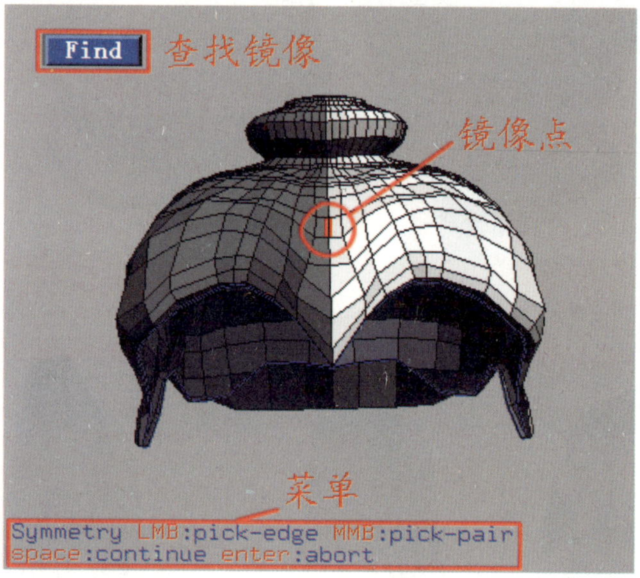

图3-39

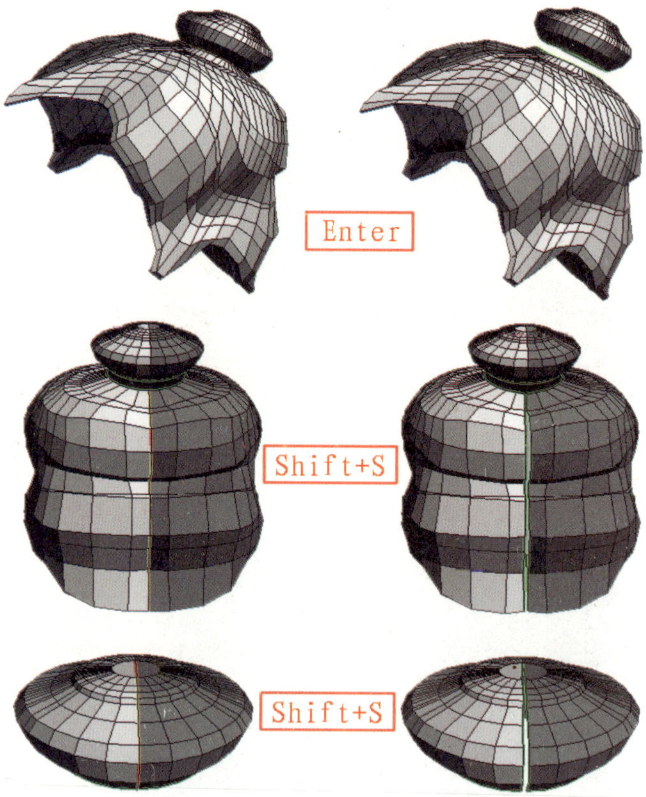

图3-40

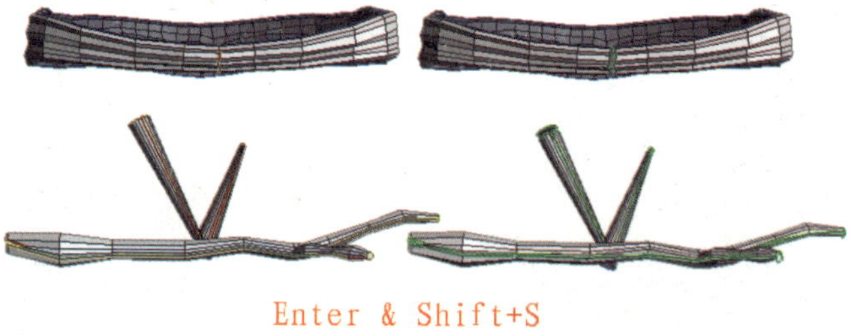

图3-41

品的UV，如发带等。如图3-41所示。

（11）现在需要把头部划分好UV的模型，转到UV面板下去，在空白处按一下键盘上的D键，然后鼠标左键框选头部已经划分好的所有物体，那么这一部分被框选的模型就转到了UV面板下了。如图3-42所示。

（12）选择Display面板下的 UV 命令，或者是按键盘上的数字键1进入UV面板模式，如图3-43所示。

（13）这样，就把模型转到UV面板模式下来了，

接下来要对模型进行自动解算，先在UV面板的空白处按一下键盘上的F键，然后鼠标左键框选UV面板下的所有模型，再选择 Optimize 面板下的 Run For 命令，执行自动解算命令，现在系统就开始为我们所选择的模型进行自动解算，如图3-44所示。

（14）系统自动解算完毕后，发现UV摆放很杂乱，现在按键盘上的"["键进行自适应命令，即自动摆放功能，如图3-45所示。

（15）接下来，再逐个进行细微的调整。先调整

第三章 UV Layout运用

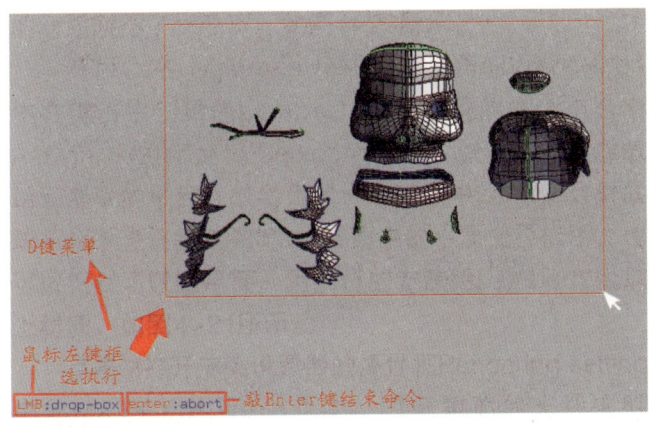
图3-42

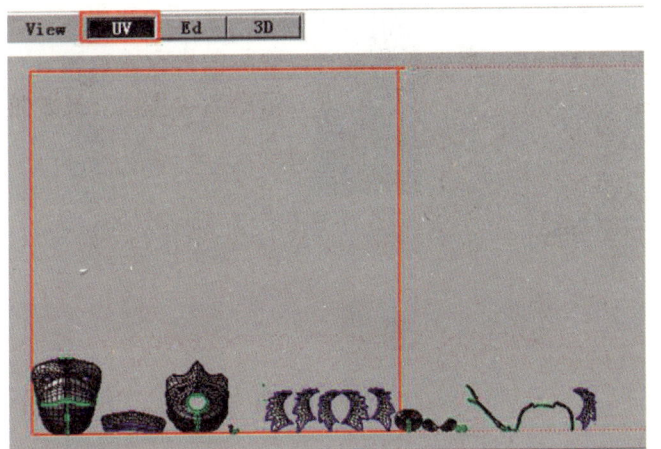
图3-43

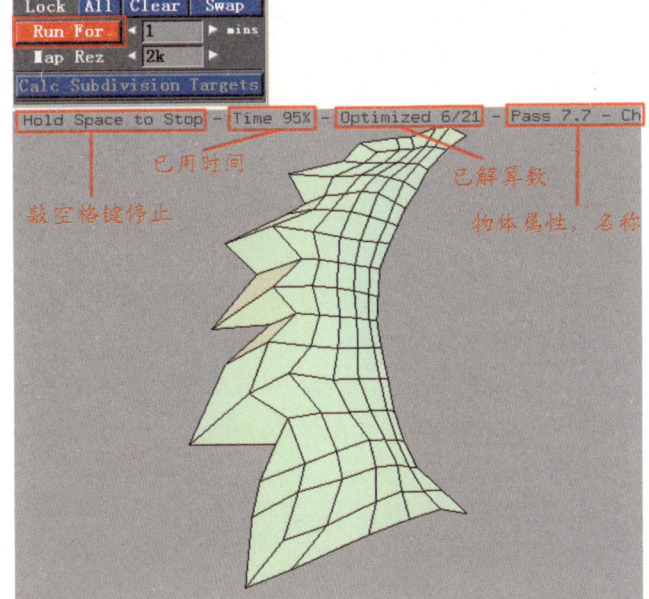
图3-44

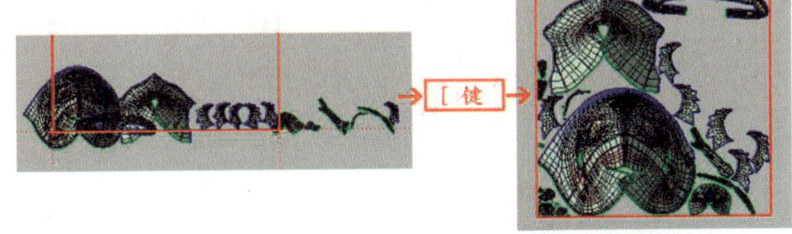
图3-45

面部的UV，将其拖出有效区发现UV展出的效果并不是很理想，这是因为，在划分UV的时候没有最大化的细分以致出现交叉现象。可以再次对它进行解算，把鼠标放在面部的UV上，同时按住Shift+ Space+F三个键对UV进行重新解算，如图3-46所示。

（16）按键盘上的数字3键，进入3D面板模式，来观看模型的拉伸情况。进入3D面板后，按T键进行材质棋盘格显示模式，键盘上的+-号来控制棋盘格大小（数量），再按一次T键就是数字棋盘格显示模式，第三次按T键又回到起初的模式下，这样就有利于观察模型的拉伸情况，如图3-47所示。

红色和蓝色区域表示有拉伸现象，红色和蓝色越深表示拉伸越是严重，红色表示UV挤压过于严重，蓝色表示UV

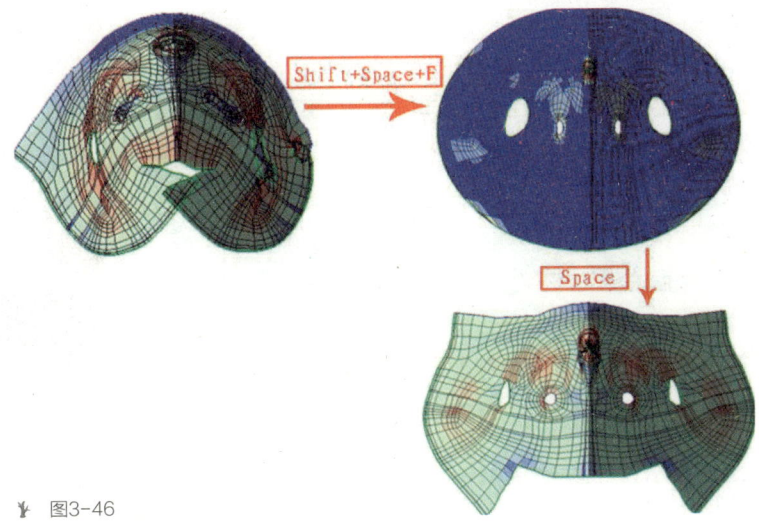
图3-46

69

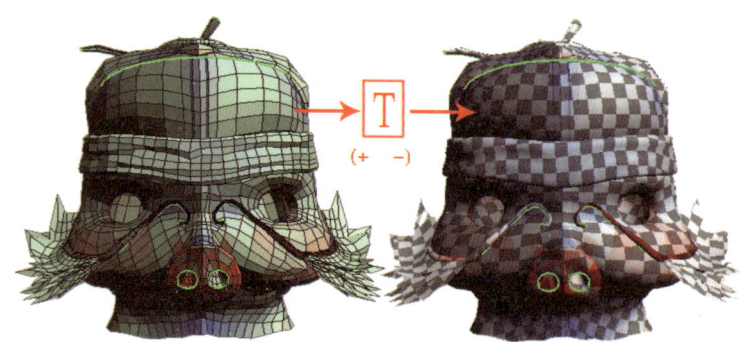

图3-47

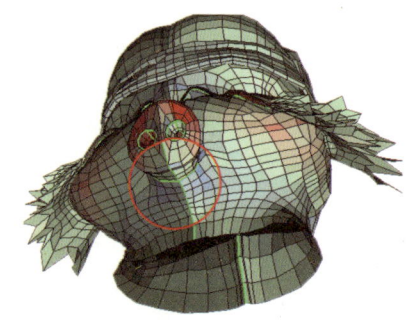

图3-48

拉伸过于严重。那么现在就可以非常清楚地知道模型还有哪些地方是拉伸的，哪些地方还需要处理。很明显，头部的鼻子、下巴是我们要解决的重点拉伸区域。那么现在有什么办法可以解决呢？在UV Layout里，即使在3D面板模式下也可以对模型做进一步的调整划分，方法和在Edit面板模式下基本上是一样的。C键进行剪切UV边，W键进行缝合。知道这些以后，就可以再一次对头部模型的鼻子和颈部进行进一步的划分了，以解决鼻子部位UV拉伸的问题，如图3-48所示。

（17）接下来，回到UV面板模式下，对鼻子部位的UV进行细微的调节，在做细微调节的时候，一般都会配合4键、5键和R键来进行调节，4键主要是推开，放松UV；5键是挤压UV；R键就是放松（relax）UV，如图3-49所示。

（18）对鼻子进行进一步的处理，得到最终的效果，如图3-50所示。

（19）同样的方法对面部的其他部位进行处理，如图3-51所示。

（20）接下来我们处理头发，胡须，发带等部位的UV，方法同上，这里就不再赘述了。处理的最终结果如图3-52所示。

再对一些细节部分进行细微的调整，将头部的UV进行整理，得到如图3-53所示的UV纹理。

（21）把面板切换到3D模式下进行观察，在3D面板模式下，我们点击键盘上的T键进行棋盘格材质的观察，再点击一下T键就是数字棋盘格材质的观察，如果再次点击T键的话就又回到了正常模式下。那么现在我们点击一下键盘上的T键，面板上显示如图3-54所示的模型。

从图3-54所示中不难看出，模型的各个部位的UV都展的比较匀称了。头部UV的展法到这里就算是告一段落了。

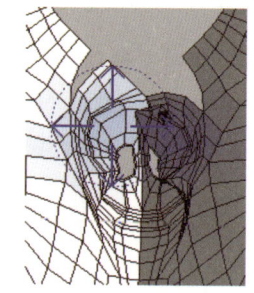

4键效果

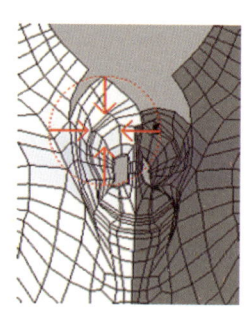

5键效果

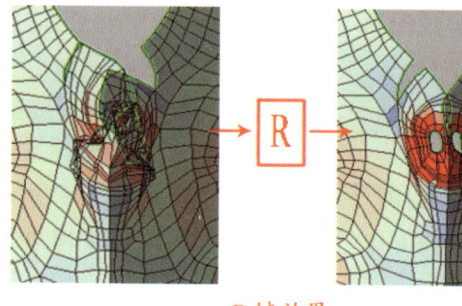

R键效果

图3-49

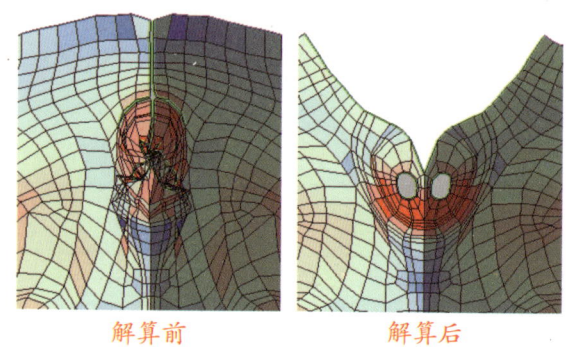

解算前　　　　解算后

图3-50

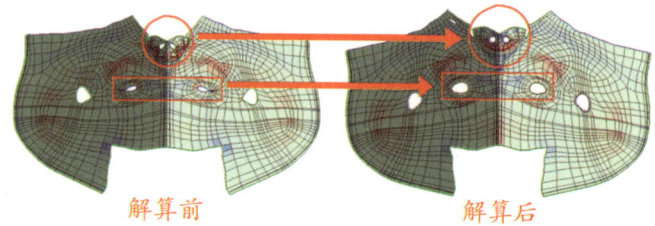

解算前　　　　解算后

图3-51

第三章　UV Layout运用

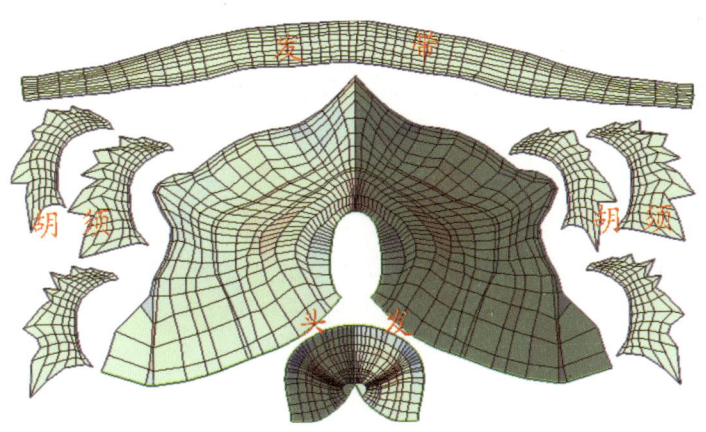
▲ 图3-52

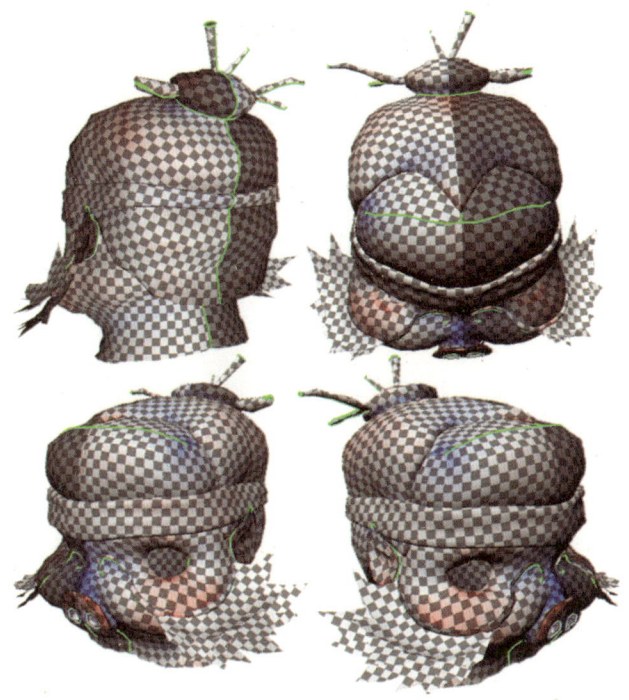
▲ 图3-54

击键盘上的U键，先前隐藏的身体部分就展现在我们面前了。如图3-56所示。

（2）首先，观察模型的身体部分，不难发现模型的躯干、四肢都应该是对称的，那么根据上面做头部时候的经验，先为其查找一个镜像。方法同上，点击通用面板上的 Find 按钮，在模型的中心点上查找一个镜像，然后敲空格键进行镜像操作，如图3-57所示。

（3）下一步就是切开UV了，躯干部位的UV切开相对比较简单，按住键盘上的C键，鼠标在需要切开的UV线上滑动就可以了，多选或错选的UV线可以用W键进行擦除，重新选择。选择好UV线之后，鼠标放在要剪切的物体上，同时按住键盘上的Shift和S两个键进行剪切操作。如图3-58所示。

（4）下面再来观察胳膊，显然两个胳膊是分开的，没有公共的镜像点，那么现在该怎么办呢？在通用菜单下点击 Find 按钮打开镜像菜单，

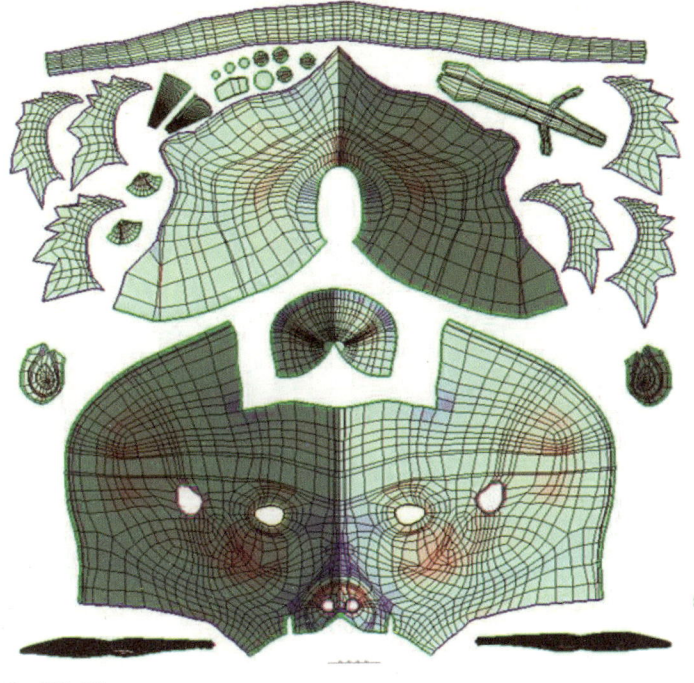
▲ 图3-53

2. 身体

（1）按键盘上的数字键2键，回到Edit面板模式下，再在空白地方点击键盘上的H键，打开隐藏命令菜单，如图3-55所示。

根据菜单不难看出，点击U键取消隐藏，即可显示先前所有被隐藏的物体。点击H键打开菜单之后接着再次点

▲ 图3-55

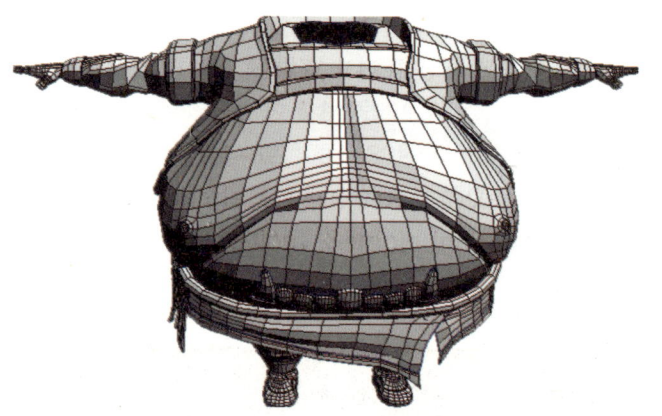

图3-56

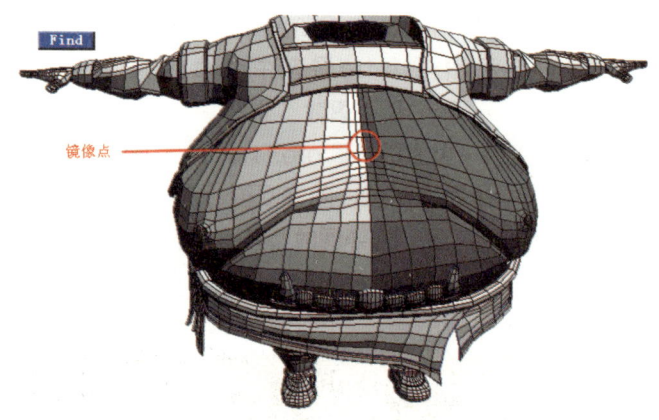

图3-57

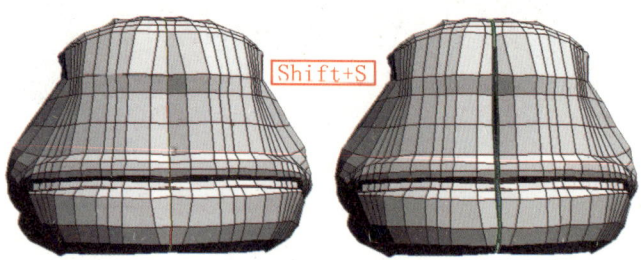

图3-58

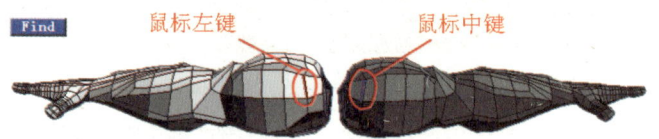

图3-59

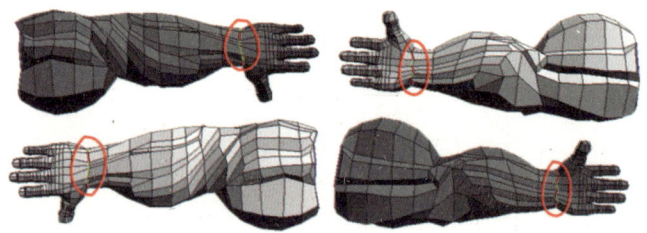

图3-60

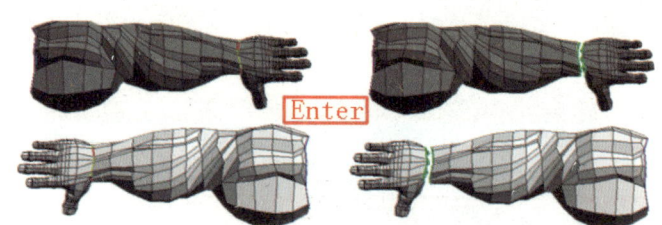

图3-61

既然没有公共点,我们就同时查找两个相对应的镜像点,根据图3-57所示,我们发现应该是一个点左键进行查找,另一个点中键进行查找,最后敲空格键执行镜像命令,如图3-59所示。

根据我们上一章的经验,我们的胳膊部分和手掌部分应该是分开的,所以这里我们要把它们从手腕处剪开,按键盘上的C键选择手腕上的一圈UV线,如图3-60所示。

然后再把鼠标放在要剪开的模型上,按Enter键执行剪开命令。如图3-61所示。

接着我们再把胳膊的UV线切开,C键查找划分UV线,Shift+S键执行剪开命令。如图3-62所示。

同样的办法,我们来对手部的UV进行划分,剪切,在划分手部模型的UV时,我们把它分为上下分开的两部分,再按键盘上的Enter键进行剪切,如图3-63所示。

胳膊的UV到这里就算是划分完了,下面对腿部的UV进行划分。

(5)观察腿部的模型,不难发现,腿部的模型也应该是对称的,用另一种方法对其进行展分,我们将两条腿看成一个整体,在后面将其剪开,像划分躯干一样进行整体的划分,方法如图3-64所示。

(6)现在需要把身体划分好UV的模型,转到UV面板下去,在空白处按一下键盘上的D键,然后鼠标左键框选身体已经划分好的所有物体,那么这一部分被框选的模型就转到了UV面板下了。如图3-65所示。

(7)选择Display面板下的 UV 命令,或者是按键盘上的数字键1进入UV面板模式,如图3-66所示。

(8)首先,对躯干进行展分,把鼠标放在躯干的UV上,同时按住Shift+Space+F三个键对UV进行自动解算,当解算到满意程度的时候,敲空格键暂停。如图3-67所示。

（9）接下来对腿部也进行同样的展分，把鼠标放在腿部的UV上，同时按住Shift+Space+F三个键对UV进行自动解算，当解算到满意程度的时候，敲空格暂停。如图3-68所示。

（10）下面再为胳膊部位的UV进行展分，将鼠标放在胳膊的UV上，按住键盘上的F键不放，对模型UV进行自动解算，解算到满意的时候，放开F键即可暂停解算。如图3-69所示。

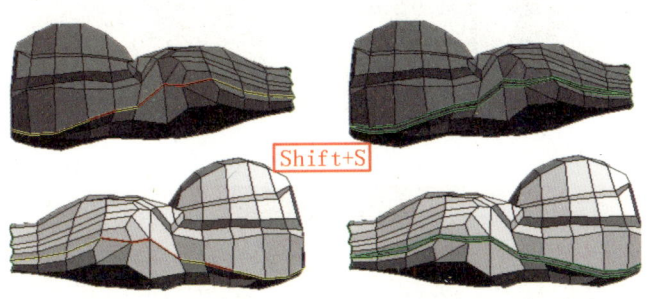
图3-62

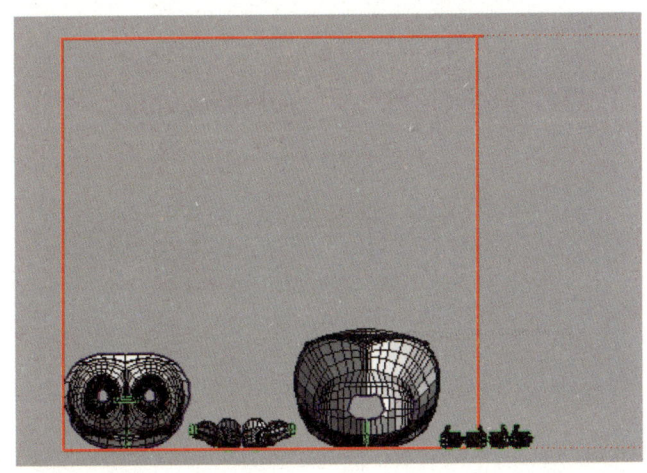
图3-66

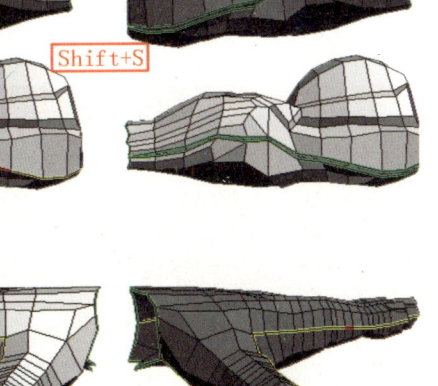
图3-63

图3-64

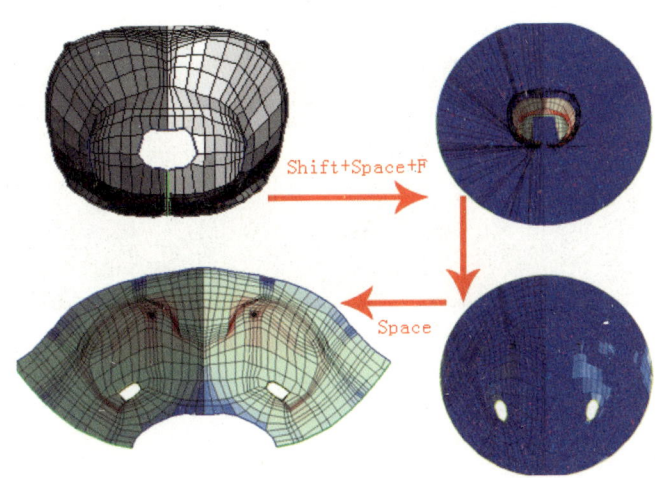
图3-67

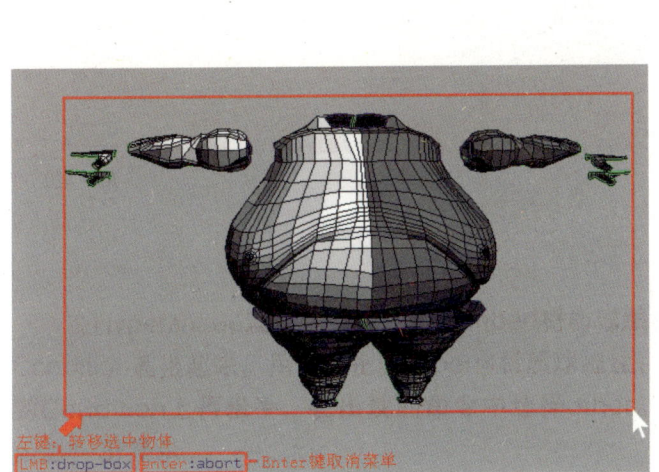
图3-65

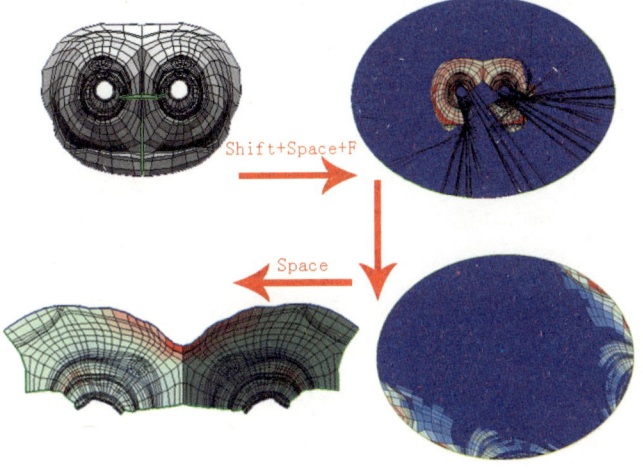
图3-68

现在只是对其中的一个胳膊进行了解算，那么另外一个胳膊是不是也需要我们再一次进行自动解算呢？那倒不必，在这里先前做过的镜像就用上了。我们可以直接在展好的UV上点击键盘上的S键，UV就被自动镜像过来了。如图3-70所示。

（11）手掌UV的展分和胳膊的展分是一样的方法，这里也就不再赘述了，如图3-71所示。

接下来对左右手掌进行镜像操作，如图3-72所示。

（12）为了将来在绘制UV的时候的方便，我们往往都要将同一个手掌的正反两面进行缝合，在UV面板模式下缝合UV的快捷键就是W键，下面来为大家演示一下UV的缝合步骤。首先按住键盘上的W键不放，在相对应的UV上移动选择UV线，选择好UV线之后，敲回车键执行缝合命令，最后按F键进行重新解算。如图3-73所示。

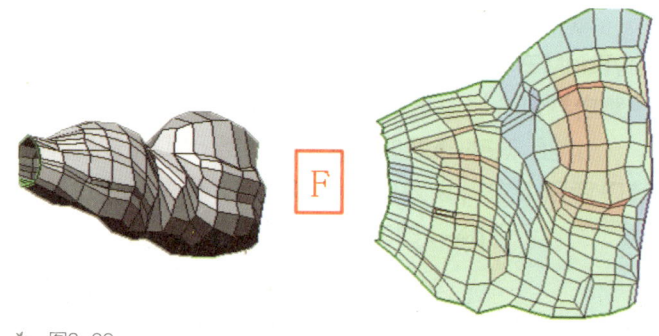

图3-69

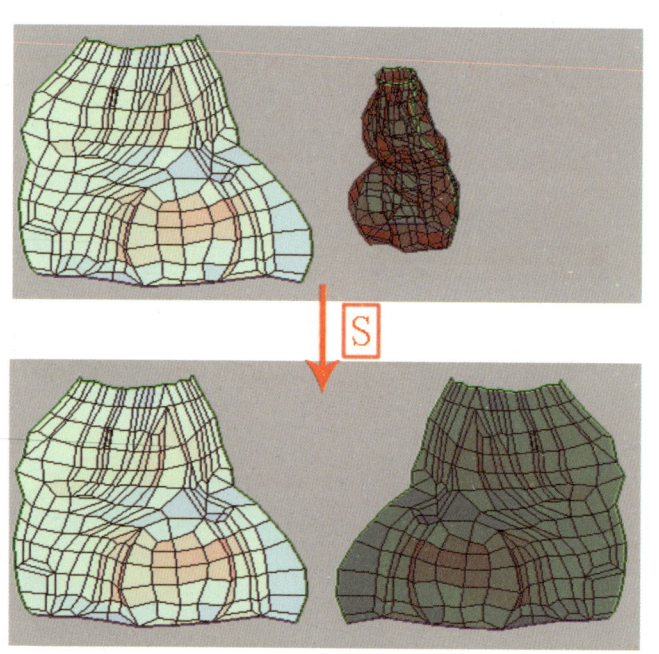

图3-70

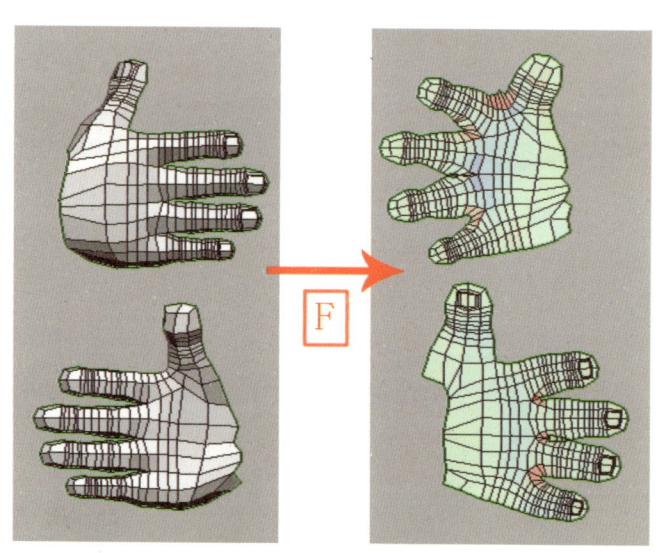

图3-71

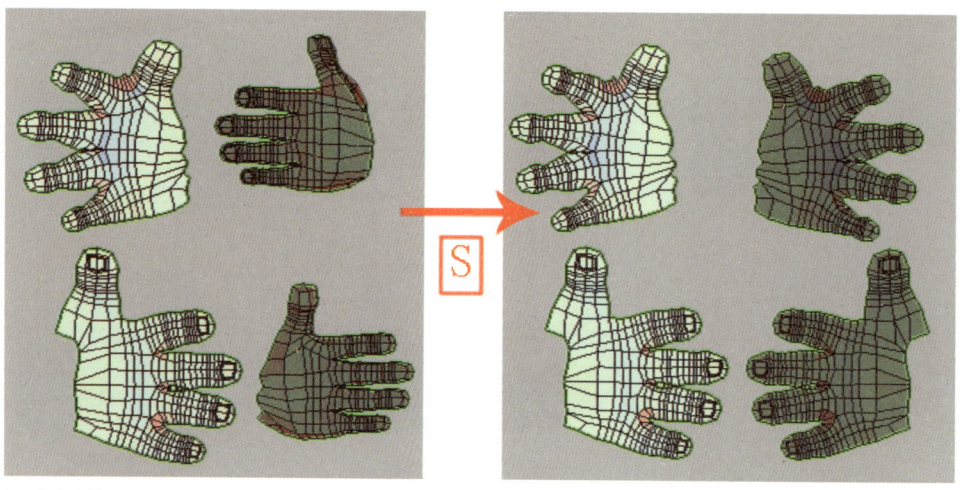

图3-72

镜像另一只手，如图3-74所示。

（13）到这里，躯干部分的UV展分就算是结束了，最后将其整理一下，如图3-75所示。

3. 衣服

（1）在面板上点击键盘上的数字键2键进入到Edit面板模式，观察模型。首先是对上衣的展分，在做展分UV之前，先对上衣进行镜像操作，以方便以后的操作，如图3-76所示。

这里先把上衣袖子卷起的部分剪切下来，如图3-77所示。

（2）接下来，再为模型的两只脚做镜像操作，方法与在做胳膊的镜像时是一样的。在通用菜单下点击 Find 按钮打开镜像菜单，既然没有公共点，就同时查找两个相对应的镜像点，如图3-78所示。

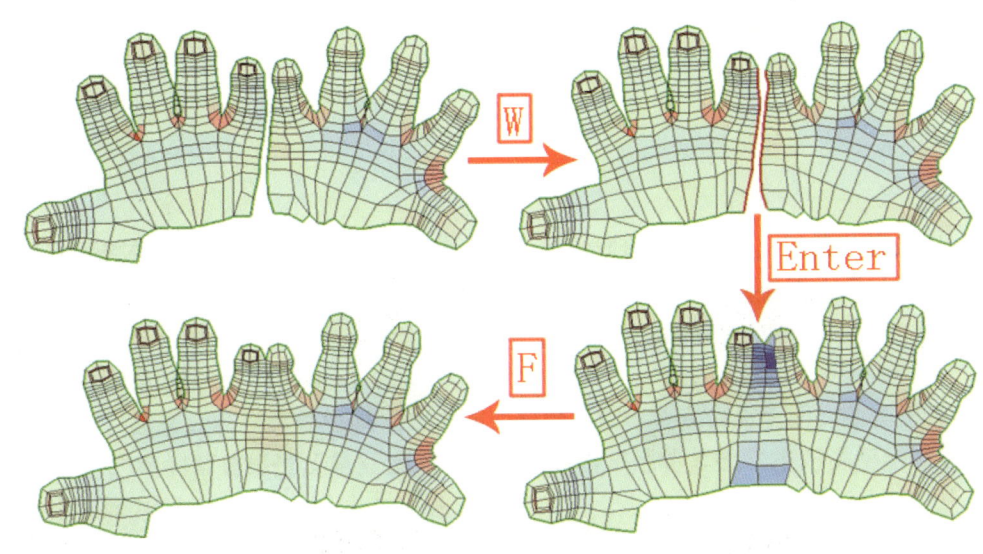
◆ 图3-73

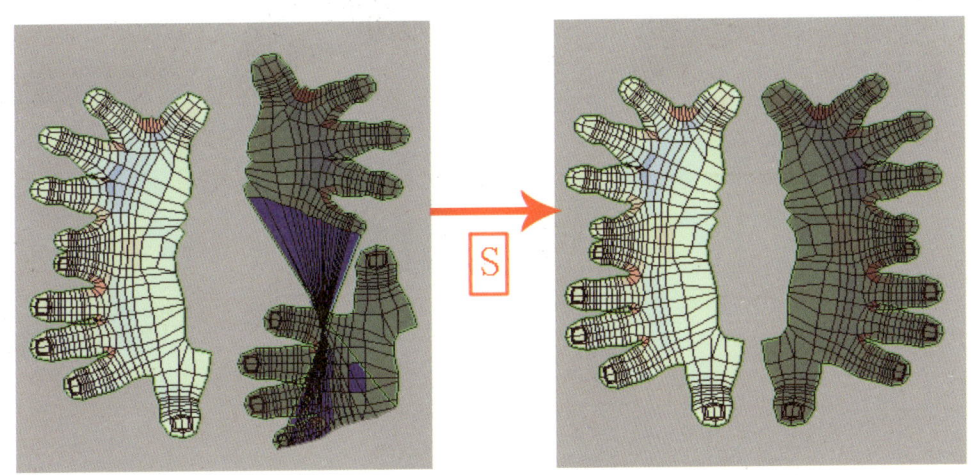
◆ 图3-74

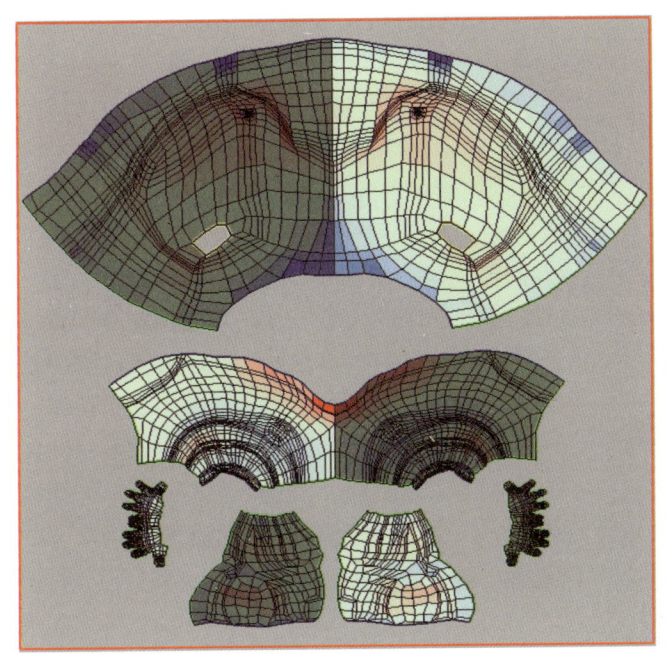
◆ 图3-75

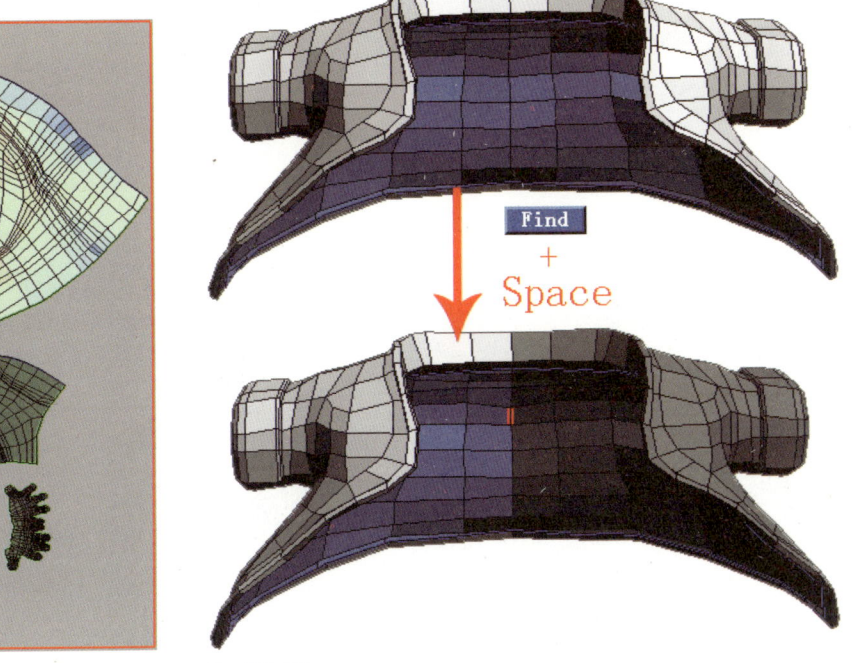
◆ 图3-76

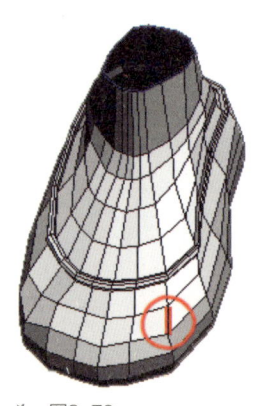
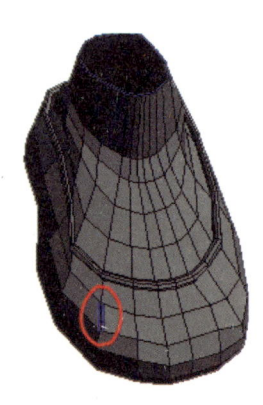

▼ 图3-78

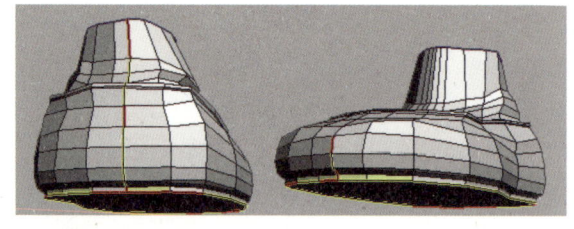

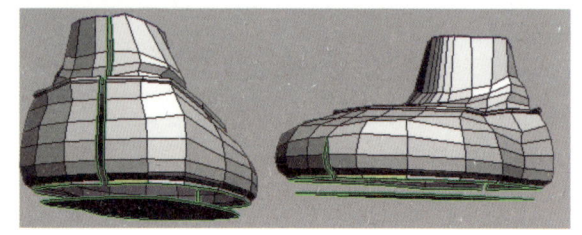

▼ 图3-79

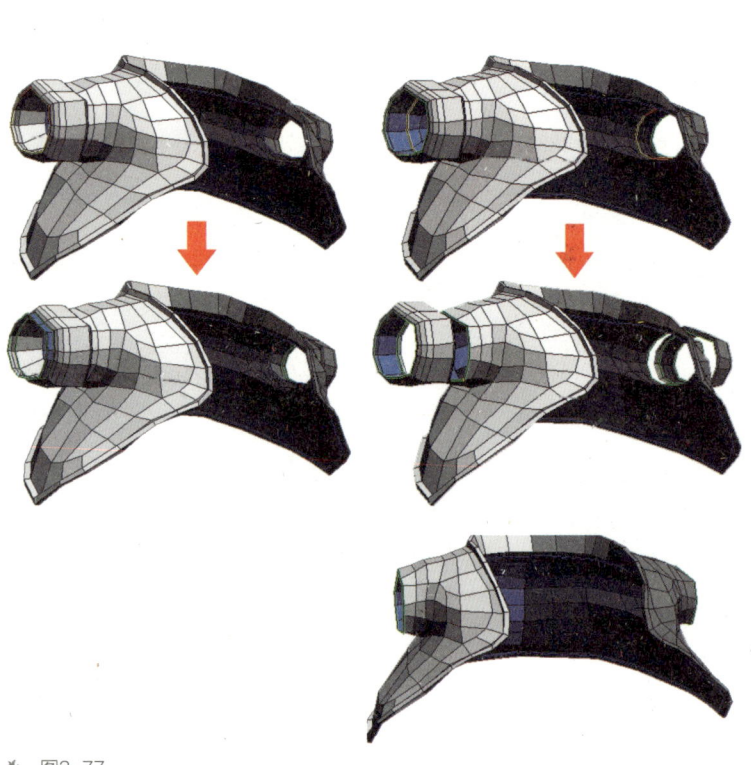

▼ 图3-77

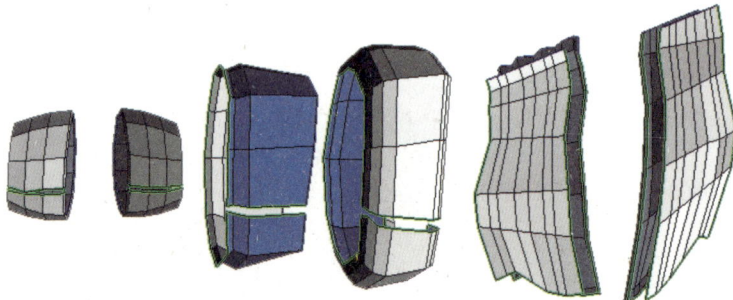

▼ 图3-80

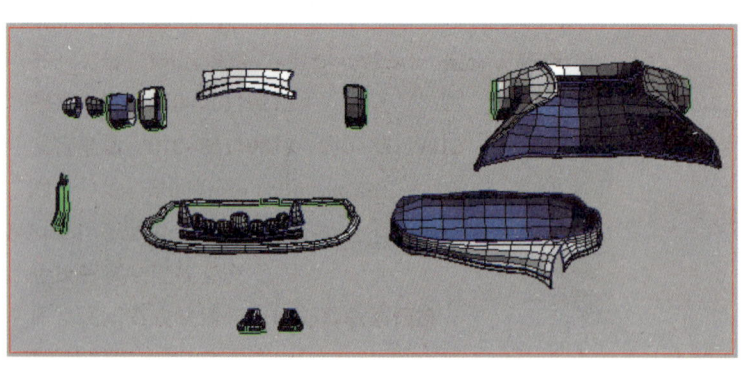

▼ 图3-81

　　对鞋子进行UV剪切，按键盘上的C键进行操作，切线如图3-79所示。

　　（3）最后将其余剩下的需要分切UV线的模型进行逐步的分切，如图3-80所示。

　　（4）现在需要把衣服划分好UV的模型，转到UV面板下去，在空白处按一下键盘上的D键，然后鼠标左键框选衣服已经划分好的所有物体，那么这一部分被框选的模型就转到了UV面板下了。如图3-81所示。

　　（5）选择Display面板下的 UV 命令，或者是按键盘上的数字键1进入UV面板模式，首先对上衣进行UV展分，方法如图3-82所示。

　　最后，将剩余的UV同时进行自动解算，首先在空白地方点击一下F键，然后框选所有剩余模型UV，再点击 Optimize 菜单下的 Run For 按钮，进行自动解算，如图3-83所示。

　　然后将其整理成如图3-84所示的样子就可以了。

第三章　UV Layout运用

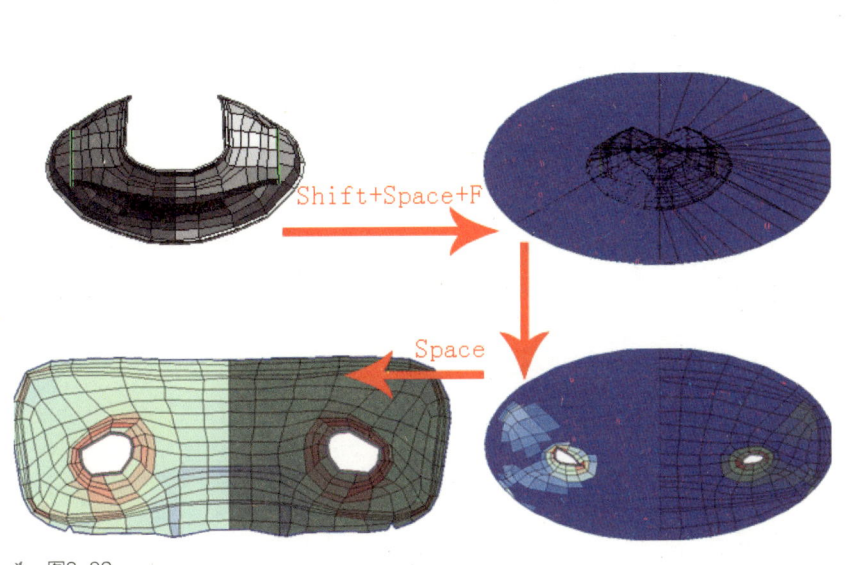
▲ 图3-82

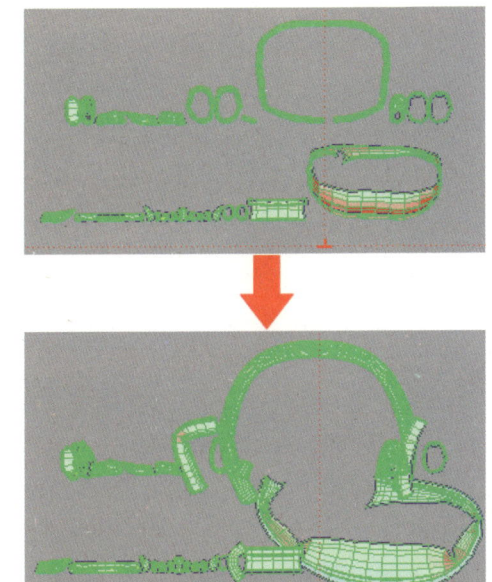
▲ 图3-83

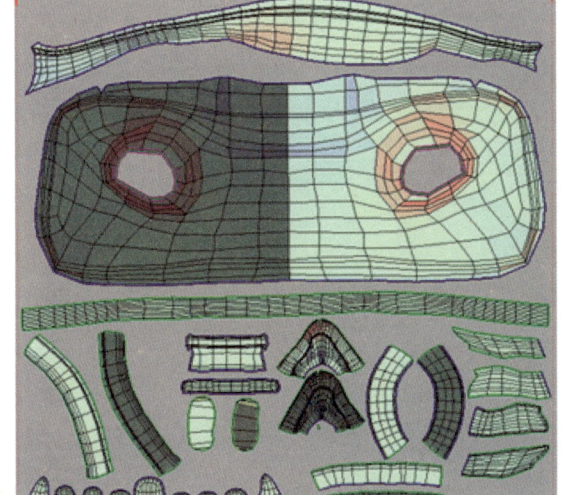
▲ 图3-84

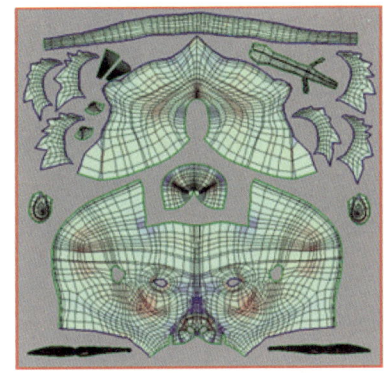
头部模型UV
▲ 图3-85

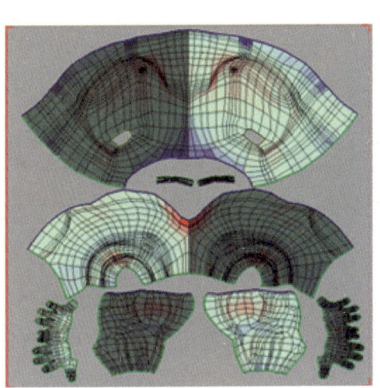
身体模型UV

衣服模型UV
▲ 图3-86

（6）到这里为止，整个模型的UV就展分完毕了，下面就是来整理UV图了，可以按键盘上的"["或"]"键进行自动整理，如果不满意的话，也可手动的进行整理。整理后我们得到三张UV图，一张是头部的，一张是身体的，还有一张就是衣服的，如图3-85、图3-86所示。

（7）按键盘上的数字键3键切换到3D面板模式下，再按T键，在棋盘格材质模式下进行观察，如图3-87所示。

由上图可以看出棋盘格在模型上的分布还是很均匀的，也很平整，那么到这里整个模型UV的详细制作方法就算结束了。

下面将模型保存到硬盘相应的位置，点击 Save 按钮，在弹出的对话框中再点击 Dir 选择保存路径，并输入文件名（包含扩展名.obj），然后点击 Save 进行保存，最后点 Dismiss 关闭对话框，现在关闭软件就可以了。

77

三、导入Maya

打开Maya，在File菜单中找到Improt Options（导入命令）弹出如图3-88所示的窗口。

在图中的 Look in: scenes 一栏中查找目标路径，找到先前已经存储的.obj文件，选中并点击Improt按钮导入，如图3-89所示。

在透视图中，可以看到如图3-90所示的模型文件。

然后在Window菜单下点击UV Texture Editor命令，弹出如图3-91所示的窗口。

在透视图中选择所有模型，那么现在UV Texture Editor窗口中就会出现这些模型的UV，如图3-92所示。

下面对其进行整理，UV Texture Editor窗口中的一些常用命令，在上一章中，已经为大家讲得很清楚了，在这里我就不再赘述了。将这些UV分为三个部分，分别是头部、胡须、身体和衣服，然后将每个部分都放入有效区，将其导出，如图3-93所示。

然后在UV Texture Editor窗口下，将三张UV线框图导出，选择Polygons菜单下的UV Snapshot(UV快照)命令。弹出如下图所示的窗口，在File name文本框中输入UV文件的保存路径和名称（默认保存在工程目录的image文件夹内），在Size X和Size Y数值框中设置保存文件的大小（这里都改为2048或1024），Color value是线框颜色设置。在Image format下拉列表框中选择文件保存的类型（这里选择 .png格式）设置好之后单击OK键，如图3-94所示。

然后在工程目录中找到out UV.png 文件，下面就是绘制UV贴图了，这里就不再赘述了。

四、本章小结

通过本章的学习，大家对角色模型UV的制作应该有比较具体的概念了。从贴图制作的技术上来讲，UV制作的部分并没有非常困难的内容，重要的是合理的划分UV的每个区域，以便于将来制作贴图。场景模型UV的制作方法和角色模型UV的制作方法如出一辙，只是不同的模型UV的划分区域不一样罢了。经过反复练习，制作出非常好的UV图并非难事。

图3-87

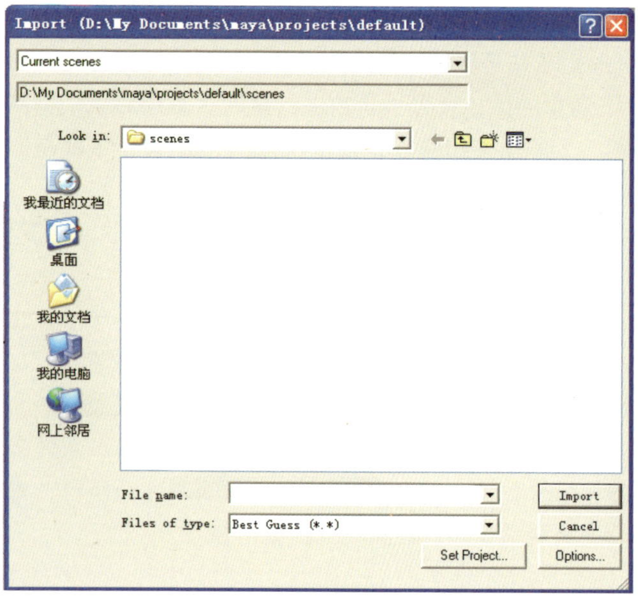

图3-88

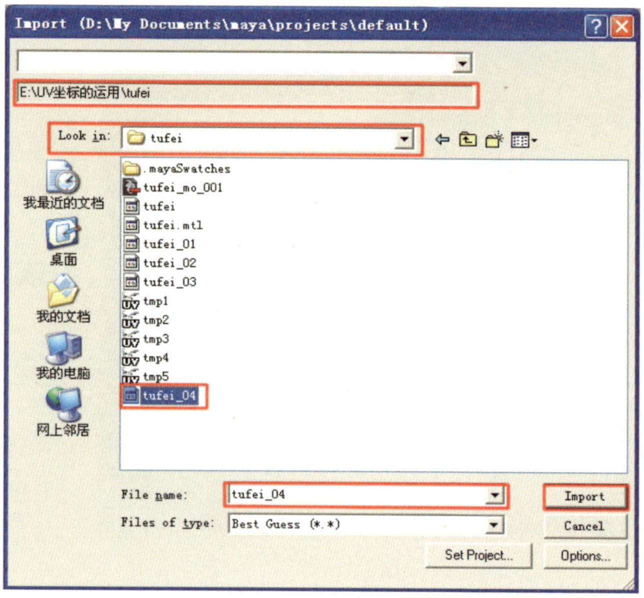

图3-89

第三章　UV Layout运用

▼ 图3-90

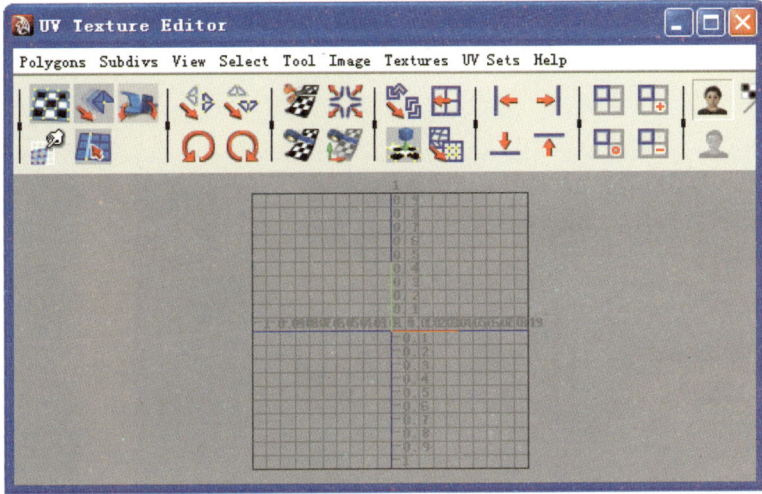

▼ 图3-91

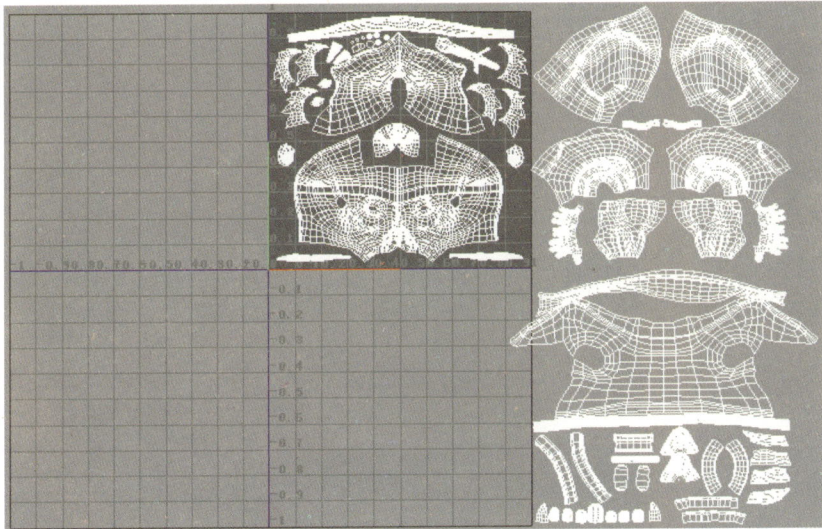

▼ 图3-92

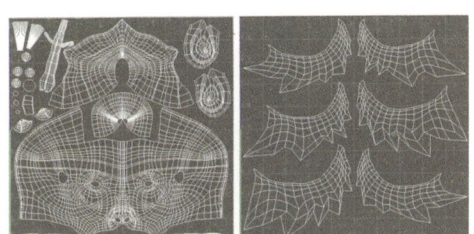

头部UV　　胡须UV

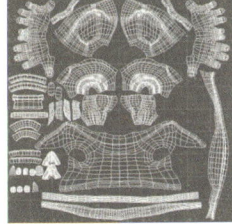

身体和衣服的UV

▼ 图3-93

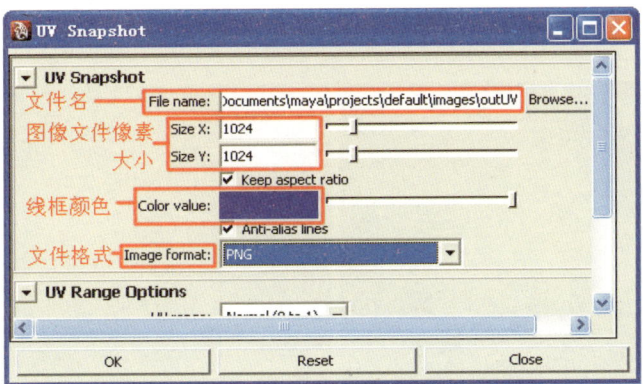

▼ 图3-94

79

第四章 材质节点制作

第一节 玻璃材质的制作方法

本节主要讲授节点的概念，通过实例的制作来学习各种节点的制作方法。用这种方法来制作不同质感的材质。玻璃材质应用非常广泛，生活中常见的有玻璃杯、玻璃饰品、玻璃窗等。我们这节课就以一组玻璃静物为例为大家讲述一下玻璃材质的节点的制作方法。

一、课程要求

1. 训练目的

（1）了解节点制作方法及原理。
（2）掌握Blend Colors、facingratio等节点属性。
（3）通过节点连接、材质球、光线追踪等方法，掌握玻璃节点制作方法。

2. 训练重点

（1）Blend Colors、facingratio等节点的运用方法。
（2）玻璃材质节点连接及渲染方法。

3. 学习难点

（1）材质球、节点的属性及用法。
（2）玻璃属性分析及制作方法。

4. 作业内容

（1）玻璃球制作。
（2）玻璃器物静物制作与渲染。

二、一组玻璃静物的制作

在Maya界面中首先创建一个环境，因为玻璃材质只有借助外部环境才能显现出来。选择在Surface模块中的Creat菜单下的CV Cure Tool，再在前视图（front）里画一个杯子的半径，画完后点击Enter键，如图4-1所示。

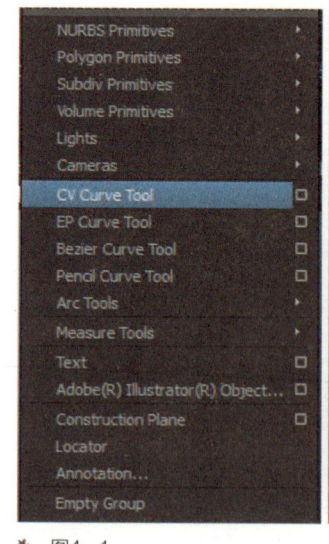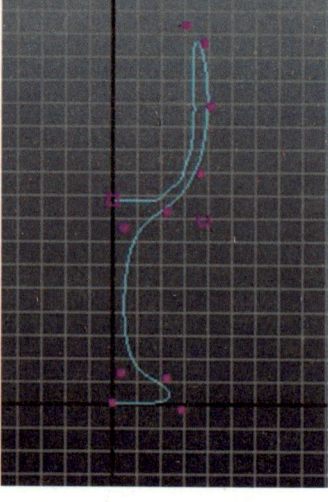

图4-1

执行Surface下的Revolve命令，就会创建出一个酒杯，如图4-2所示。

再对酒杯的外形进行调整，让其更美观，再创建一个球和三个平面。如图4-3所示：

打开windows菜单下渲染编辑器Rendering Editor中的超级材质视图Hypershade，如图4-4所示。

在Hypershade视图中找到左边一栏里的Surface属性，点击它下面的命名为Phong的材质球，在Hypershade视图右下角的Work Area中会建立一个Phong材质球。选中Maya界面中的球体，再回到Hypershade对话框中，右击刚刚在Hypershade视图右下角的Work Area中会创建的Phong材质球，在出现的命令中选中Assign Material to Selecting命令，就可以把材质赋给球体。或者用鼠标中键点中Phong材质球不松手直接拖动到Maya界面中的球体上再松手，也可以用这种方法把材质赋给球体，如图4-5所示。

在Hypershade视图中点击左边一栏里General Utilits属性下的Sampler Info命令，建立一个材质贴图采样节点。再点击左边一栏里Color Utilits里的Blend Colors命令，建立三个Blend Colors，如图4-6所示。

点击■右下角的小三角，在打开的命令中选中facingratio，再把鼠标移动到Blend Colors1上面右击它并在打开的命令中选中blender，用同样的方法使Sampler Info1分别与Blend Colors1、Blend Colors2、Blend Colors3相连接，如图4-7所示。

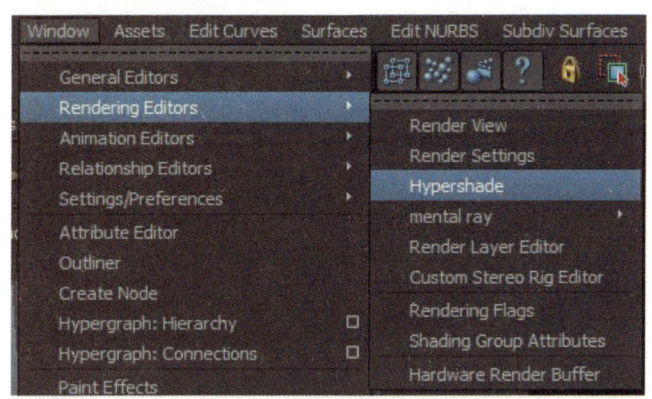
图4-4

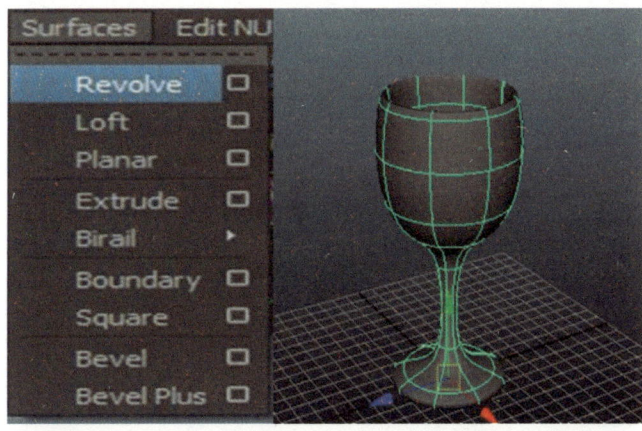
图4-2

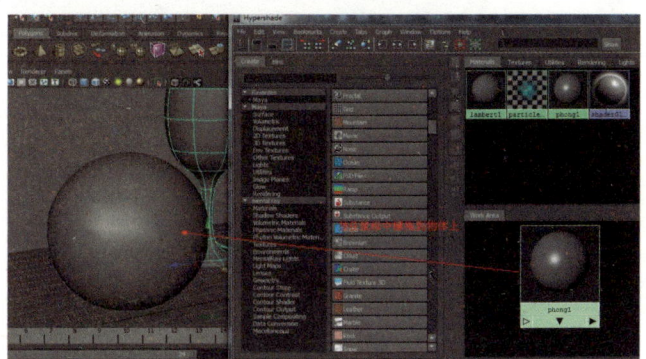
图4-5

图4-3

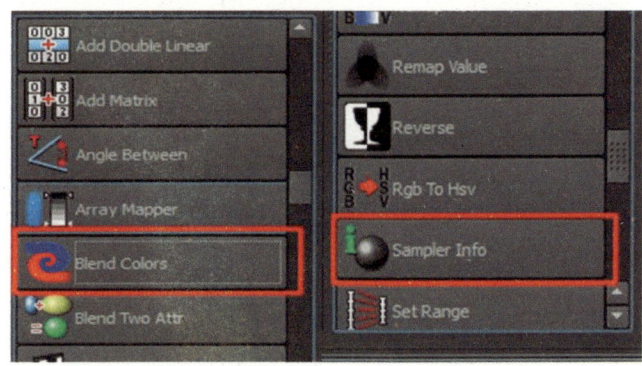
图4-6

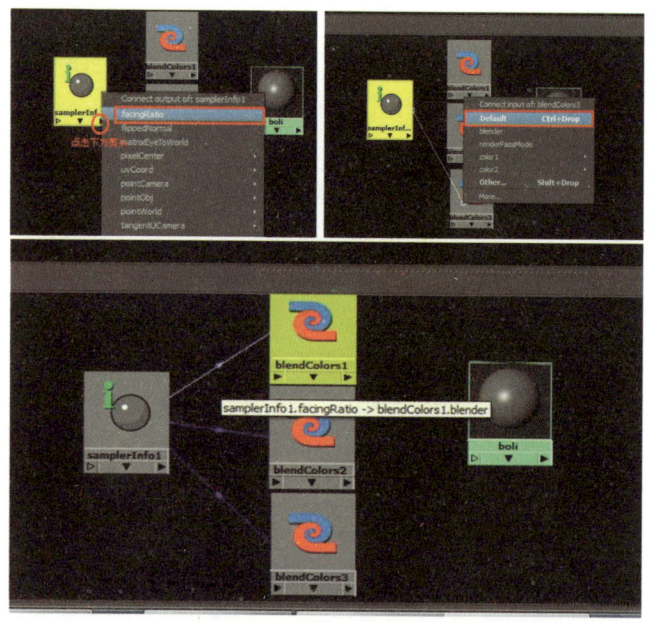

图4-7

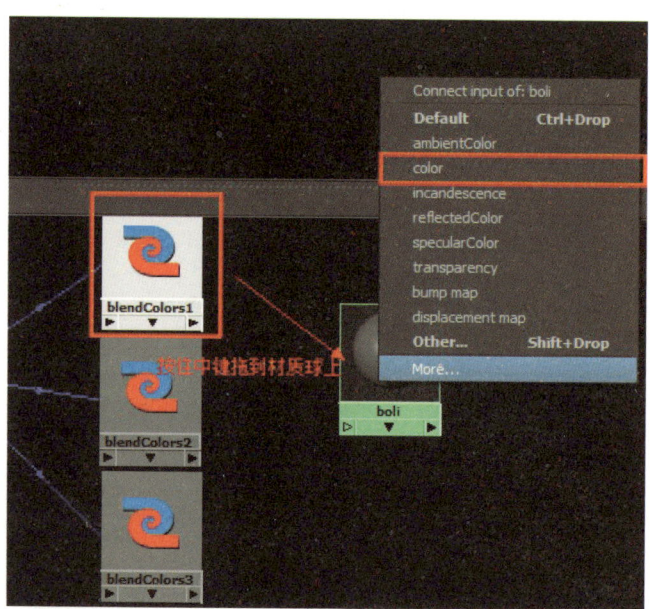

图4-8

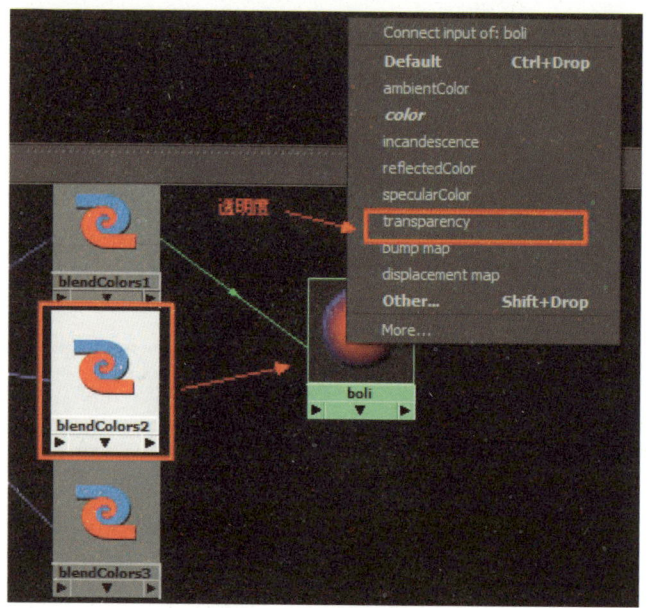

图4-9

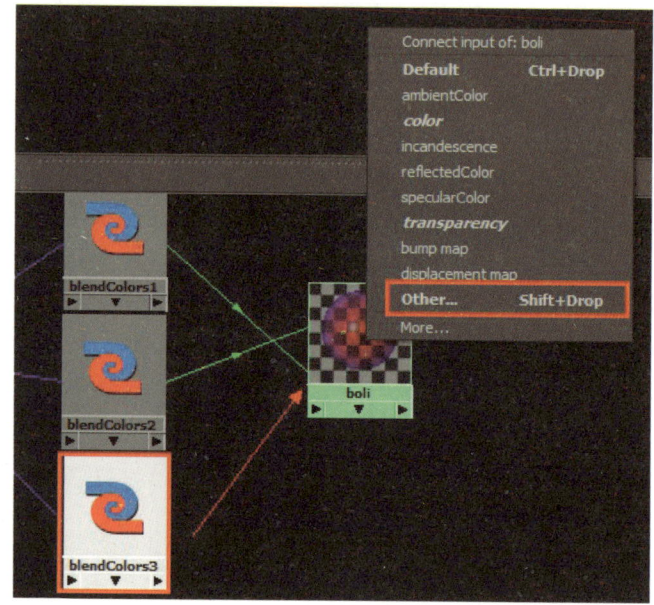

图4-10

把Blend Colors与材质球相连接。用鼠标中键点中Blend Colors并把它拖到Phong材质球上去。把Blend Colors1与材质球用color连接，如图4-8所示。

用鼠标中键点中Blend Colors2并把它拖到Phong材质球上去，把Blend Colors2与材质球用transparency属性相连接，如图4-9所示。

用鼠标中键点中Blend Colors并把它拖到Phong材质球上去，把Blend Colors3与材质球用other相连接，会打开一个Connection Editor属性框，如图4-10所示。

找到在Connection Editor属性框左边的output下

的outputR命令，再在右边一栏里找到reflectivity属性点中它。然后关掉窗口，如图4-11所示。

连接后的最后效果如图4-12所示。

在Hypershade视图中双击blengColors1打开它的属性，把它的color 1的颜色调亮、color 2的颜色调暗，如图4-13所示。

双击blengColors2打开它的属性，把它的color 1的颜色调亮、color 2的颜色调暗，图4-14所示。

双击blengColors3打开它的属性，把它的color 1的颜色调暗、color 2的颜色调亮，如图4-15所示。

在Hypershade视图中双击连接好的Phong材质球，在Maya界面的右边的一栏里打开它的属性，对Phong材质球的各个数值进行调整。Color的颜色为浅紫色、transparency的颜色为深蓝色，把cosine power的数值调整为300.00，specular color的颜色调整为白色，如图4-16所示。

把Raytrace Options属性下面的Refractions打开，把Refractive Index的数值调整为1.369，如图4-17所示。

在Hypershade视图中找到它左边一栏里的Surface

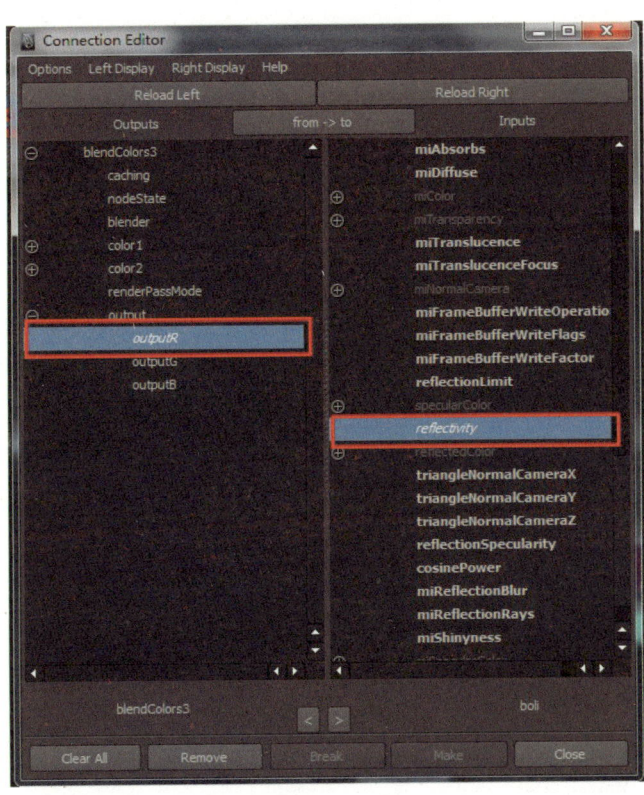

图4-11

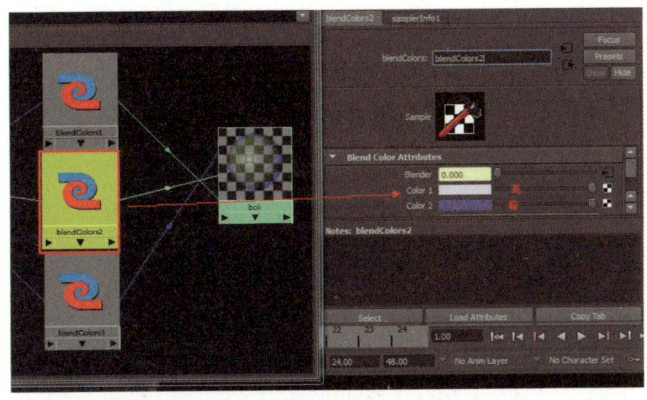

图4-13

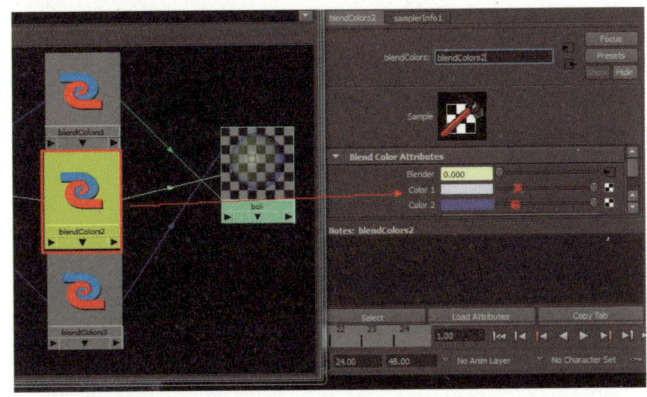

图4-14

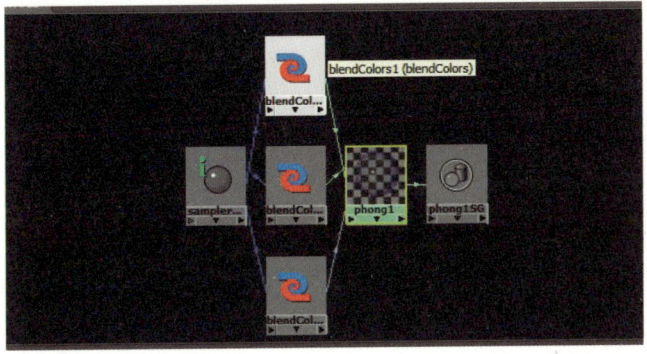

图4-12

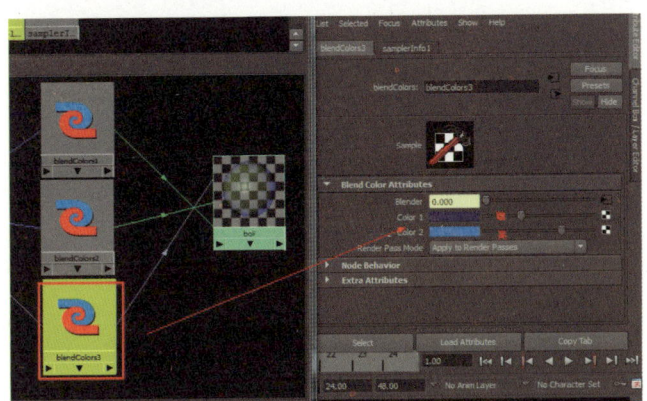

图4-15

三维动画基础——maya

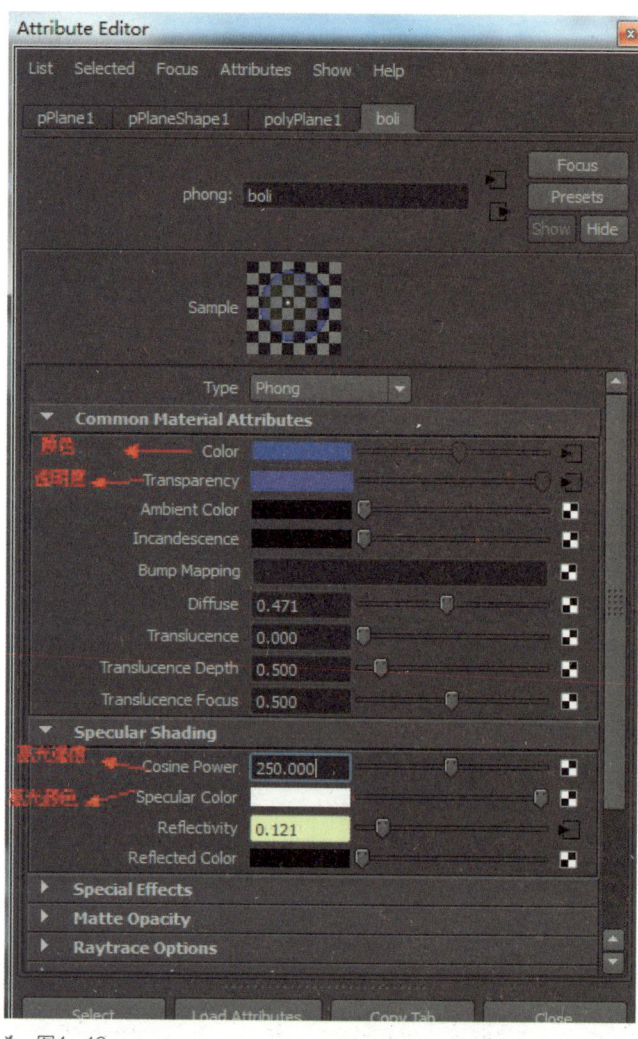

图4-16

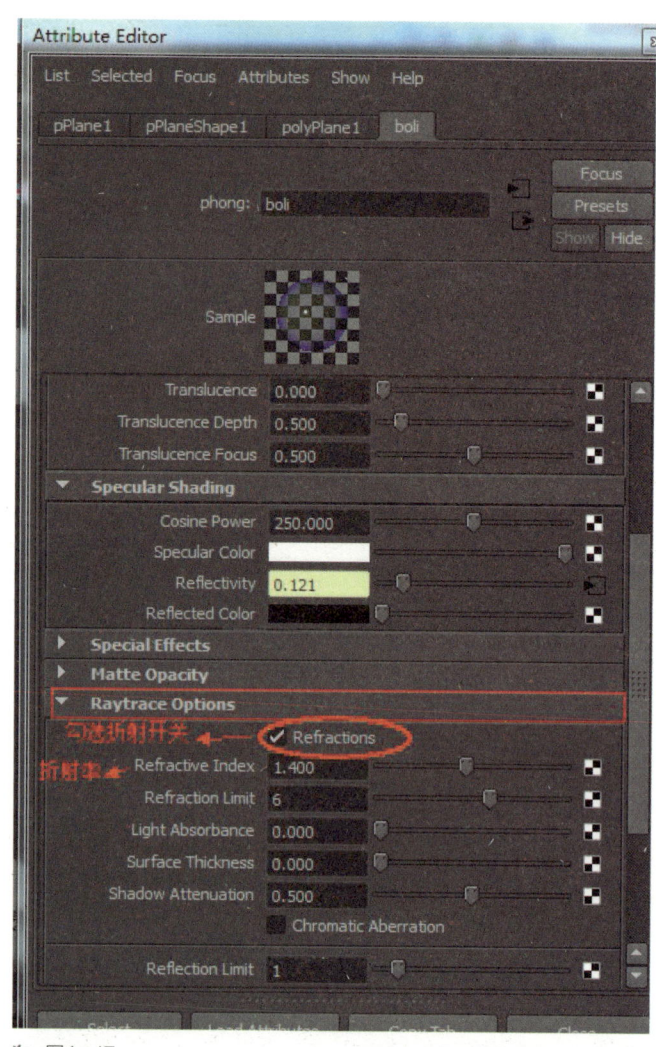

图4-17

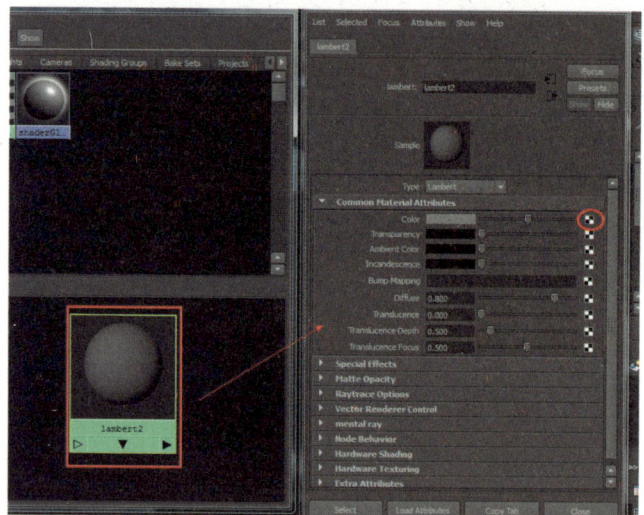

图4-18

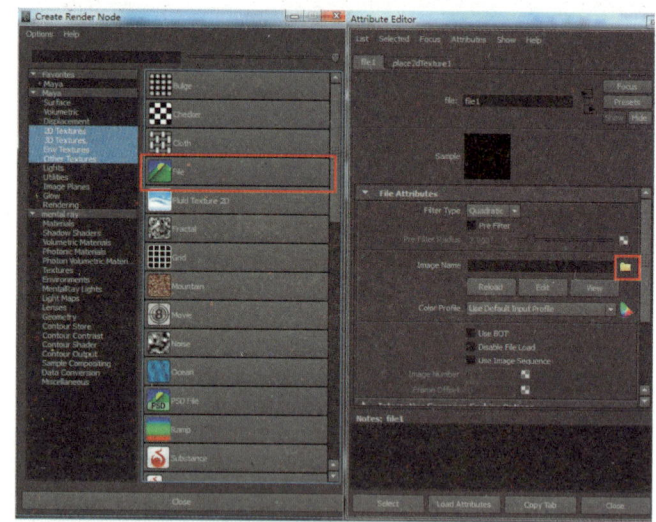

图4-19

属性下的Lambert材质球，创建两个Lambert材质球。双击Lambert1材质球在右边打开它的属性框，点击color后面的小方框，如图4-18所示。

在弹出的Creat Render Node里找到File，点击它，打开一个属性框，选择后面的文件夹，如图4-19所示。

在路径下找到图片的位置，打开图片就把图片中

84

第四章 材质节点制作

的材质赋予了材质球。如图4-20所示。

然后，在Hypershade视图右下角的Work Area中右键击中创建的Lambert1，在出现的命令中选中Assign Material to Selecting命令，就可以把材质赋给场景中的平面。或者用鼠标中键点中Lambert1材质球不松手直接拖动到Maya界面中的平面上再松手，也可以把材质赋给平面。用同样的方法给Lambert2也加上材质，如图4-21所示。

点击打开渲染设置器的属性框Rendering setting中的Maya software命令，打开里面的光线追踪Raytracing Quality命令，勾选Raytracing前面的小方框，勾选后会出现一个黑色的小对号，如图4-22所示。

经过对场景的调整后，打开渲染器得到渲染后的效果，如图4-23所示。

图4-20

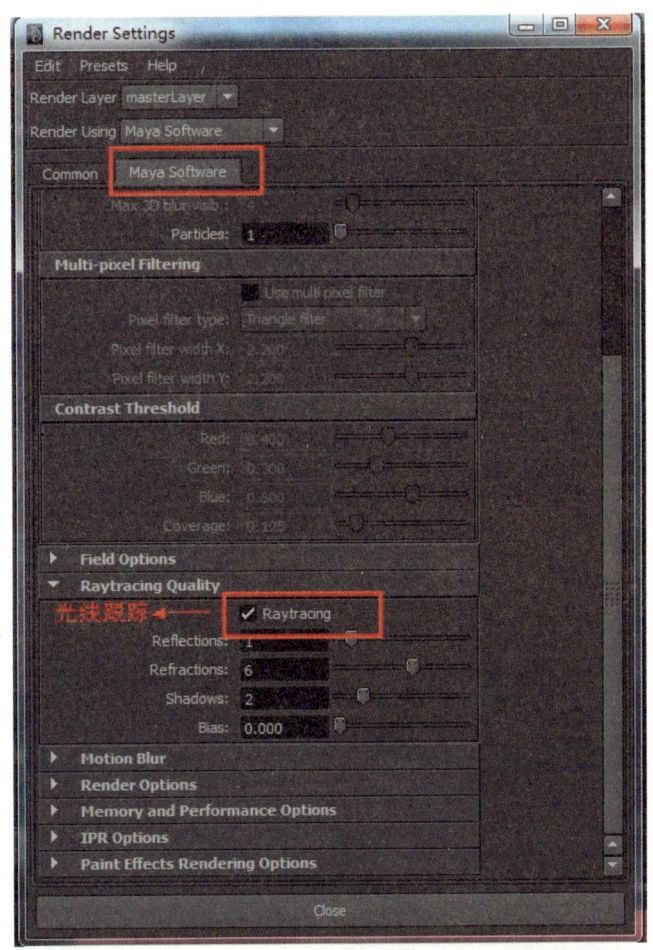

图4-22

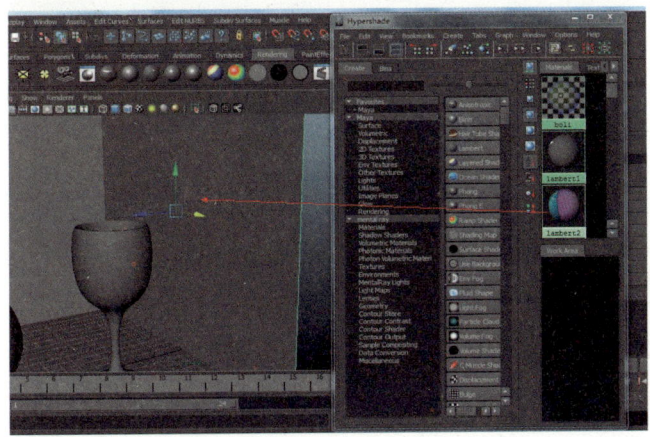

图4-21

图4-23

三维动画基础——maya

第二节　双面材质节点制作

双面材质就是在一个物体上贴造两种不同的材质，例如花瓶的里外两面就是不一样的材质。下面我们就以制作一个青花瓷花瓶为例，讲一下双面材质的节点方法。

一、课程要求

1. 训练目的

（1）了解双面材质节点制作方法及原理。

（2）掌握condition、sampler info、condition等节点属性和方法。

（3）通过运用节点连接、材质球等方法，掌握青花瓷器皿双面材质的制作方法。

2. 训练重点

（1）condition、sampler info、condition等节点方法。

（2）双面材质节点连接方法。

3. 学习难点

（1）节点的属性及用法。

（2）青花瓷器皿制作方法。

4. 作业内容

（1）青花瓷器皿的制作。

（2）以青花瓷器皿为主体的静物组合创作。

二、青花瓷器皿的制作

使用在Surface模块中的Creat菜单下的CV Cure Tool工具，在前视图（front）里画一个花瓶的一半，画完后点击Enter键，如图4-24所示。

点击Surface下的Revolve命令，然后就会创建出一个酒杯，如图4-25所示。

调整花瓶形状，直到满意为止，所画的CV曲线可按Ctrl+H进行隐藏如图4-26所示。

在Maya菜单中打开Window下的渲染编辑器Rendering editor下的超级材质视图Hypershade命令。

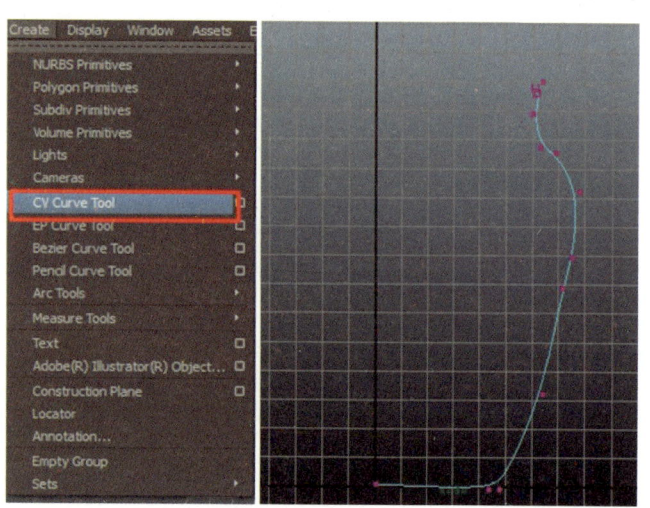

图4-24

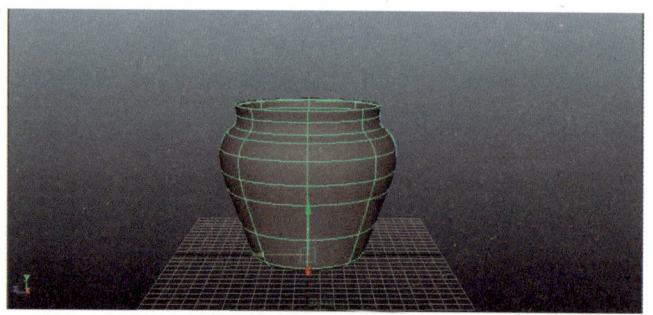

图4-26

图4-25

第四章 材质节点制作

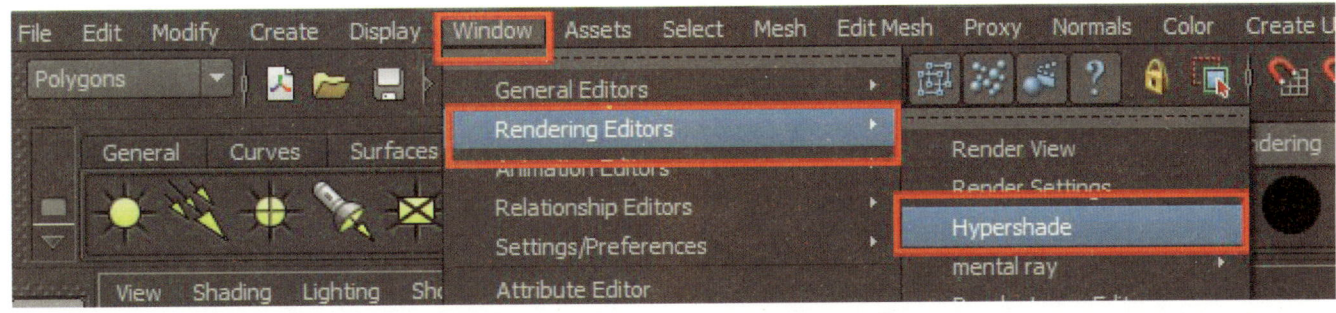
图4-27

图4-28

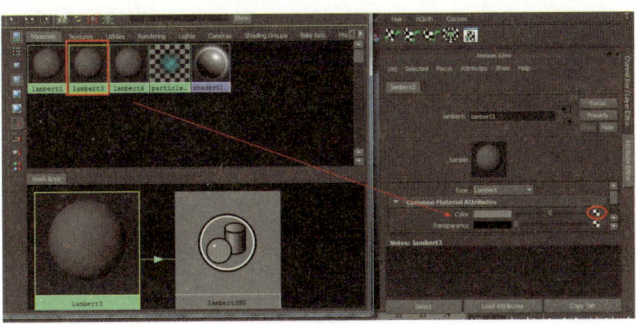
图4-29

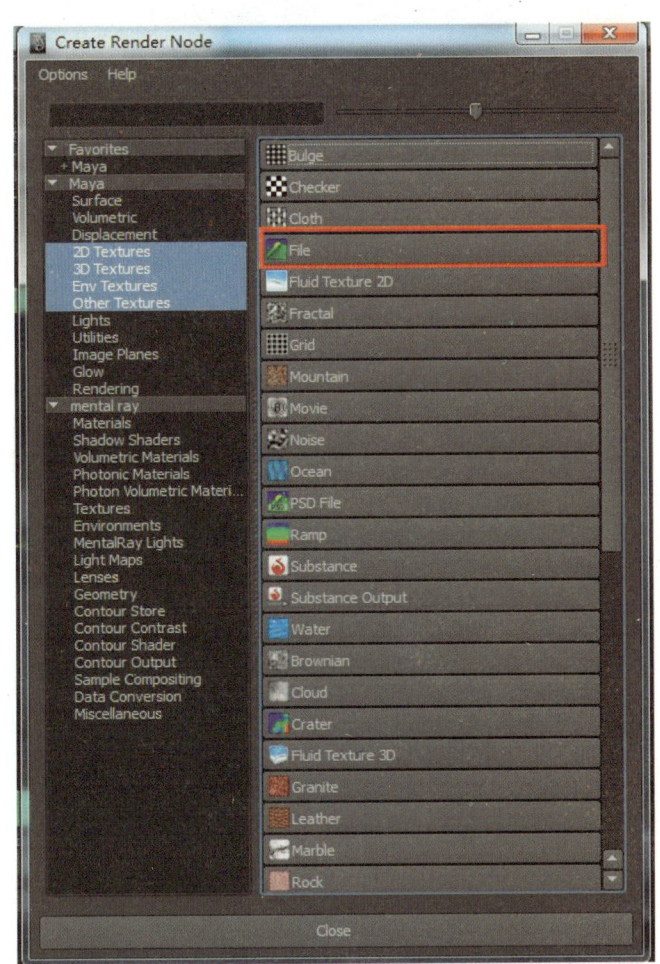
图4-30

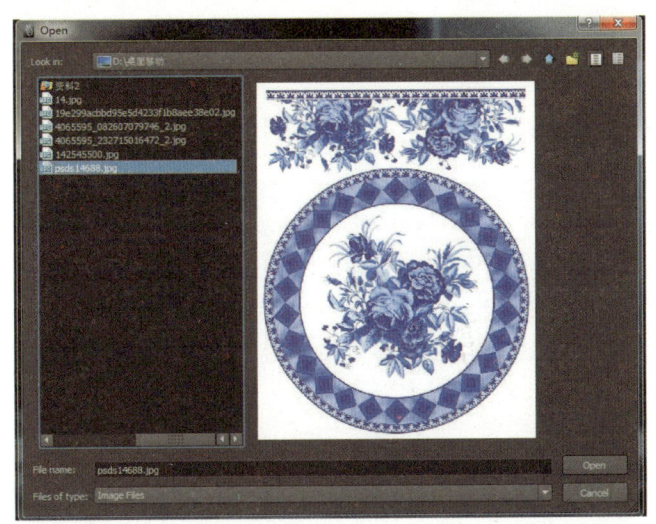
图4-31

如图4-27所示。

打开Hypershade视图的属性框，在Hypershade左边一栏的Surface框里找到Lambert材质球，点击它在Hypershade属性框的右下角的Work Area，建立两个lambert材质球，如图4-28所示。

打开Create Render Node属性框找到Textures下面的2D Textures中的File。如图4-29所示。

点击Maya界面中的FILE文件包状的图标。如图4-30所示。

从路径中找到要用的图片，这样就可以把图片中的材质赋给材质球。如图4-31所示。

双击lambert材质球，在打开的属性框里点击Color后的小方格，同样双击打开另一个球的属性框，双击属性中的color，改变材质球的颜色，把它的颜色添加Ramp，如图4-32、图4-33所示。

在Hypershade属性框中的左边的General Utilits属性下面找到Condition，Sample Info，双击它们各创建一个。用鼠标中键把Sample Info拖到Condition上，在打开的命令中选择other，然后会打开一个Connect Editor属性框，如图4-34所示。

在打开的Connect Editor属性框左边一栏里找到Fliped Normal，点击它，再到它的右边一栏里选中Frist team，就可以把它们连在一起，如图4-35、图4-36所示。

图4-32

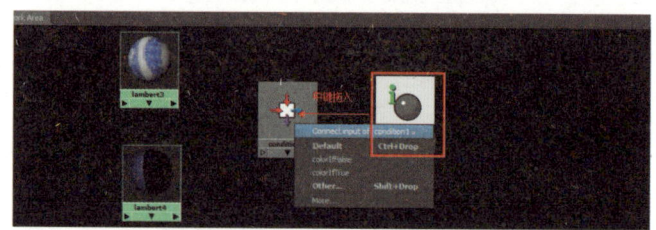
图4-34

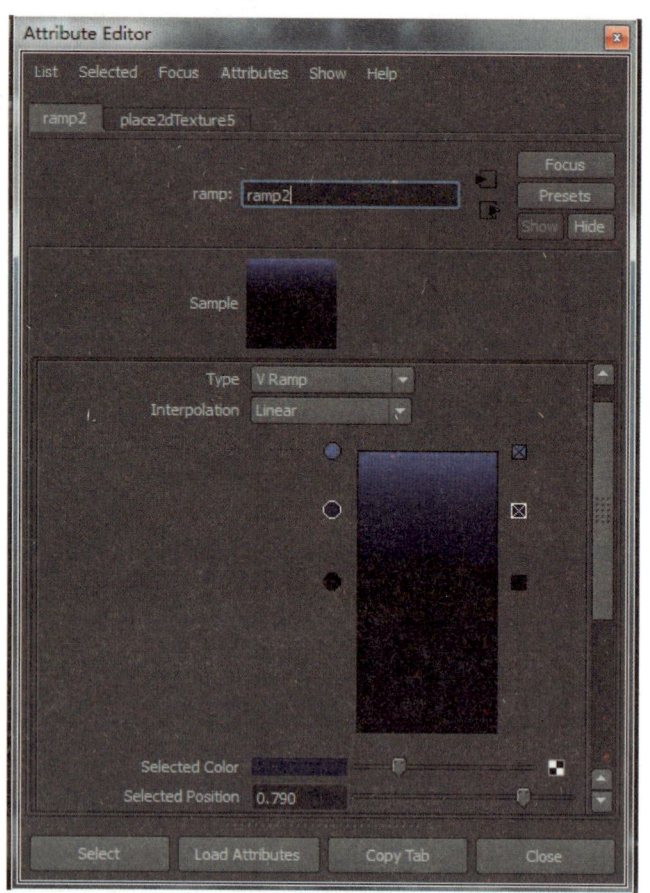
图4-33

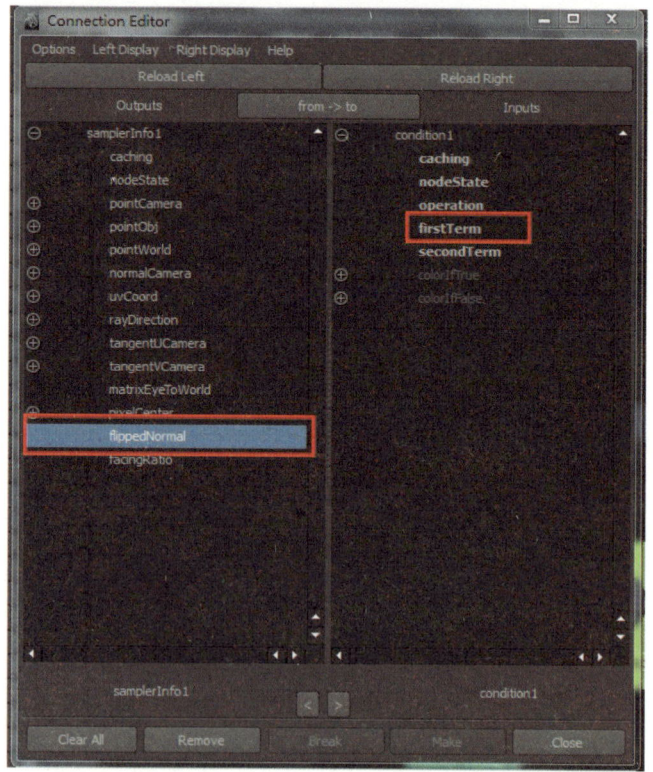
图4-35

图4-36

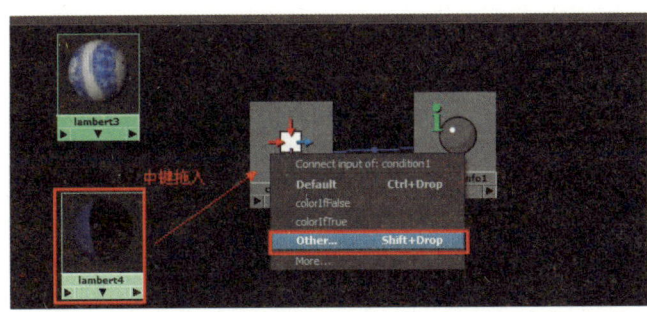

图4-37

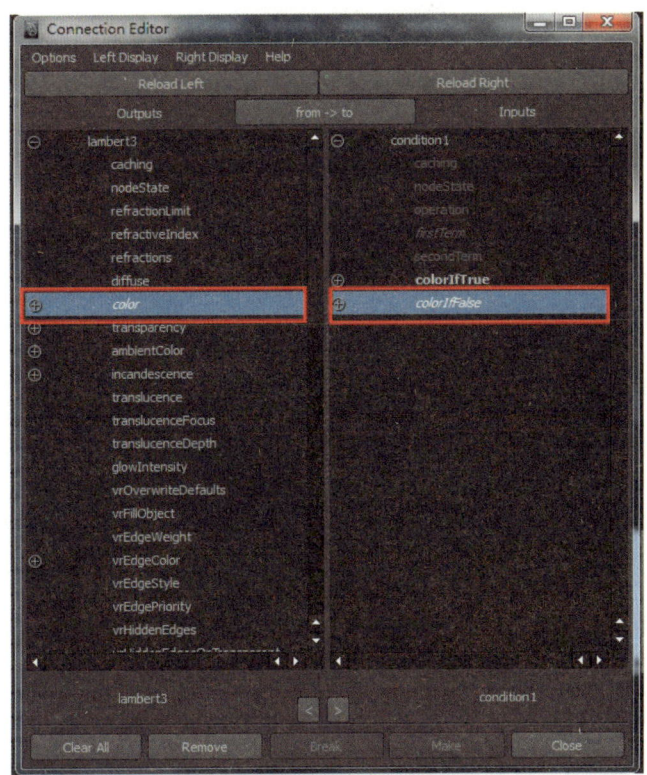

图4-40

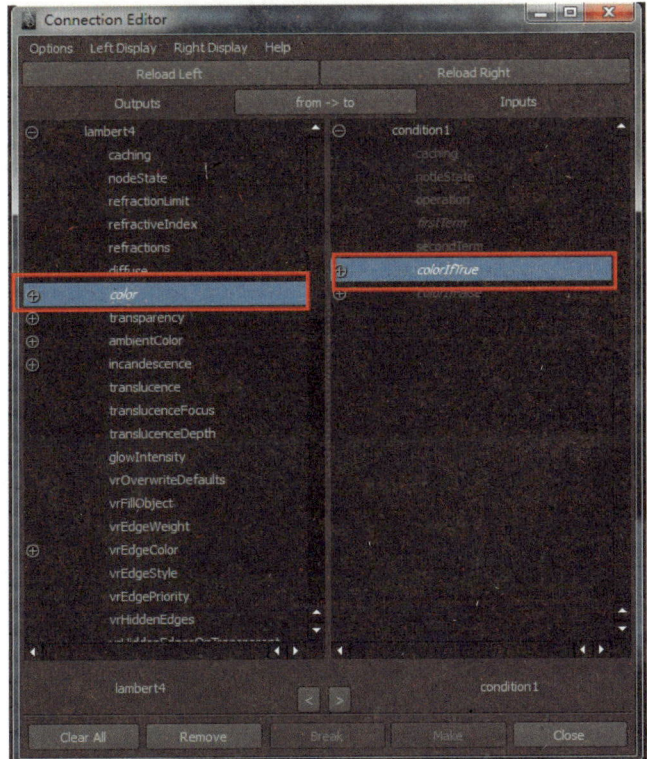

图4-38

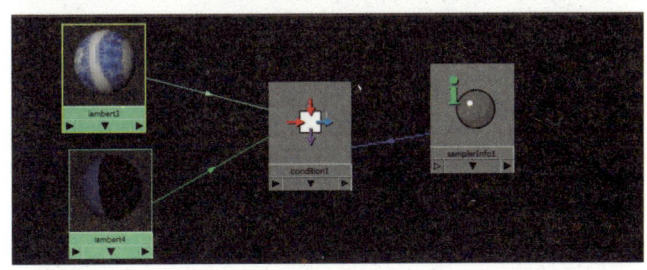

图4-41

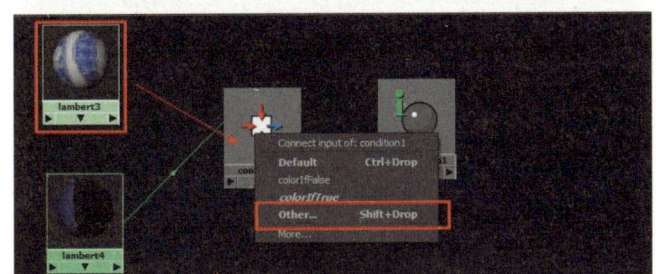

图4-39

在Hypershade属性框中把两个Lambert材质球跟Condition连接起来。用中键把Lambert4材质球拖住，到Condition上再松手，在出现的命令中选择other。如图4-37所示。

打开一个连接属性框，在属性框的左边找到out color，再到属性框右边一栏找到color if ture。如图4-38所示。

用中键把Lambert3材质球拖住，到Condition上再松手，在出现的命令中选择other，如图4-39所示。

在打开的Connect Editor属性框的左边选中outcolor然后到右边一栏里选择color if flase就可以把两个Lambert跟Condition连接起来了，如图4-40所示。

连接后的效果如图4-41所示。

打开Hypershade视图的左边的Surface属性，找到Surface Shade材质球并点击它，在Hypershade视图的右下角调出来，把Surface Shade跟Condition连接起来。用中键点中Condition把它拖动到Surface Shade并在打开的命令中选择other后再松手，会打开它的

Connection Editor连接属性对话框，如图4-42所示。

在Connection Editor左边一栏里选择out color，再在它右边一栏里选择out color，这样就可以把它们连接起来，如图4-43所示。

在打开的Hyrershade视图里连接完成后，把Surface Shader的材质球用鼠标中键点中不放手，把它拖动到界面中的花瓶上再松手，如图4-44所示。

如果贴图不对，可以选中物体，然后在Modify中找到Convert命令，将物体转变成多边形，这样你就可以调整它的UV，使贴图适合，如图4-45所示。

打开渲染器得到渲染后的效果，渲染后我们就会发现花瓶的两面是不同的，如图4-46所示。

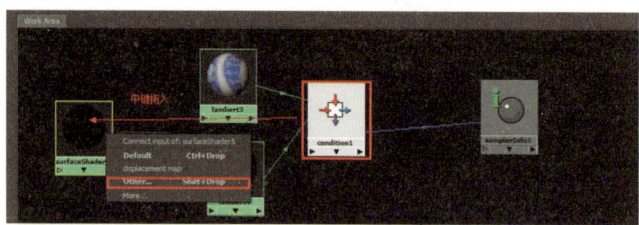
图4-42

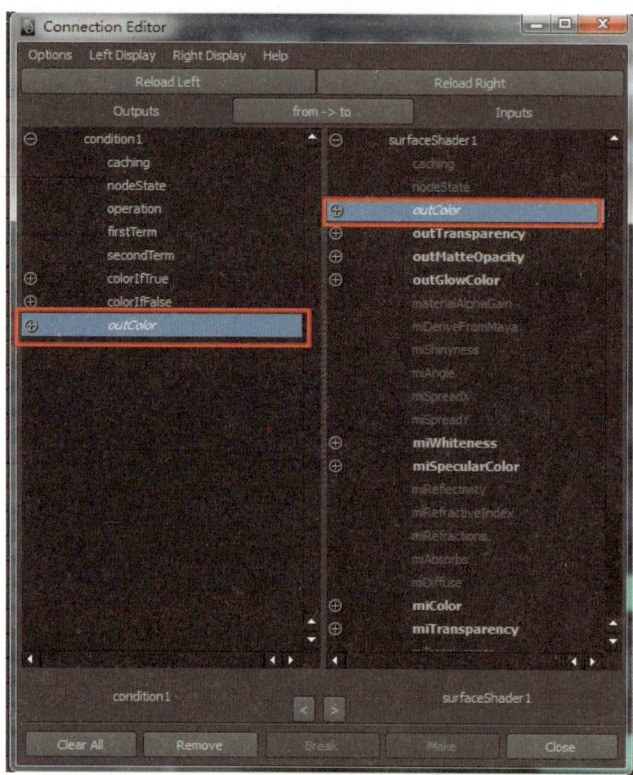
图4-43

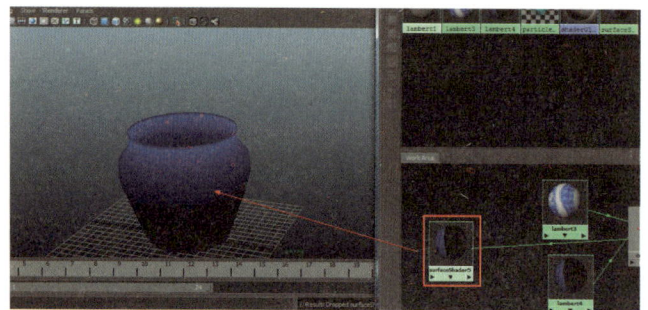
图4-44

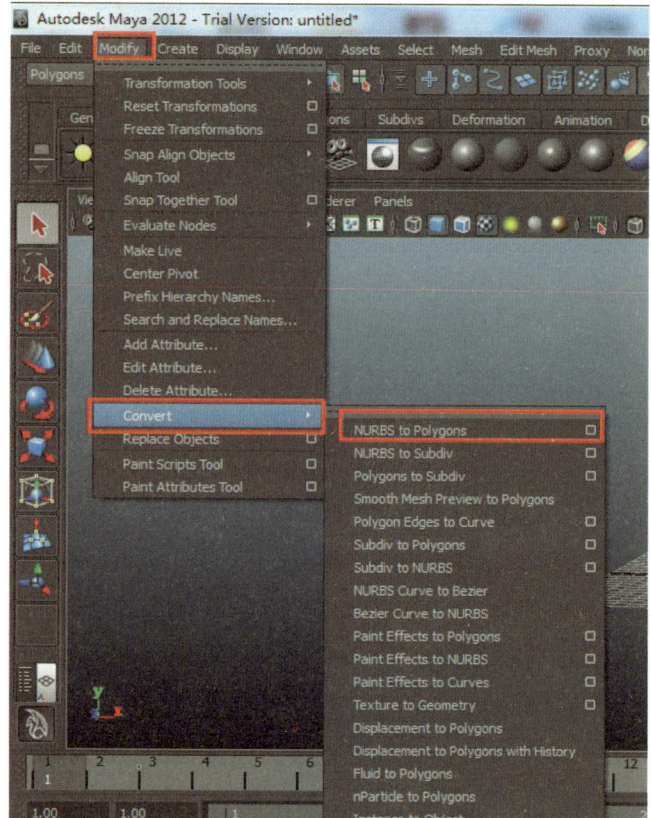
图4-45

图4-46

后记

　　随着三维动画制作技术的不断进步，动画艺术的表现形式也更为丰富。三维动画是以X、Y、Z轴为组成空间的虚拟仿真艺术，具有形体感强、质感真实等特征。日趋强大且功能众多的三维技术软件为动画艺术的创作带来了极大的便利，让动画从业者脱离了枯燥重复的工作，使他们的"想象力"得以落地、开花。

　　本教材的编写，意在让初学者能够轻松地掌握三维动画制作技术，为后期的动画短片创作奠定基础。书中的案例都是经过反复甄选的，力求深入浅出地将其操作技巧讲解给读者，以提高读者的实践能力。

邵照坡

2016年春于黄州

图书在版编目（CIP）数据

三维动画基础——maya / 邵照坡，王俊力，位汝瑞编著. —
北京：中国轻工业出版社，2024.3
　　ISBN 978-7-5184-0922-8

　　Ⅰ. ①三…　Ⅱ. ①邵…　②王…　③位…　Ⅲ. ①三维动画软件—教材　Ⅳ. ①TP391.41

中国版本图书馆CIP数据核字（2016）第116885号

责任编辑：毛旭林　　责任终审：劳国强　　整体设计：锋尚设计
策划编辑：毛旭林　　责任校对：吴大朋　　责任监印：张京华

出版发行：中国轻工业出版社（北京鲁谷东街5号，邮编：100040）
印　　刷：艺堂印刷（天津）有限公司
经　　销：各地新华书店
版　　次：2024年3月第1版第3次印刷
开　　本：889×1194　1/16　印张：6
字　　数：260千字
书　　号：ISBN 978-7-5184-0922-8　定价：49.00元
邮购电话：010-85119873
发行电话：010-85119832　010-85119912
网　　址：http://www.chlip.com.cn
Email：club@chlip.com.cn
版权所有　侵权必究
如发现图书残缺请与我社邮购联系调换
240365J2C103ZBQ